创新创业教育研究

吴海江 著

北 京
冶 金 工 业 出 版 社
2021

内 容 提 要

本书介绍了我国创新创业教育的现状与问题，以及国外创新创业教育研究的进展情况。讲述了我国创新创业教育的转型升级，以及具有代表性的高校创新创业教育实践与案例，介绍了构建有利于创新型企业家发展的外部制度环境和创新创业教育必须重点介绍的内容。

本书可作为高等院校师生和各类职业培训机构学员的学习参考用书。

图书在版编目(CIP)数据

创新创业教育研究/吴海江著. —北京：冶金工业出版社，2019.6（2021.7 重印）

ISBN 978-7-5024-8172-8

Ⅰ.①创… Ⅱ.①吴… Ⅲ.①创造教育—研究 Ⅳ.①G40-012

中国版本图书馆 CIP 数据核字（2019）第 133320 号

出 版 人　苏长永
地　　址　北京市东城区嵩祝院北巷 39 号　邮编　100009　电话　(010)64027926
网　　址　www.cnmip.com.cn　电子信箱　yjcbs@cnmip.com.cn
责任编辑　姜晓辉　美术编辑　吕欣童　版式设计　禹　蕊
责任校对　卿文春　责任印制　禹　蕊
ISBN 978-7-5024-8172-8
冶金工业出版社出版发行；各地新华书店经销；北京建宏印刷有限公司印刷
2019 年 6 月第 1 版，2021 年 7 月第 2 次印刷
710mm×1000mm　1/16；15 印张；230 千字；233 页
59.00 元

冶金工业出版社　投稿电话　(010)64027932　投稿信箱　tougao@cnmip.com.cn
冶金工业出版社营销中心　电话　(010)64044283　传真　(010)64027893
冶金工业出版社天猫旗舰店　yjgycbs.tmall.com
（本书如有印装质量问题，本社营销中心负责退换）

前　言

人才是创新发展的第一资源，也是创新活动中最为活跃、最为积极的要素。我国经济发展进入了新时期，要实现高质量发展、进一步提升国家创新能力，需要人力资本从规模扩张向质量提升转变，从“人口红利”向“人才红利”转变。创新型人才是人才队伍的先锋力量，创新型人才的培养和发展关键在制度建设。当前，我国高校的创新创业教育在结构上还不适应高质量发展和创新型国家建设的需要，尚未形成有利于人才结构升级、创新精神和创新能力培养以及充分释放创新型人才潜能的教育环境。加快创新创业教育改革，努力营造有利于创新创业教育发展的内外部环境，让创新精神竞相迸发，让创新成果竞相涌现，是当前需要研究的重要课题。

本书共分为七章。第一章介绍了创新创业教育的概念，介绍了创新创业教育发展阶段。第二章介绍了我国创新创业教育的现状与存在的问题。第三章对国外创新创业教育进行了研究。第四章论述了我国创新创业教育的转型升级。第五章介绍了高校创新创业教育实践与案例分析。第六章对构建有利于创新型企业家发展的外部制度环境进行了论述。第七章介绍了与创业相关的法律常识、新创企业财务基础知识、新创企业的发展、商业计划书撰写，这些内容在很多创新创业教育中没有作为重点介绍，其实对初出茅庐的学生是极其重要的。

在撰写本书的过程中，作者参考了多位学者关于我国高校创新创业教育方面的研究与探讨。由于作者能力所限，虽然在编写的过程中力求完美，但仍可能存在不足与疏漏，恳请专家和广大读者指正。

作者

2019 年 6 月

目　录

第一章

创新创业教育概念

本章基于系统论、功能论及价值链等理论维度界定创新创业教育，辨析创新与创业、创业与就业的关系，分析高校创新与企业创新的定位及内容的差异性等。从时间维度来看，国内创新创业教育先后经历了实践萌芽期、试点探索期、内涵拓展期、全面发展期四个阶段，国家、高校与企业之间的创新创业角色定位更为明晰。此外，本章还基于投入产出法，分析中国高等教育投入产出效应，结果显示：人力投入是高校的核心投入变量，财力投入和物力投入对高校产出的影响依产出变量的不同而异。

第一节　创新创业教育概念厘清

一、创新创业教育的概念界定

科学界定创新创业教育的内涵和外延，有利于清晰辩证内涵之中各要素之间的关系，为创新创业教育的持续推进及质量提升奠定认知基础，避免由于对创新创业教育内涵的异化理解造成实践的误区。对于创新创业教育，可以从系统论、功能论及价值链等不同视角进行界定。

（一）不同视角的创新创业教育

1. 系统论视角的创新创业教育

基于国家创新系统理论，创新作为一项复杂的系统工程，对涉及的创新主体、创新内容以及创新机制的内容范围广度及深度都有较高的要求。因此，创新创业教育也是一项较为复杂的系统工程，涉及教育的全过程以及社会的其他方面，包括政策法律法规、管理体制、运行机制、教育理念及教育内容等。其中，教育理念是创新创业教育的核心内容，也是决定创新创业具体内容的发展方向。

2. 功能论视角的创新创业教育

从功能论视角看创新创业教育，主要是从高校的人才培养目标来界定创新创业教育。

1991年，东京创业创新教育国际会议从广义上把“创业创新教育”界定为：培养最具有开创性个性的人，包括首创精神、冒险精神、创业能力、独立工作能力以及技术、社交和管理技能的培养。

创新创业教育的核心功能，是以培养具有创业基本素质和开创型个性的人才为目标，不仅要培育在校学生的创业意识、创新精神、创新创业能力，而且要面向全社会，针对那些打算创业、已经创业、成功创业的创业群体，分阶段分层次地进行创新思维培养和创业能力锻炼的教育。创新创业教育本质上是一种实用教育。

3. 价值链视角的创新创业教育

从价值链视角看，创新创业教育是指基于不同年级、具有不同特质的学生群体，提供分层分类的创新创业教育。例如，面向全体学生，要以目标驱动、兴趣驱动为导向，强化他们的创新意识、创业精神，挖掘学生创新创业的潜力，激发创新创业的兴趣，点燃创新创业的热情，提升学生创新能力和创业思维；面向拟创业群体，以问题驱动为导向，为他们提供创业实践指导；面向创业群体，要以能力驱动为导向，为他们提供创业帮扶；面向成长型的拔尖人才，以成就驱动为导向，助力他们成长为顶尖的科学家、工程师、企业家、艺术家等。见图1-1。

（二）创新创业教育内容体系

基于创新创业的理念，大学生创新创业教育的具体内容通常是基于创业教育的内容进行深化，结合“双创”背景进行具体阐释的。其中，创业教育是指通过培养人的创业意识，训练人的创业思维和锻炼人的创业技能，使其具备创业的综合素质，最终促使教育者拥有一定的创业能力。在“双创”背景下，创新创业教育的内涵在创业教育的基础上进行深化，通

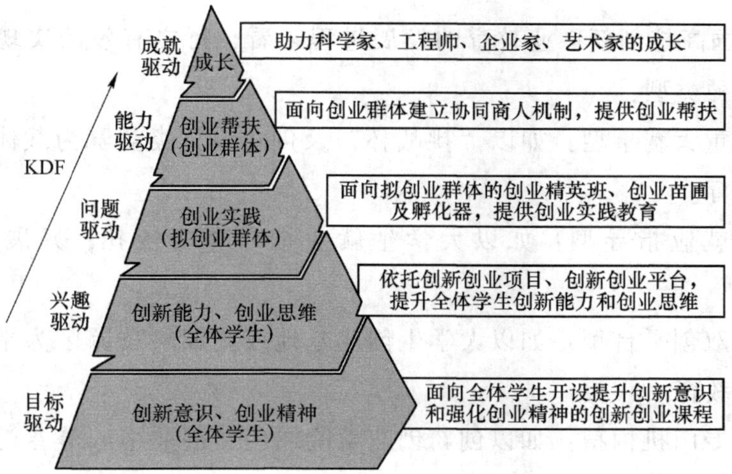

图 1-1　基于价值链视角的创新创业教育示意

常是指为了适应国家和社会的发展需要，以培养具有创业意识的创新开拓型人才为目的，采用的教学理念与教学模式。其中，创新创业教育的本质并非是为了解决大学生的就业问题，而是通过对其意识、思维和能力进行训练，使其具备就业创业的能力，真正实现了“授人以鱼不如授人以渔”的教育目标。具体包括：

（1）意识培养：启蒙学生的创新意识和创业精神，使学生了解创新型人才的素质要求，了解创业的概念、要素与特征等，使学生掌握开展创业活动所需要的基本知识。

（2）能力提升：解析并培养学生的批判性思维、洞察力、决策力、组织协调能力与领导力等各项创新创业素质，使学生具备必要的创业能力。

（3）环境认知：引导学生认知当今企业及行业环境，了解创业机会，把握创业风险，掌握商业模式开发的过程，设计策略及技巧等。

（4）实践模拟：通过创业计划书撰写、模拟实践活动开展等，鼓励学生体验创业准备的各个环节，包括创业市场评估、创业融资、创办企业流程与风险管理等。

（三）创新创业教育的实现路径

从中国高校创新创业教育的发展进程来看，行之有效的实现路径主要有如下几种类型：

（1）重大赛事型：如以“挑战杯”及创业设计类竞赛为载体，开展创新创业教育。

（2）就业指导型：如以大学生就业指导课为依托，开展创新创业教育。

（3）双创平台型：如以大学生创业基地或高校科技园区为平台，开展创新创业教育。

（4）专门机构型：如以创新创业学院或创新创业中心等专门组织机构为依托，推动创新创业教育的开展。

（5）实验区试点型：如以人才培养模式创新实验区为试点，培养创新型人才。

（6）课程体系型：如搭建创新创业教育课程体系，实施创新创业教育。

（7）全面实施型：融入人才培养方案，全面实施创新创业教育。

二、创新创业的几对关系

（一）创新与创业的关系

1. 概念辨析

对于“创新”概念的具体阐述，可追溯至熊彼特（Joseph A. Schumpeter）的著名经济发展理论，其首次从经济学角度对创新的特征进行了系统性阐述。该理论认为，资本主义的发展以及产生波动的根源在于企业家的创新行为，通过该行为对生产要素进行重组，进一步降低生产成本，提高利润，以便获取超额利润。熊彼特将创新区分为五个方面的内容——生产新的产品、采取新的生产工艺、开发新的市场、控制新的原材料来源、采用新的产业组织形式。其中，新的产品和生产工艺与创造学的

“技术发明”或者“技术创新”密切关联；市场、原材料、产业组织形式则属于经济学领域的范畴。经济发展理论中，技术创新与经济发展密切联系，该理论强调了创新的目的在于促进经济发展，而不仅仅为科技创造领域的技术发明。在这一阶段，“创新”的概念更多与经济运行规律捆绑，自身与科技创造相关的属性被轻视。后期，“创新”在理论与应用研究的基础上，其本身的概念回归了科技创新的属性。

“创业的核心和本质是创新，创新支撑着创业”。大学生创业，是指以高等学校的在校生为创业主体，进行创业活动的过程。大学生由于接受了系统专业知识技能的培训，通过社团活动具备了活动组织能力，时间相对较为充裕成为了其创业的先天优势。此外，国内外关于创业能力培育的研究结果显示，创业能力并非先天决定，其可以经过后天培养和训练得到提高，实现能力的提升。因此，大学生创业的内涵可以进一步理解为，高校学生通过社会、学校及家庭资源，进行创新，实现个人追求的动态过程。

2. 关系辨析

创新与创业被同时提起，也引起了国内外学者对于创新与创业两者之间的比较研究。赵立德（Zhao L D）认为，创新基于市场需求，并能够积极转化为创业的现实所需。艾哈迈德（Ahmed D B）等认为，创新能够显著预测创业意向。克劳斯（D Rauch）和费雷斯（Frese A）认为，创业者更具有创新性，企业成功与创新性存在显著正相关性。国外学者认为创新与创业两者呈正相关的关系。国内学者研究主要是基于创新与创业两者之间的相互作用，其中创新奠定了创业的基础，是创业的核心资本；同时，创业实现了创新价值，进一步使潜在的知识、技术及机遇“落地”，通过转化为产品或者服务，创造价值。此外，创业也蕴含着价值创新，创业是一种不断自我创新的动态过程，创业者的创业特征反映了我们通常所说的“企业家精神”；创业可以进一步深化创新，创业可以将技术创新落实到具体的新产品或者服务上，实现财富的增值，进一步激发创新的动力。

创新与创业相互作用，创业可以理解为创新的动态实践过程。在创业过程中，创新被不断重复，呈现螺旋上升态势，创新通过生产要素的重组形成了新的产品或者服务。创业将新产品或者服务从概念到落地生产，通过试探消费者的反应，进而试探市场的接受程度，通过不断试错，最终价值得以实现。随后，价值的物化，又为创新积累了资本及技术，转化为新一轮创新的动力，创新也将为创业者及其组织带来新的机遇。

（二）高校创新与企业创新的定位及内容的差异性分析

1. 定位差异性分析

大学的基本功能是人才培养、科学研究、文化传承创新、社会服务和国际交流与合作，其中人才培养是大学的根本任务和职责。当今世界，虽然全球经济发展不均衡，国家异质性特征明显，但是各国对于大学在创新系统建设过程中的重要作用形成了统一认识。1995 年 5 月，国家明确提出了实施科教兴国的战略，将科技和教育作为国家发展的基本方针，突出了教育的重要作用，进一步强化了“科学技术是第一生产力”的理念。中国共产党第十八次全国代表大会（以下简称党的十八大）以来，国家又一次突出了人才强国的重要战略地位，习近平总书记多次强调了科教兴国、人才强国的重要性。近年来，随着国家综合实力的不断提升，国家教育经费支出不断增加，其中大学作为高等教育的载体，在国家创新系统中承担着重要使命。在激烈的国际竞争中，创建世界一流大学成为我国高校教育的重要工作方向。在创建过程中，创新作为核心要素，有利于我国高校进一步提升国际竞争力水平。创新型高校在我国经济发展进入新常态、产业结构转型进入深水区的现状下，成为驱动国家发展的重要力量。

企业是市场经济活动的主体，企业通过组织生产要素为社会提供生产活动，向消费者提供商品，企业的生产和经营活动直接关系着整个市场的发展。经济市场的竞争表现为企业之间的竞争，在竞争过程中不仅实现了社会财富的创造和积累，也通过生产技术水平的提高进一步提升了整个社会的技术水平。企业的根本动机是追求利润，通过技术研发活动提高生产效率，追求超额利润。因此，企业对于创新的追求动力更为强劲，希望通过技术创新降低产品成本，或者通过产品功能的多元化提高产品利润，进而获取更多的市场份额以及更多的利润。企业在国家创新系统中承担着技术创新的落地性工作，作为创新活动链的主体，企业承担了技术的生产、传播和应用。研究与开发是企业技术创新实现的根本途径，研究与开发能力的直接企业内化和间接企业内化，都需要高等教育提供创新人才和科技创新转化的支持。

因此，高校是国家创新系统的基础，通过培养创新人才的创新精神和创新能力，为社会创新提供人才资源的保障以及理论基础的支撑。此外，高校通过基础性、原创性科学研究，通过社会服务的技术创新支持，为国家创新夯实基础。人才是创新活动的核心内容，是建设创新国家的基本保障。人才直接决定了科研的效率，对于科技创新活动有着重要作用，科研团队中的核心人才对于科研活动的结果具有主导作用。此外，人才也是企业创新活动的重要因素。企业作为国家创新系统的核心要素，通过创新活动实现技术的落地，通过技术要素组合方式的重新定义实现创新的经济价值。

2. 内容差异性分析

基于高校与企业在国家创新系统的定位差异，高校的基本职责是人才培养，企业是以提高全要素生产率、追求利润为目标。因此，前者的创新内容除了原创性科学研究和技术创新外，关键在于创新人才的培养。后者的创新表现为创新管理、生产过程与销售形式。

高校的创新行为，主要体现了高校对于学生创新精神和创新能力的培养，属于制度创新与文化创新的范畴。高校通过教育制度、教育体系内容的变化，强调对学生培养系统的变更，做到与时俱进。

企业的创新具体表现为管理模式、商业模式以及业态创新。管理模式创新，即企业组织对企业战略管理、决策体系以及人力资源管理的创新。在创新创业时代，人口红利带来的成本比较优势效应渐微，人力资本更多体现在智力资本上。商业模式创新，是基于信息技术水平的不断提升，社会资源配置方式变得更为高效、智能化，其中以分享经济、人工智能为代表的新商业模式的创新，正是企业基于科学技术水平的提高，对资源配置方式进行的变革创新。业态创新，是企业面对社会经济发展，消费者需求更为多元化和细分化，对业态提出了更高、更新的要求。近年来，体验式消费以及“互联网消费”在不断冲击传统消费就是很好的例证。

3. 关系辨析

高校与企业分属于不同的社会体系，两者承担着不同的社会职能。但是，高校与企业之间存在正相关性。高校培养的人才和研发成果需要企业来实现价值，而企业也为高校的人才培养提供物质基础和实践平台。企业创新能力的提高可以从内外两方面进行：对内，企业通过研发投入及研发效率的提升，提高生产效率，降低生产成本；对外，企业依靠外部创新活动的溢出效应来提高科技成果的生产转化能力。其中，高校创新作为企业外部创新的主要渠道，通过创新人才的培养及训练，以及在基础应用领域的研究，对企业产生知识溢出效应。此外，企业也进一步促进高校创新，通过为高校创新提供良好的外部氛围，以市场应用为导向，对高校创新人才培养及基础科研领域方向提供现实指导。

（三）创业与就业的关系

1. 创业与就业关系的理论基础

对于创业就业两者之间关系的研究，主要包括创业能否拉动就业、创业的就业效应受到哪些因素的影响等问题，对于促进落实“以创业带动就业”具有重要的现实意义。中国高校应届毕业生供给与人才需求呈现出“双缺口”特征：一是高校扩招带来规模性的毕业生就业供求缺口，全国高校毕业生人数逐年增加，例如2017年高校毕业生高达795万人，2018年高校毕业生达到820万人，再创历史新高，见图1-2。二是全球新一轮科技革命和产业变革带来结构性的毕业生就业供求缺口，中国转型升级与结构优化对于高匹配度人才的缺口近年来呈现出扩大之势。

在“双创”背景下，研究创业与就业关系，揭示生存型创业与机会型创业的差异及规律具有重要的研究价值，可以使学生的就业动机类型清晰化，有助于为学生创业提供“个性化定制”的指导，进而提高创业教育的质量。

生存型创业，是指由于没有其他就业选择，或者个人对于现有的就业岗位不满意，进而从事创业活动，机会型创业相较于生存型创业而言，更具有主动性的特征，通常是基于对商业机遇的预判及追寻，从而进行创业

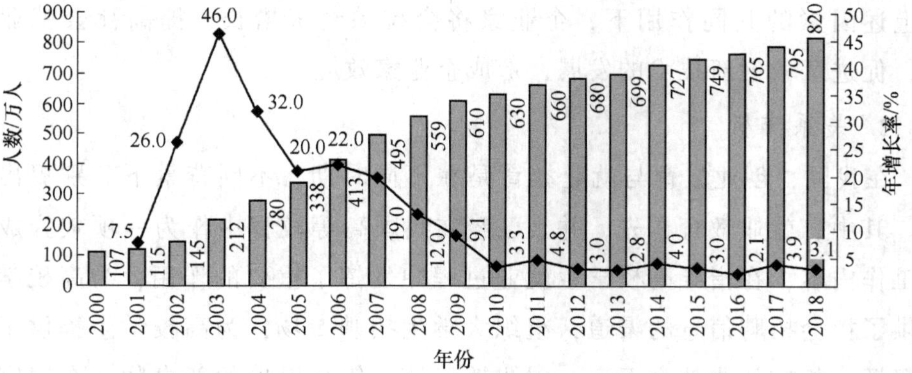

图 1-2 2000~2018 年全国普通高校毕业生数据示意

活动。在生存型创业的情境下，多数情况是由失业所造成的，可以追溯至失业推动就业理论，奈特（Knight F E）提出了就业状态的相对收入理论，认为个人通常是在失业、创业与就业三种状态之间做出选择，并且依据三种状态的相对价格进行选择。奥克斯菲尔德（Oxenfeld F H）在此观点的基础上，进一步提出了人们在遭遇失业而感到就业前景不明朗的情况下，通常会转向创业以便自谋出路。由此得出推论：自主型创业是由就业所推动的。当经济处于衰退或者萧条时期时，个人的就业机会将会减少，社会失业率将会上升，进而衍生为“难民效应”假说，即在此境遇下，创业机会成本将会上升，创业的成功率将会下降；同时，当个人财富水平下降，创业者面临的资金约束将会上升。

不同于生存型创业，机会型创业通常是关注新的市场发展方向，同时对企业的增长预期要高于生存型创业企业。不同于“难民效应”假说，考虑到创业通常是由经济活力所拉动的，机会型创业者通常具有经营才能，其创业行为相较“难民效应”假说的被动创业更具有活力，对经济增长的促进作用更为显著，具体表现为：机会型创业者面临的资金预算约束较小，在创业行业的选择过程中更多考虑到客观的市场机会及技术壁垒，相较生存型创业者而言，更为关注企业的长期利润，选择投资回报更为可观的项目，从而拉动整个区域的投资活力，驱动区域经济增长。此外，在面临较高的技术壁垒的情况下，通常会采用新的技术或者新的生产要素组合，进而获取市场的超额利润，技术创新将会造成社会生产效率的提高。在上述因素的共同作用下，企业家将会拉动经济增长，提高社会就业水平，促进区域创新技术的发展，形成企业家效应。

2. 关系辨析

在我国，创业教育与就业教育是在不同时期、不同背景下分别提出来的。其中，就业教育在先，并且已经在我国高等教育中作为一项较为成熟的工作内容，在指导高校学生就业过程中发挥了重要的作用，为高校学生提供了社会招聘信息的渠道，组织大学生招聘专场，为高校学生提供了就业资源。相较就业教育而言，创业教育是近年来提出的新事物，在国家政策的支持以及“双创”宏观环境的作用下，创业教育发展较为迅速，作为新生事物，各类高校结合自身的专业特长优势，进行了不同角度的探索，通过举办各类活动、提供实践指导，切实提高了学生的创业思维、能力以及风险防范意识。

创业教育与就业教育存在着广泛的联系，虽然产生的时间、教育内容之间存在差异性，但是两者共同面临着职业生涯教育的问题。在职业生涯教育过程中，创业教育更多涉及对人综合能力的培养，就业教育涉及对个体职业素质、职业基本素养的教育。同时，创业教育与就业教育都涉及对于个体能力和职业生涯的匹配问题，基于奈特（Knight F H）提出的失业、创业及就业三种职业状态，在创业教育与就业教育过程中，应当基于个体不同特质，对创业与就业进行有针对性的引导。此外，从个体不同职业发展阶段看，基于外在机遇、自身能力的积累等内在与外在条件的共同作用，学生、雇员或者创业者等是个体在不同阶段的角色定位，创业教育与就业教育存在一体化融合的趋势。

第二节　创新创业教育发展阶段

综观全球创新创业教育发展进程，可以发现以下趋势：一是创新创业教育成为高等教育的有机组成部分和核心功能；二是以实践教学促进理论教学和各专业学生交叉融合的学习模式不断创新；三是面向企业和社会的开放式引入师资、共同培养基地的力度不断加大；四是创新创业教育多元化、国际化、协同化、平台化日益明显；五是创新创业教育的生态体系逐渐优化，更多的创新成果与产业相融合，实现科研成果驱动创业实践。

一、创新创业的环境分析

（一）中国创新创业教育的发展机遇

1. 全球第四次产业革命蓄势待发，中国坚持创新驱动发展战略

全球金融危机爆发以来，全球经济处于缓慢的复苏阶段，加之第三次产业革命带来的生产效率提升的影响渐微，第四次产业革命已蓄势待发。世界上主要国家均从国家层面对第四次产业革命展开了战略部署，德国最早提出“工业 4.0”的概念，基于硬件制造系统的优势提出“智能工厂”的规划；日本政府推出《日本再兴战略》；美国基于信息技术优势提出工业互联网及“互联网+”的制造工艺升级；中国先后提出“中国制造2025”“大众创业、万众创新”、《人工智能发展规划》等，旨在基于先进制造业的良好发展态势，以“人工智能”为切入点，以创新作为第四次产业革命的新引擎。从各国对于第四次产业革命的战略部署规划着眼，可以看出，近年来“创新”有了更深层次的内涵，更大范围的拓展，以及更多领域的融合。

2012 年 11 月 8 日，党的十八大提出“实施创新驱动发展战略，把科技创新摆在国家发展全局的核心位置。要坚持走中国特色自主创新道路，以全球视野谋划和推动创新，提高原始创新、集成创新和引进消化吸收再创新能力，更加注重协同创新”。党的十八大以来，科技创新对社会生产力的促进作用以及对产业结构优化的推动作用不断强化，科技创新的外延进一步拓展，其与制度、管理、商业模式、业态及文化相融合，共同推动经济发展。创新不仅与经济相融合，而且呈现出多元融合的趋势，提出了与技术、制度、管理、商业模式、业态及文化相融合，优化创新生态圈，进行多维度全方位的创新活动，以进一步提升全要素生产率。

2017 年 10 月 18 日，中国共产党第十九次全国代表大会（以下简称

“十九大”）提出“加快建设创新型国家，创新是引领发展的第一动力，是建设现代化经济体系的战略支撑，具体举措包括：要瞄准世界科技前沿，强化基础研究，实现前瞻性基础研究、引领性原创成果重大突破。加强应用基础研究，拓展实施国家科技重大项目，突出关键共性技术、前沿引领技术、现代工程技术、颠覆性技术创新。加强国家创新体系建设，强化战略科技力量。深化科技体制改革，建立以企业为主体、市场为导向、产学研深度融合的技术创新体系，加强对中小企业创新的支持，促进科技成果转化。倡导创新文化，强化知识产权创造、保护、运用。培养造就一大批具有国际水平的战略科技人才、科技领军人才、青年科技人才和高水平创新团队。”

中国特色社会主义进入新时代，发展是第一要务，人才是第一资源，创新是第一动力，需要高校培养大量的宽口径、厚基础、高质量的复合型人才，高校要积极投身于创新型国家建设中，不断提升创新创业教育质量，强化创新创业型人才培养的核心功能，将青年学生培养成为经济社会发展的中坚力量。

2. 人才作为科技创新的第一资源，区域、产业对人才争夺日趋激烈

人才作为科技创新的第一资源，随着科技创新的重要地位日益凸显，世界各国对于人才的争夺也日益激烈。在国内，近年来产业结构优化调整已进入到深水区，传统产业在面临供给侧结构性改革的同时，结合国内环境规制不断强化，在央地分权背景下，地方政府都在谋求区域转型的发展方向，高新技术产业成为了区域转型发展的重要着手点和落脚点。企业作为市场经济的参与主体，同时作为国家创新系统的重要主体，在产业结构优化调整的过程中，对于创新人才的需求与日俱增。人才作为科技创新的中坚力量，其自身的流动也存在规律性特征，基于人才流动理论，格林伍德（Greenwood M J）对人才流动进行了综合性研究，并将人才流动研究主要集中于流动影响因素和流动影响程度两方面，提出了人才流动与人才聚集的关系，即人才聚集的格局在人才流动与迁移过程中逐步形成，是人才流动的必然结果。后期的研究也发现，人才通常是流向外部条件更好的区域，在流动过程中，人才的个人偏好起到了决定性作用。

近年来，我国各区域、各企业制定了一系列吸引人才的政策，拉开了人才争夺大战的序幕。研究表明，在人才流动的影响因素中，地方外部环境是重要因素，不同区域在人才资源竞争方面也呈现出典型的区域特征。以2017年为例，我国区域人才竞争力的东西部差异较大，内陆地区向沿海地区人才流动的“孔雀东南飞”趋势依然明显，东部沿海区域人才竞争力指数较高，西部地区的人才竞争力相对薄弱面对日益激烈的人才竞争态势，以及我国区域人才分布不均衡、不匹配的现状，高校应当强化创新创业教育的正外部性，通过对在校学生进行创新创业教育，培育他们的创新创业意识和能力，为所在区域的产业发展提供人才支撑，并通过人才的集聚和扩散效应来促进区域产业集群的发展。同时，各高校应当结合所在区域的特征，对学生实施差异化的创新创业教育，加强校际交流合作，促进人才在区域之间合理流动，缓解人才分布不平衡的矛盾。

（二）我国创新创业教育的倒逼机制

自1989年联合国教育、科学与文化组织（以下简称联合国教科文组织）在北京召开了“面向21世纪教育国际研讨会”以来，被誉为“第三本教育护照”的创业教育逐渐普及并进入了人们的视野。中国共产党第十四次全国代表大会（以下简称党的十四大提出建立社会主义市场经济体制。为应对市场变革和申请加入世界贸易组织（World Trade Organization，以下简称WTO）后的市场竞争趋势，基础教育、职业教育和高等教育工作者都提出了创业意识和创业精神的探讨。邹德威从德育视角提出要对学生开展创业意识和精神的教育。劳动力要素由行政配置转为市场配置改革后，教育行政工作者也从国家劳动人事制度和毕业生就业制度、职业教育改革，以及培养经济新增长点的内在需要的考量提出开展创业教育的意见。1998年，联合国教科文组织在《面向二十一世纪高等教育宣言：观念与行动》中提出，开发创业的能力和精神必须成为高等教育的主要任务，促进毕业生就业，从求职者到创造就业者。在世纪之交，高校教育工作者从应对知识经济、信息技术革命时代冲击，探讨教育如何服务经济社会发展需要。数十年来，我国高校通过不断整合校内外的丰富资源，完善教育理念，积极推动了双创教育的发展。双创教育最初集中于国内的一般高校，在开展教育的过程中主要是以提高学生的就业率为目的。

近年来，随着创新创业被赋予了更多的时代意义，双创教育已覆盖到国内重点大学，成为了高校综合培养学生创新创业意识的教育活动。但是，在我国现有的教育制度安排下，仍然存在以下主要问题。

1. 亟待破解体制机制不合理导致的“孤岛效应”

高校在创新创业教育的实施过程中，很多是由部门主导的，由于不同职能部门的协调机制不畅，通常会出现创新创业教育仅局限在个别部门，或者相关部门各自推进，全方位、全系统的创新创业教育体系有待完善。例如，高校就业工作部门从生涯教育角度开展相关课程教学和培训，组织创业赛事开展；团委从组织学生开展创新创业类社团、组织科技创新和创业大赛的角度开展工作；学生工作部门从学生的素质教育、心理辅导、思想教育等内容着手；各学院通常是从学科专业的角度对学生开展创新创业活动。现有的创新创业教育体系缺乏明确的责任主体负责统筹协调，导致了双创教育过程中的资源碎片化和“孤岛效应”。对于学生个体而言，创新创业能力更多地体现为综合能力，除了专业知识外，还需要整合经济学、管理学、法学、心理学等多学科知识。近年来，不少高校陆续成立创新创业学院或者创业学院，从学校层面统筹开展创新创业教育，组织各类创新创业竞赛和实践活动等。但从总体来说，体制机制问题有待于在探索中进一步破解。

2. 需要优化制度安排不匹配导致的结构失衡

由于制度安排不匹配导致的高校创新创业教育的结构失衡，主要体现在课程结构、师资结构、专业结构等方面的失衡，重科研轻教学、重课内轻课外、重知识轻实践等问题依然普遍存在。例如，高校在创新创业的课程设置中，主要借鉴国外重点大学的课程设计，偏向于经管类的基础课程设置，如企业设立、投资融资、营销与管理等诸多方面，结合国内实际以及高校学科特点的自我研发类课程设置并不多。一方面，高校对于创新创业的时代需求如何与高校的学科发展优势相结合仍处于探索阶段，对创新创业教育在人才培养中的教育比重以及重视程度并未得到明显的提升，所推进的工作主要局限于创新创业活动等层面。另一方面，对于教师而言，创新创业教育的成果定量化评价仍处于摸索阶段，高校对于院系和就业工作部门的绩效考核仍然以学生的就业率、签约率、就业质量以及创业情况为主，对于教师则以教学和科研评价为主，相较于此类显性的考评指标，学生的创新创业意识、精神和能力的提升难以测评，同时也难以在短时间内得以体现。因此，要进一步优化与创新创业教育相匹配的制度安排。

3. 尽快弥补评估体系不兼容导致的标准缺憾

"双创"教育评估是创新创业教育的关键环节，也是形成闭环的重要环节。高等教育的评估类型，主要有独立非营利认证机构的认证类评估、高校内部的诊断类评估以及商业机构的排名类评估。西方大学评估模式忽略了全球经济和教育的包容性、差异性发展，导致全球教育发展不平衡性逐渐显现，对我国造成的消极影响主要有目标异化、资源错配，数据污染、逆向选择，价值偏离、结构失衡等。目前，国内通行的大学评估体系大多是借鉴乃至"跟随"西方模式构建起来的，主要目的是为了大学排名，并依据这个排名榜单来配置高等教育资源。这种注重"评教"的模式，以经费投入、师资投入、仪器设备投入以及教师的科研产出评估为主，而真正用于人才培养的资源关注度相对不足，最终导致整个社会人才的供求结构性失衡问题得不到解决，尤其表现为人才供给侧的质量问题颇受争议。这一评估体系与高校内部的问题诊断类评估的指标和标准不兼容，也不利于提升以学生为中心的创新创业教育质量，需要尽快完善高校评估体系，弥补体系不兼容导致的标准缺憾。

二、创新创业教育的发展历程

创新创业教育是随着大学功能拓展而衍生出来的，从中世纪意大利大学的兴起，到 18 世纪英国住宿制学院的出现，再到 19 世纪德国大学教学科研的融合，使教育这一核心功能逐渐得到强化。到了 20 世纪，美国研究型大学崛起，大的功能拓展到服务社会、国际交流合作并实现全球资源配置，由此衍生出大学的创业教育功能。1947 年，哈佛大学商学院为学生开设了"新创企业管理"课程，以培养学生创业实践能力，以此为开端，美国、英国等发达国家已经展开了 60 多年的创业教育，形成了以创业教育为主体，集创业课程设计、创业学位授予、创业学术期刊编辑和创业研究中心建设于一体的完善教育体系。相较西方发达国家，我国的创新创业教育虽然起步较晚，但是自1988年以来，国家越来越重视高校创新创业教育，在短时间内密集出台了一系列政策措施，先后经历实践萌芽期、试点探索期、内涵拓展期及全面发展期几个阶段（见图1-3），高校创新创业体系不断完善，高校创新创业教育的质量及效率得到进一步提升。

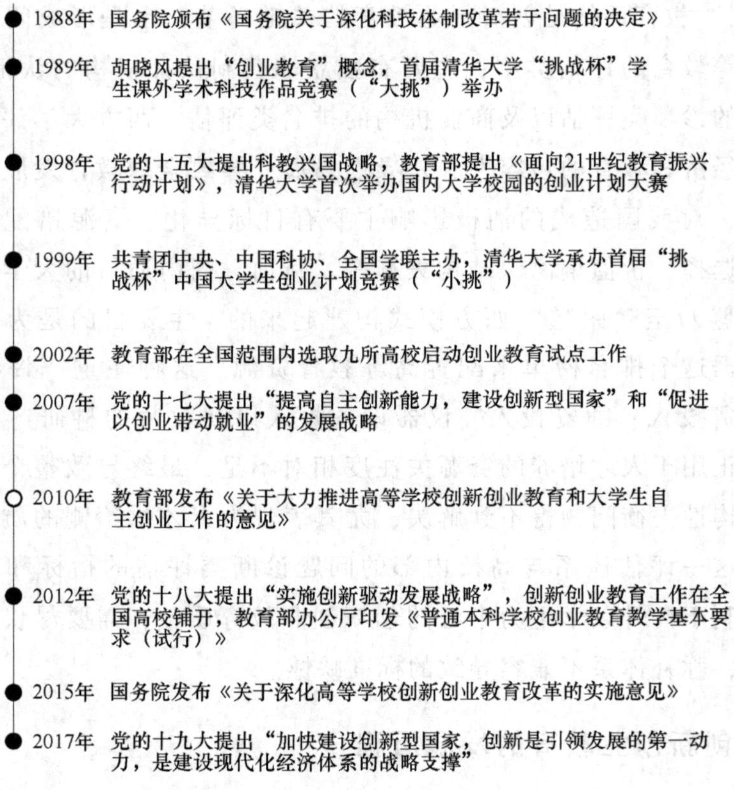

图1-3 中国创新创业教育的发展历程示意

（一）实践萌芽期：“挑战杯”成功举办

随着改革开放步伐的加快，国际教育资源的流动加速，中国学生接受国际教育有了更多的渠道及机会借鉴西方发达国家创新创业教育的经验，中国创新创业教育进入了概念萌芽期。在制度与理论探索层面，1988年国务院颁布《国务院关于深化科技体制改革若干问题的决定》，提出要鼓励科技机构的发展。1989年，胡晓风教授提出了“创业教育”的概念；清华大学承办首届“挑战杯”全国大学生课外学术科技作品竞赛（简称“大挑”）。1998年，清华大学首次举办了国内大学校园的创业计划大赛，引起了国内外教育领域的广泛关注。1999年，由清华大学承办的首届“挑战杯”中国大学生创业计划竞赛（简称“小挑”）成功举行。1998年12月，为了实现中国共产党第十五次全国代表大会（以下简称党的十五大）所确定的目标与任务，落实科教兴国战略，全面推进教育的改革和发展，提高全民族的素质和创新能力，教育部制定《面向二十一世纪教育振兴行动计划》，从顶层设计的角度对创新创业教育的战略路径进行了完善，提出了加强对教师和学生开展创业教育的要求，进一步鼓励师生自主创办高新技术企业。

（二）试点探索期：九所高校试点探索

2002年4月，教育部选取清华大学、北京航空航天大学、中国人民大学、黑龙江大学、上海交通大学、南京财经大学、武汉大学、西安交通大学、西北工业大学九所高校启动创业教育试点工作，其中黑龙江大学、南京财经大学为地方高校。创业教育试点依据各高校办学特色，立足于基础理论知识的创新，知识的融合与应用、知识的传播等职能定位，从不同层面、不同维度探索创新创业教育实践，具有重要的现实意义。该阶段，在各级地方政府的配套支持下，试点高校的创业教育形成了一系列重要成果，表现为三种主要的教育模式：一是以武汉大学、中国人民大学为代表的创业综合素质教育模式，主要强调的是将创业教育融入素质教育中；二是以北京航空航天大学为代表的创业知识技能模式，强调培养学生的创业知识与创业技能，通过搭建创新创业的平台，建立孵化基地，从而培养学生的实践能力；三是以上海交通大学为代表的综合式的创业教育模式，该模式为“知识传授+启动资金”的双轨制模式，其一方面承担了创新创业教育培训的职能，另一方面为学生创业提供资金和技术支持，解决了创业前期的关键问题，提高了学生创业的成功率。但是，在实践探索阶段，高校对于创新创业的教育通常与高校开办企业的模式相混淆，在展开创业教育的过程中，并没有将精力聚焦于创新技术的研发与转化过程，而是更偏向于传统行业的商业化运作模式的实践。

（三）内涵拓展期：创业教育教学体系形成

2007年10月，中国共产党第十七次全国代表大会（以下简称党的十七大）提出“提高自主创新能力，建设创新型国家”和“促进以创业带动就业”的发展战略。2010年，教育发布了《关于大力推进高等学校创新创业教育和大学生自主创业工作的意见》。2012年11月8日，中国共产党第十八次全国代表大会提出“实施创新驱动发展战略，把科技创新摆在国家发展全局的核心位置”。2012年，教育部将创新创业教育工作在全国高校铺开，同年8月，教育部印发《普通本科学校创业教育教学基本要求（试行）》，提出了高等学校实施创业教育教学的具体路径。国家层面创业教育的顶层设计为高校创业教育的探索和推广提供了制度保障。我国高校创业教育的内容进一步分为创业教育的目标导向、创业教育教学体系、创业实践平台、制度与文化支持四个维度，是一个完整系统。其中，创业教育的目标在于培养在校大学生某种人格理想，激发学生的创业精神，形成富有进取心、冒险精神、创新意识的企业家精神，提高学生综合素质。创业教育教学体系，是创业教育的核心内容及落脚点，目前，我国创业教育教学仍然集中在创业计划书撰写指导方面，多以创业大赛培训为目标，存在重理论轻实践的现状。在高校创业教学体系设计过程中，应当注重教师对学生创业培训的实效，强调贴紧实操性，进一步丰富对学生进行创业课程的考核维度。搭建创业实践平台，因为创业的本质特征是实践行为，而创业实践平台进一步可以分为校企合作平台、学校创业园区孵化基地以及高校联盟创业比赛。我国最初的创业教育是由创业竞赛发展而来，在创业过程中，应当结合产学研背景，以提高学生创业实践能力为目标，加大制度与文化支持，将创业文化内嵌于大学校园文化，营造创业文化的氛围，将创业实践与理论知识相结合，相互融通。创业教育中最本质的维度在于大学内部的创业文化。

（四）全面发展期：创新创业教育一体化推进

2015年5月4日，为有效推进“大众创业、万众创新”，国务院发布了《关于深化高等学校创新创业教育改革的实施意见》（国办发〔2015〕36号），认为新形势下高校创业教育存在教育理念滞后、教师创业教育方法单一、实践平台短缺等现实问题，并再次强调要完善高校创业教育机制、提高创业教育质量。这一阶段，高校的创新创业教育顺应新时期国家和社会需求号召，呈现出一体化推进、多元化发展等特征。2017年10月，党的十九大提出“加快建设创新型国家，创新是引领发展的第一动力，是建设现代化经济体系的战略支撑”。随着国家创新体系建设的不断推进与完善，国家、高校与企业之间的创新创业角色定位日趋明晰，高校作为创新知识的主要研发主体，随着产学研合作的展开、技术创新转化制度的完善，在注重培养学生创新创业综合素质的同时，也为高校学生搭建了创新创业的社会化实践平台，为学生多角度理解创新创业内涵、提升综合素质能力提供了良好的基础。

21世纪二三十年代，将是世界经济、科学和政治的发展长周期规律交汇的历史时期，是重要的时间窗口。高等教育为国家强盛、民族复兴奠定坚实人力资源基础和不竭的创新发展动力。扎实开展创新创业教育，培养创新型人才，为实现中华民族伟大复兴的中国梦而努力奋斗。

第二章

我国创新创业教育的现状与问题

针对当前国内高校创新创业教育的现状特点、突出问题、短板效应等，2017年7月~11月，上海大学创新创业教育课题组研究团队（以下简称上大课题组）对高校创新创业教育专家进行了深度访谈，同时针对国内高校创新创业教育现状进行了问卷调查，共回收有效问卷4610份，涉及29个省市区。调查对象以高校学生为主，其中本科生占比55.38%，高职高专生占比35.84%，硕士和博士研究生占比3.41%，其余为校内创新创业导师、学校行政管理人员、校外创新创业导师。

本章基于专家深度访谈的问题库和问卷调查的数据库，给出了高校创新创业教育供给侧的平台、课程、师资等资源的评价，以及需求侧的认知度、参与度、满意度、心理潜质等方面的测度。当前，高校双创教育亟待破解的突出问题及短板效应包括：一是亟待破解体制机制不合理导致的"孤岛效应"；二是需要优化制度安排不匹配导致的结构失衡；三是加快提升发展模式不科学导致的运行效率；四是尽快弥补评估体系不兼容导致的标准缺憾；五是尽快缓解双创教育的区域发展不平衡问题。

第一节　高校创新创业教育现状分析

一、高校创新创业教育认知

上大课题组采取李克特量表法对高校创新创业教育的现状认知进行认同调查，以认同值为标准进行测量，最低分为1分，满分为5分。如图2-1所示，非常熟悉创新创业教育的认同值最低，说明高校创新创业教育的范围和力度还需进一步增加；高校创新创业教育的必要性认同值最高，说明高校创新创业教育势在必行。目前，高校群体普遍认为创新创业教育还需

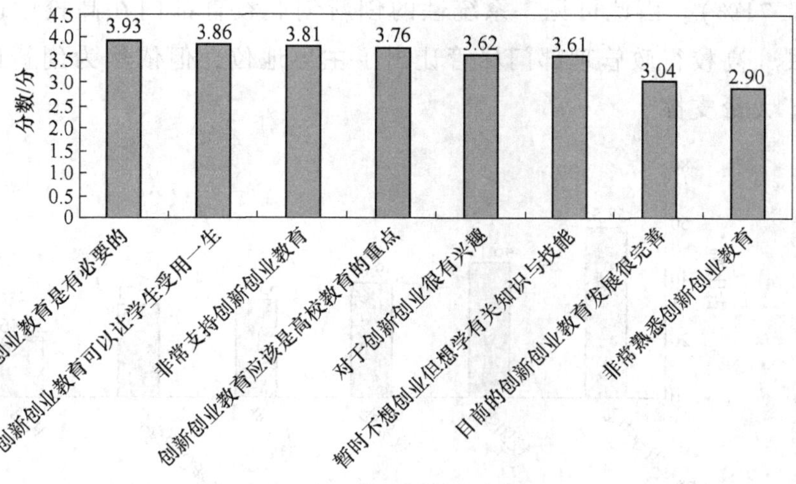

图 2-1　高校创新创业教育现状认知示意

进一步发展完善，其教育成果可以让学生终身受益，支持创新创业教育，并且认为其应该是高校教育的重点。

清华大学经济管理学院院长钱颖一教授指出，对短期功利主义者而言，创新是为了发论文、申请专利、公司上市；对长期功利主义者而言，创新有更高的追求，是为了填补空白、争国内一流、创世界一流；而对注重内在价值的非功利主义者而言，创新有更高的追求，是为了追求真理、改变世界、让人变得更加幸福。对于中国内地高校问卷调查结果显示：认为创新是为了发论文、申请专利、公司上市的占比 52.17%；认为创新有更高的追求，是为了填补空白、争国内一流、创世界一流的占比 71.37%；认为创新有更高的追求，是为了追求真理、改变世界、让人变得更加幸福的占比 73.9%，说明高校创新创业教育的认知层次比较高，高校群体创新更倾向于非功利主义和长期功利主义，但短期功利主义的倾向依然不容乐观。

二、高校创新创业教育的实施主体

如图 2-2 所示，58.55%的高校设有独立的指导中心作为创新创业教育实施主体，其次主要实施主体按照占比降序排列依次为：校团委（46.12%）、教务处（39.05%）、学工办（33.36%）和创新创业学院

(31.71%)。由此可见，系统性的创新创业教育部门在高校中已得到较大发展，高校行政管理部门尽管让出了主导地位，但依然为创新创业教育提供了大量支撑。

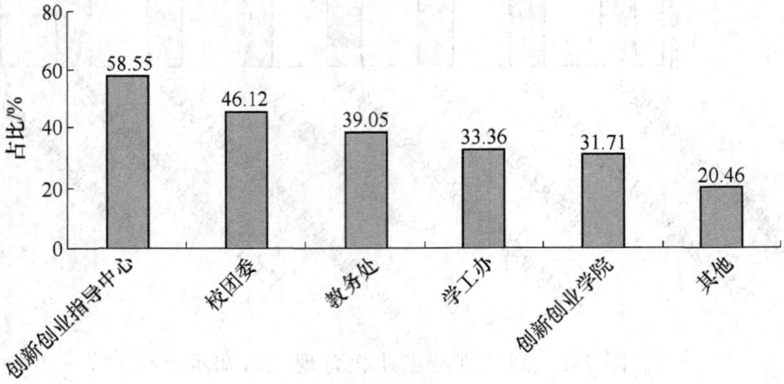

图 2-2 高校创新创业教育的实施主体示意

创新创业教育实施主体与高校类型的交互分析显示（见表 2-1），“985 工程”院校、“211 工程”院校创新创业教育实施主体分布情况类似，排前三位的都是创新创业指导中心、校团委、教务处；中央部属高校创新创业教育实施主体排前三位的是创新创业指导中心、校团委、创新创业学院。高职（高专）院校与其他高校相差较大，创新创业教育指导中心、创新创业学院的主体地位相比其他类型高校明显降低，学工办承担创新创业教育任务的比重在各类高校中最高。33.44%的高职高专学生选择其他选项，选择原因多为不清楚、不知道主体部门，可见高职（高专）院校创新创业教育还需进一步改革。总体而言，高校创新创业学院的主体地位没有凸显出来，主要原因是高校创新创业学院建设起步晚甚至还没有起步，主要还是依托创新创业指导中心、校团委、教务处、学工办。

表 2-1 高校创新创业教育的实施主体与高校类型的交互分析

对比项	教务处	校团委	学工办	创新创业指导中心	创新创业学院	其他
“985 工程”院校	36.17%	44.68%	29.79%	55.32%	34.04%	11.35%
	3	2	5	1	4	6
“211 工程”院校	33.67%	43.14%	31.42%	68.83%	28.68%	8.48%
	3	2	4	1	5	6

续表 2-1

对比项	教务处	校团委	学工办	创新创业指导中心	创新创业学院	其他
中央部属本科院校	34.71%	47.11%	31.40%	67.77%	35.54%	8.26%
	4	2	5	1	3	6
省属本科院校	39.58%	45.96%	30.38%	67.20%	34.61%	14.59%
	3	2	5	1	4	6
高职（高专）院校	40.18%	47.12%	38.53%	43.31%	27.85%	33.44%
	3	1	4	2	6	5

说明：表中上排的数字为对比项中的占比；下排的数字为对比项中的排名。

三、高校创新创业教育的侧重点

如图 2-3 所示，高校创新创业教育的侧重点按占比降序排列依次为：提高学生整体能力素质（24.03%）、提高学生创业技能（22.99%）、综合性的创新创业教育（19.70%）、第一课堂（教学）与第二课堂（社团等体验式教育）有机整合（18.81%）、创新创业实践基地（14.47%）。由此来看，目前高校创新创业教育的侧重点为学生自身能力的提升，体验式教育和实践教育需要得到进一步推广和发展。

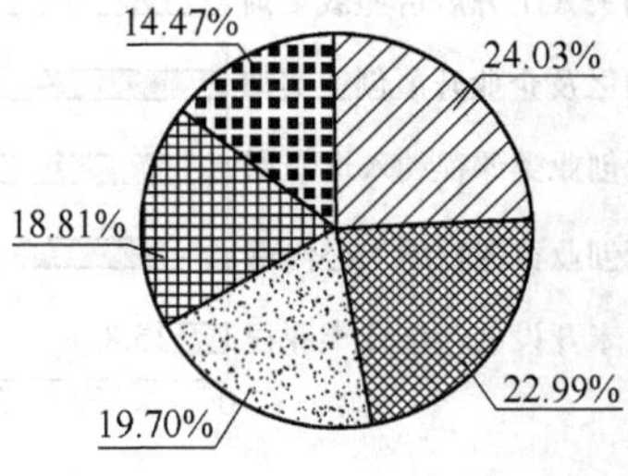

图 2-3 高校创新创业教育的侧重点示意

如图 2-4 所示，高校对于创新创业教育的目的还是停留在激发学生创新意识与进取心、提高学生综合素质的目标层面，在培养学生人格理想、形成大学内部创新创业文化的目标层面有所欠缺，创新创业教育还需要加强宏观、长远的目标指引。

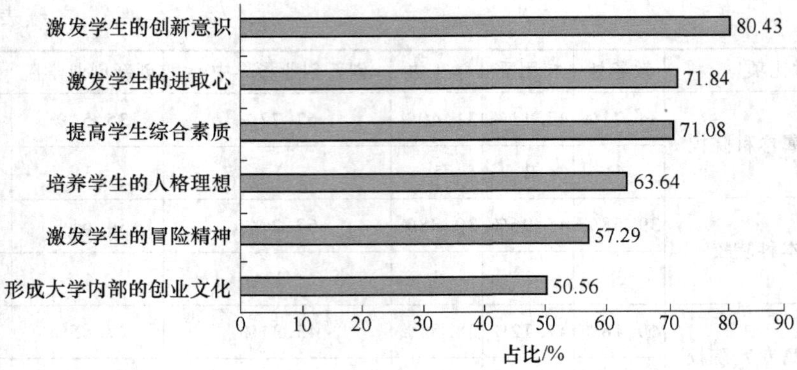

图 2-4　高校创新创业教育目的的侧重点

四、高校创新创业教育内容与途径

如图 2-5 所示，高校创新创业教育内容与教学体系中，实践模拟与课堂教学相结合是常用的教学手段，主要通过课堂教学辅以实践模拟来实现；讲座培训及创业实训等形式在教育过程中也得到了较大的应用，但是依然有 5.86%的高校尚未开设创新创业类课程，将创新创业类课程纳入必修课的比例仅为 28.31%，还需进一步提高。

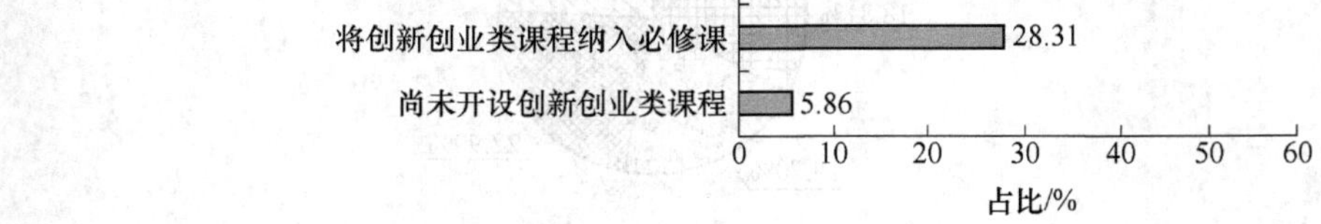

图 2-5　高校创新创业教育内容与途径

五、高校创新创业教育师资

如图 2-6 所示，高校创新创业教育师资中，学校创新创业相关部门的老师（53.64%）和专业教师（52.34%）占比均超过 50%，创新创业教育的专业性指导有师资保障；创新创业精英（37.83%）和创业者（32.49%）的榜样引领作用也得到了较大发挥，占比均超过30%。师资队伍中辅导员的比重为41.06%，学工系统对于创新创业教育给予了大力支持，贴近学生需求、受到学生信任的辅导员是创新创业教育的有力支撑，未来可以进一步探索辅导员能力的职业化专业化与创新创业教育职业化专业化的有机统一。

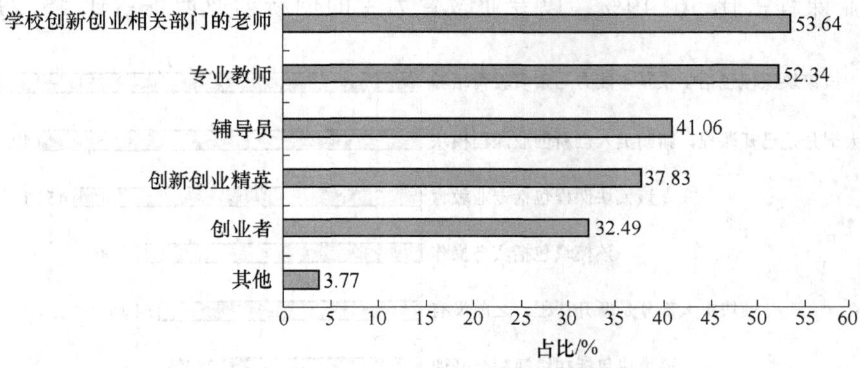

图 2-6 高校创新创业教育师资

如图2-7所示，首先学生最满意的创新创业教师是该领域的精英，其次为专业教师，创业者排第三位，对辅导员和学校创新创业相关部门的老师的满意度分别为第四位、第五位。在高校创新创业师资队伍建设中，创新创业精英和创业者的标杆引领作用需要得到进一步发挥，专业教师的专业指导作用需要进一步强化。

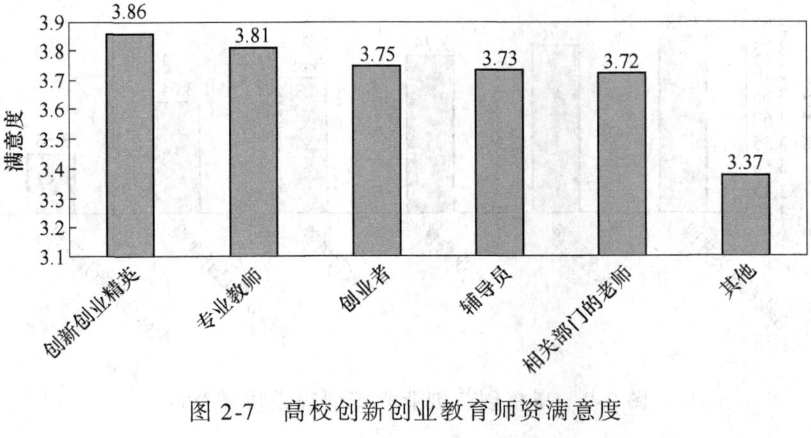

图 2-7 高校创新创业教育师资满意度

六、高校创新创业教育课程模块

如图 2-8 所示，高校创新创业教育课程模块中以素质教育为主，大部分是将现有资源整合后归入创新创业模块，创新创业教育体系中专业教育并未缺失。同时，该课程模块中实务操作和视频公开课的比重还有很大的提升空间。这些模块的教学方式中注重学生基本能力与素质教育培养的创新创业课程占比 56.49%，以专业教育为主的创新创业课程占比 45.21%。

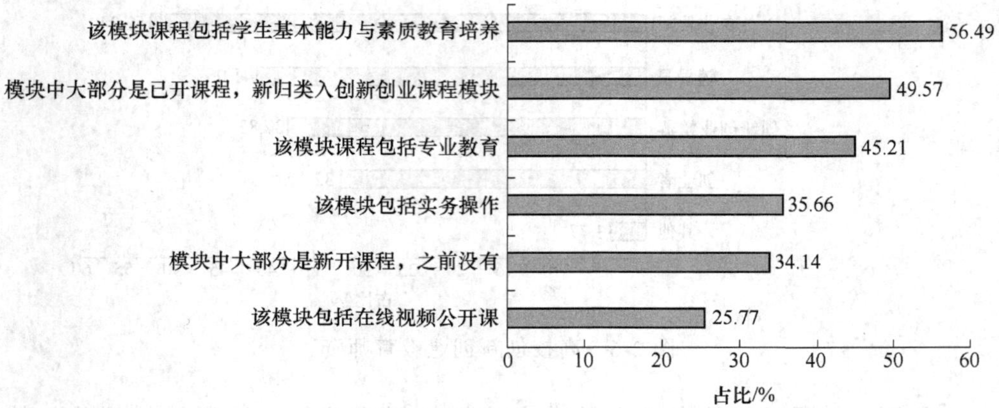

图 2-8 高校创新创业教育课程模块

如图 2-9 所示，各个课程模块中，学生对视频公开课形式的创新创业教育课程满意度最高（3.78），但是占比最小（25.77%），建议今后的创新创业教育发展方向应以基于互联网的共享型资源为主，视频公开课形式

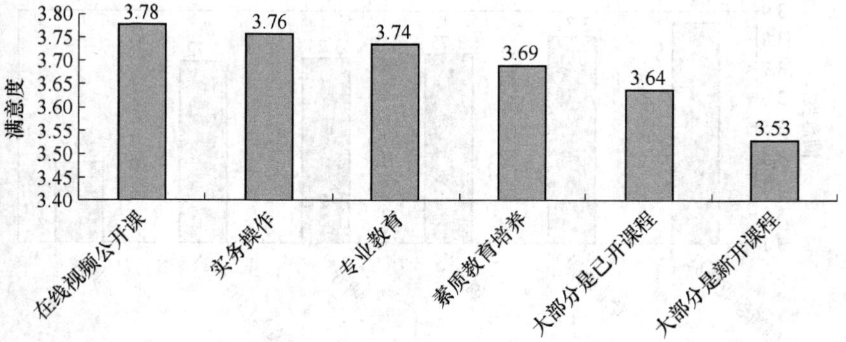

图 2-9 高校创新创业教育课程模块满意度

的课程需要进一步推广；新开创新创业课程由于需要一段时间的适应磨合期，满意度最低（3.53）；包含实务操作和专业教育的课程满意度较高，分别为3.76和3.74。

如图2-10所示，高校中普遍认为创新创业教育的有效方法前四名为：一是与企业进行创新创业教育课程共建、实训基地共建（89.91%），二是进行模拟或实际创业基础上的实时指导（87.85%），三是举办或参加创新创业大赛等模拟活动（87.59%），四是邀请专业人士开展培训（81.89%）。这些都是创新创业实践教育的有效方法，换言之，实务操作型的创新创业教育是目前高校认知中的有效方法，传统的偏向于课堂教学的授课形式排名偏低。

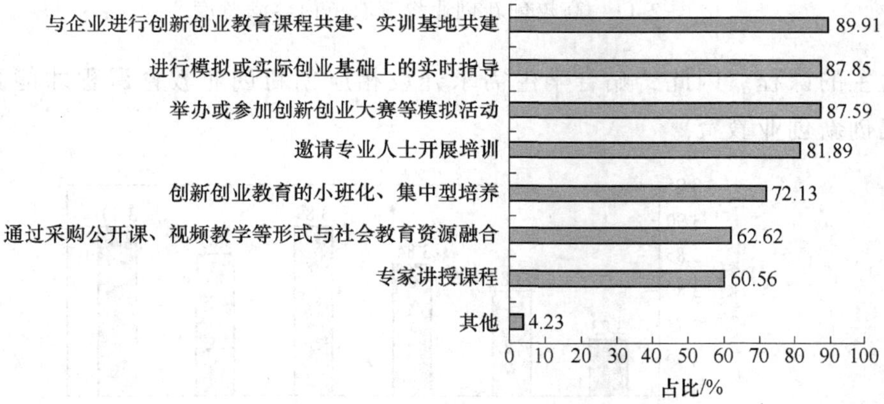

图2-10 高校创新创业教育有效方法

七、高校创新创业教育体系改革

如图2-11所示，对于高校创新创业教育体系的改革评价，满意度最低的是改革教学方法和考核方式的改革，说明高校在这一方面要进一步加强和加大改革力度；满意度并列最高的是强化创新创业实践、加强教师创新创业教育教学能力建设、改进学生创业指导服务，这些调查结果指明了今后高校创新创业教育课程改革的方向。

如图2-12所示，高校创新创业教育课程中需求最高的是注重创新创业实践的课程和与专业知识相结合的课程，需求最低的是以创新创业理论学

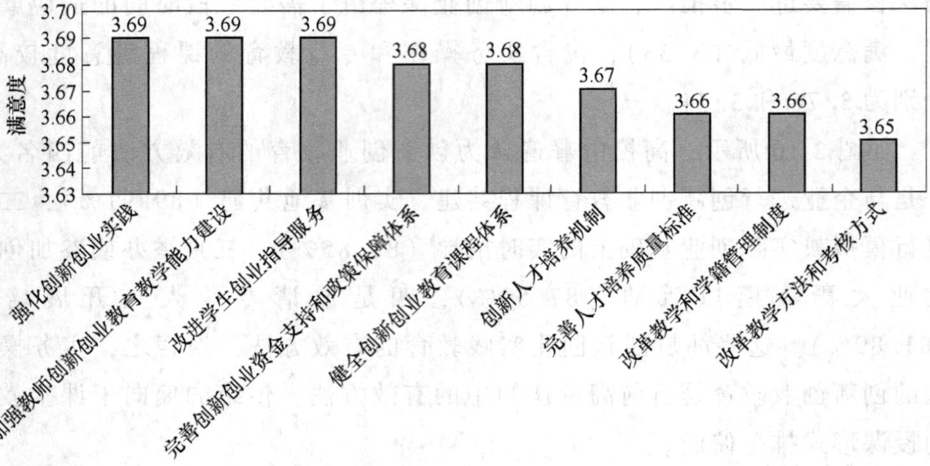

图 2-11　高校创新创业教育改革内容满意度

习为主的课程。因此，贴合学生需求开设相应创新创业教育课程才能真正发展创新创业教育。

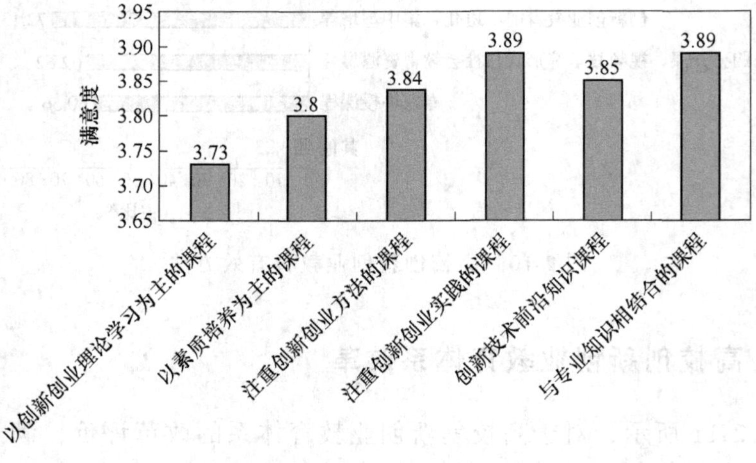

图 2-12　高校创新创业教育课程需求现状

八、高校创新创业教育效果

如图 2-13 所示，有利于学生目前高校创新创业教育效果最显著的是帮助学生掌握创新创业基本素质、获得更大的舞台，效果最不显著的是帮助学生获得更高经济收入。

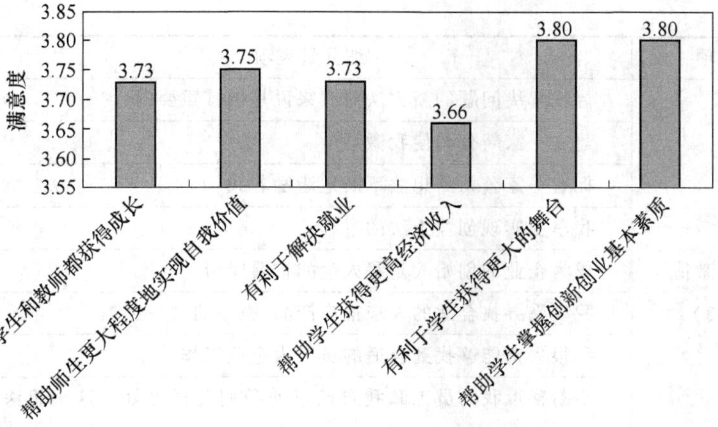

图 2-13　高校创新创业教育效果现状

九、高校创新创业者潜质

通过创业者心理量表对高校创新创业教育群体的创业者潜质进行测量，满分 5 分，最低分 1 分，高校群体平均得分 3. 49，分数较低（表 2-2）。高校群体有一定的创业者激情和感知到的支持，也有一定的激进式/渐进式创造力和自我决定能力，缺乏创业意向和创业活动激情。

表 2-2　高校创新创业教育群体的创业者心理量表

观测项	细分量表项	平均分
创业意向（3. 42）	在校期间或毕业后我有创业的打算	3. 41
	我渴望拥有自己的企业	3. 55
	我有较为详细的创业规划和思路	3. 23
	我会主动地去学习创业相关知识、了解创业的详细内容	3. 47
创造力自我效能（3. 48）	我对自己运用创意解决问题的能力有信心	3. 47
	我觉得自己擅长于想出新的点子	3. 48
	我很擅长从别人的点子中发展出另一套自己的方案	3. 53
	对于想出解决问题的新方法，我很拿手	3. 44
创业者激情（3. 53）	找出解决市场痛点的新方法令我非常激动	3. 54
	我很享受寻找优化产品/服务的新想法	3. 55
	我有动力去了解如何使现有的产品/服务变得更加完善	3. 55
	观察、分析环境去寻求新的机会使我激动	3. 57

续表 2-2

观测项	细分量表项	平均分
创业者激情（3.53）	寻找解决问题的新方法对我来说是极其重要的	3.62
	建立一家新公司使我激动	3.52
	拥有一家公司的想法不断地激励着我	3.49
	我享受实现创业想法的过程	3.53
	成为企业的创始人是我人生的重要履历	3.49
	我享受寻找合适的人来推广产品/服务的这一过程	3.48
	我很兴奋能够找到合适的员工为企业工作	3.56
	不断鞭策我的员工和我自己以使我们公司更好，这个想法一直激励着我	3.55
	培育和发展公司是我人生的重要组成部分	3.48
创业活动激情（3.42）	我投入大量时间参加创业课程实践活动	3.39
	我乐于成为一名企业家	3.48
	成为一名企业家对我来说很重要	3.39
创业活动激情（3.42）	成为一名企业家对我来说充满了激情	3.47
	成为一名企业家是我人生的一部分	3.38
自我决定（3.48）	我在如何开展工作方面有很大的自主权	3.46
	我在如何开展工作方面有很大的独立性	3.48
	我可以自己决定如何开展我的工作	3.5
激进式/渐进式创造力（3.48）	我总是能够提出好的创新性的想法	3.46
	我在团队中表现出创造性	3.46
	我能提出颠覆传统的商业计划书	3.35
	我会基于已有的想法提出新见解	3.52
	我善于适应现有的想法	3.52
	我能调整已有的合作方式来适应当前的需求	3.54
感知到的支持（3.51）	我能够从同学那里获得创业教育活动的支持	3.5
	我能够从朋友那里获得创业教育活动的支持	3.52
	我能够从家人那里获得创业教育活动的支持	3.49
	我能够从学校的老师那里获得创业教育活动的全部内容	3.53

如图 2-14 所示，不同类型高校的创新创业群体，创业者资质也会有所不同，创业者资质排前两位的是中央部属本科院校（3.52）和高职（高

专）院校，其次是“985 工程”院校和省属本科院校，最低的是“211 工程”院校。

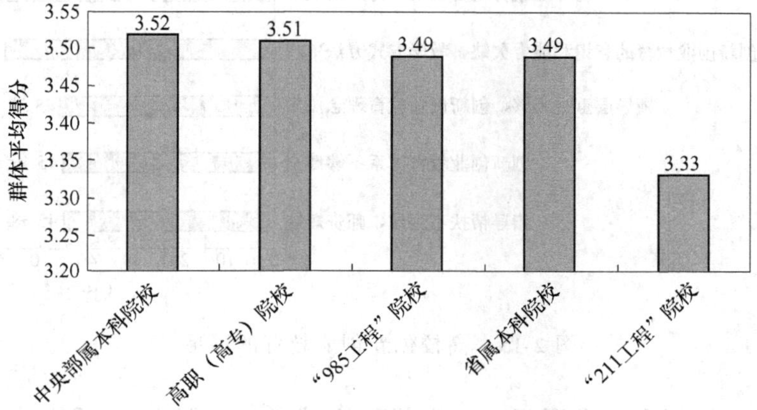

图 2-14　各类型高校的创新创业群体创业者资质

第二节　高校创新创业教育存在的突出问题

一、高校创新创业教育突出问题的总体研判

（一）平台、课程、师资三大问题凸显

上大课题组的调查数据显示，目前高校创新创业教育的突出问题归纳为以下几点：一是课程设计问题，具体表现为针对性实效性不强、实践平台短缺（65.53%）和与专业教育结合不紧、与实践脱节（62.21%）；二是师资问题，具体表现为教师开展创新创业教育的意识和能力欠缺、教学方式方法单一（57.90%），以及指导帮扶不到位、师资短缺（45.38%）；三是体制问题，如 45.86%的样本认为领导层重视不够、创新创业教育理念滞后，45.49%的样本认为创新创业教育体系不够健全。见图 2-15。

课题组对专家进行深度访谈，发现创新创业教育的师资不足是比较突出的问题。创新创业教育的关键在于师资队伍建设，调查结果反映出目前我国多数高校的创新创业师资主要来自本校从事专业教学的教师或者从事学生工作的辅导员和管理人员。由于这些师资的创业经验缺乏，只能进行

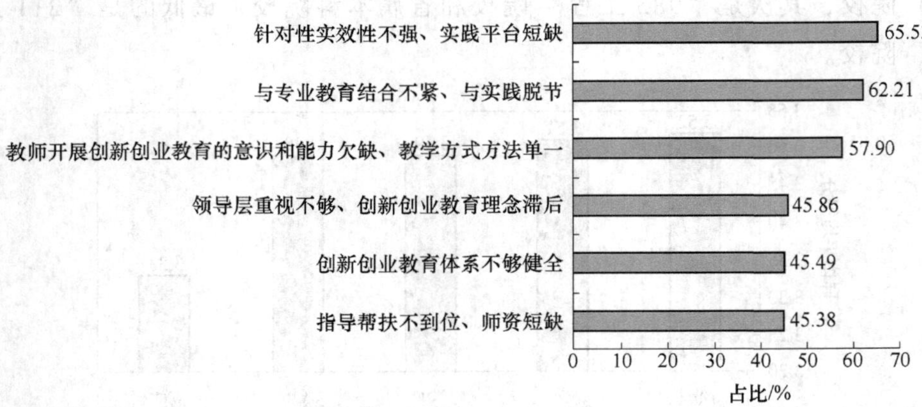

图 2-15　高校创新创业教育的不足

理论教学，教师在此类课程中教学指导方式单一，更为重要的是，教师的知识结构单一，往往难以满足创新创业教育的多元化要求，创业课程尤其是优质课程难以开设，教师自身的创新能力比较薄弱，就很难培养出创新型人才。虽然部分高校或者专业可以从外界请来政府部门的工作人员或企业管理人员进行讲学，甚至充当兼职教师，但较为系统的教育力量仍然势单力薄。

（二）创新创业教育普及和参与率不容乐观

党的十九大报告将创新和教育作为全面建成社会主义现代化国家新征程的重要和关键的组成部分，再次明确将创新作为引领发展的第一动力，以建设现代化经济体系为战略支撑，作出了加快建设创新型国家的战略部署，再次明确建设教育强国是中华民族伟大复兴基础性的工程，强调将教育事业放在优先的地位，高等教育进入内涵式发展的新阶段，要成为推进创新性国家建设的强大支撑。但从调研数据看，当前高校的创新创业教育普及和参与率不容乐观。如图 2-16 显示，目前高校中认为自己与创新创业无关的占比为 11.3%，50.78%的高校人群认为自己离创新创业还很远，正在创新创业的只有 10.09%，还有 27.83%的群体认为离创新创业很近。这与我们国家倡导的创新教育全覆盖有很大差距，高校创新创业教育的推进需要更大力度宣传，需要更多力量参与，需要各部门联动，需要全要素投入。

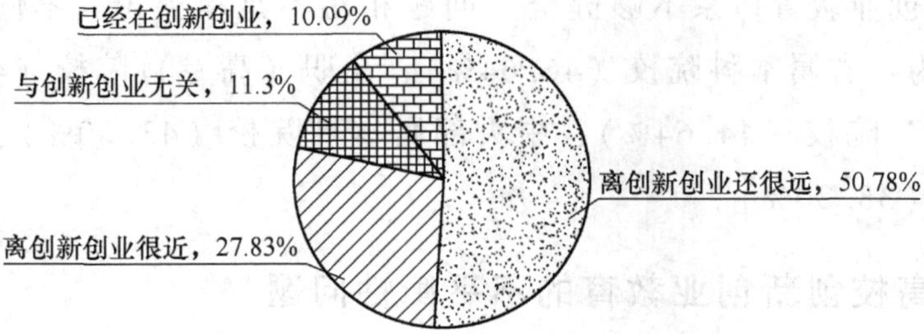

图 2-16 高校创新创业普及情况示意

二、高校创新创业教育问题的异质性分析

“领导层重视不够，创新创业教育理念滞后”问题均低于50%，不同类型高校排序依次为：中央部属本科院校（48.76%）、省属本科院校（46.76%）、“211 工程”院校（46.38%）、高职（高专）院校（44.36%）、“985 工程”院校（43.97%）。

“与专业教育结合不紧、与实践脱节”问题最严重，不同类型高校排序依次为：“211 工程”院校（64.59%）、省属本科院校（63.29%）、“985 工程”院校（60.99%）、高职（高专）院校（60.49%）、中央部属本科院校（58.68%）。

“教师开展创新创业教育的意识和能力欠缺、教学方式方法单一”问题均高于50%，不同类型高校排序依次为：中央部属本科院校（59.50%）、省属本科院校（58.93%）、高职（高专）院校（57.73%）、“985 工程”院校（57.45%）、“211 工程”院校（52.12%）。

“针对性实效性不强，实践平台短缺”问题非常突出，不同类型高校排序依次为：高职（高专）院校（67.12%）、省属本科院校（65.96%）、“211 工程”院校（63.34%）、中央部属本科院校（60.33%）、“985 工程”院校（51.06%）。

“指导帮扶不到位，师资短缺”问题均小于50%，不同类型高校排序依次为：省属本科院校（46.72%）、“985 工程”院校（44.68%）、高职（高专）院校（44.17%）、“211 工程”院校（44.14%）、中央部属本科院校（40.50%）。

“创新创业教育体系不够健全”问题相对不是很突出，不同类型高校排序依次为：省属本科院校（46.64%）、高职（高专）院校（44.85%）、“211工程”院校（44.64%）、中央部属本科院校（43.80%）、“985工程”院校（38.30%）。

三、高校创新创业教育的不平衡性问题

进一步的交互分析显示，不同类型的高等院校创新创业教育的突出问题各有差异点。

（一）“985工程”院校

“985工程”院校最突出的问题首先在于与专业教育结合不紧、与实践脱节（60.99%），其次是教师开展创新创业教育的意识和能力欠缺、教学方式方法单一（57.45%）和针对性实效性不强、实践平台短缺（51.06%）。与其他类型院校相比，“985工程”院校在创新创业教育的针对性和实效性方面以及创新创业教育体系的建立健全方面略有优势。

（二）“211工程”院校

“211工程”院校最突出的问题首先在于与专业教育结合不紧、与实践脱节（64.59%），其次是针对性实效性不强、实践平台短缺（63.34%）和教师开展创新创业教育的意识和能力欠缺、教学方式方法单一（52.12%）。

（三）中央部属本科院校

中央部属本科院校最突出的问题首先在于针对性实效性不强、实践平台短缺（60.33%），其次是教师开展创新创业教育的意识和能力欠缺、教学方式方法单一（59.50%）和与专业教育结合不紧、与实践脱节（58.68%），在指导帮扶方面和师资方面优于其他类型院校。

（四）省属本科院校

省属本科院校最突出的问题首先在于针对性实效性不强、实践平台短

缺（65.96%），其次是与专业教育结合不紧、与实践脱节（63.29%）和教师开展创新创业教育的意识和能力欠缺、教学方式方法单一（58.93%）。

（五）高职（高专）院校

高职（高专）院校最突出的问题首先在于针对性实效性不强、实践平台短缺（67.12%），其次是与专业教育结合不紧、与实践脱节（60.49%）和教师开展创新创业教育的意识和能力欠缺，教学方式方法单一（57.73%）。

各类高校的交互分析见表2-3。

表2-3 高校类型与其创新创业教育不足的交互分析 （%）

高校类型	领导层重视不够、创新创业教育理念滞后	与专业教育结合不紧、与实践脱节	教师开展创新创业教育的意识和能力欠缺、教学方式方法单一	针对性实效性不强、实践平台短缺	指导帮扶不到位、师资短缺	创新创业教育体系不够健全
“985工程”院校	43.97	60.99	57.45	51.06	44.68	38.30
“211工程”院校	46.38	64.59	52.12	63.34	44.14	44.64
中央部属本科院校	48.76	58.68	59.50	60.33	40.50	43.80
省属本科院校	46.76	63.29	58.93	65.96	46.72	46.64
高职（高专）院校	44.36	60.49	57.73	67.12	44.17	44.85

四、创新创业教育的区域异质性问题

（一）华北地区高校

华北地区高校创新创业教育存在的问题依次为：一是教师开展创新创

业教育的意识和能力欠缺、教学方式方法单一（64.95%）；二是与专业教育结合不紧、与实践脱节（57.34%）；三是针对性实效性不强、实践平台短缺（53.26%）；相对而言，领导层重视不够、创新创业教育理念滞后（45.65%），创新创业教育体系不够健全（39.95%），指导帮扶不到位、师资短缺（36.68%）排后三位。

（二）东北地区高校

东北地区高校创新创业教育存在的问题依次为：一是针对性实效性不强、实践平台短缺（61.45%）；二是与专业教育结合不紧、与实践脱节（57.63%）；三是教师开展创新创业教育的意识和能力欠缺、教学方式方法单一（56.58%）；领导层重视不够、创新创业教育理念滞后（45.79%），指导帮扶不到位、师资短缺（41.05%），创新创业教育体系不够健全（40.92%）排后三位。

（三）华东地区高校

华东地区高校创新创业教育存在的问题依次为：一是与专业教育结合不紧、与实践脱节（67.57%）；二是针对性实效性不强、实践平台短缺（66.95%）；三是教师开展创新创业教育的意识和能力欠缺、教学方式方法单一（57.53%）；创新创业教育体系不够健全（53.35%），领导层重视不够、创新创业教育理念滞后（50.63%），指导帮扶不到位、师资短缺（49.16%）排后三位。

（四）华中地区高校

华中地区高校创新创业教育存在的问题依次为：一是针对性实效性不强、实践平台短缺（72.46%）；二是与专业教育结合不紧、与实践脱节（67.26%）；三是教师开展创新创业教育的意识和能力欠缺、教学方式方法单一（60.41%）；指导帮扶不到位、师资短缺（52.16%），创新创业教育体系不够健全（50.89%），领导层重视不够、创新创业教育理念滞后（45.30%）排后三位。

（五）华南地区高校

华南地区高校创新创业教育存在的问题依次为：一是与专业教育结合不紧、与实践脱节（62.38%）；二是针对性实效性不强、实践平台短缺（55.45%）；三是教师开展创新创业教育的意识和能力欠缺、教学方式方法单一（53.47%）；领导层重视不够、创新创业教育理念滞后（46.53%），创新创业教育体系不够健全（42.57%），指导帮扶不到位、师资短缺（41.58%）排后三位。

（六）西南地区高校

西南地区高校创新创业教育存在的问题依次为：一是针对性实效性不强、实践平台短缺（81.43%）；二是教师开展创新创业教育的意识和能力欠缺、教学方式方法单一（78.57%）；三是指导帮扶不到位、师资短缺（75.71%）；与专业教育结合不紧、与实践脱节（67.14%），创新创业教育体系不够健全（48.57%），领导层重视不够、创新创业教育理念滞后（45.71%）排后三位。

（七）西北地区高校

西北地区高校创新创业教育存在的问题依次为：一是针对性实效性不强、实践平台短缺（68.96%）；二是与专业教育结合不紧、与实践脱节（61.61%）；三是教师开展创新创业教育的意识和能力欠缺、教学方式方法单一（58.09%）；指导帮扶不到位、师资短缺（46.20%），领导层重视不够、创新创业教育理念滞后（45.48%），创新创业教育体系不够健全（44.41%）排后三位。

不同区域高校存在的问题见表2-4。

表2-4　不同区域高校存在的问题　（%）

区　域	华北	东北	华东	华中	华南	西南	西北
领导层重视不够、创新创业教育理念滞后	45.65	45.79	50.63	45.30	46.53	45.71	45.48

续表 2-4

区　　域	华北	东北	华东	华中	华南	西南	西北
与专业教育结合不紧、与实践脱节	57.34	57.63	67.57	67.26	62.38	67.14	61.61
教师开展创新创业教育的意识和能力欠缺、教学方式方法单一	64.95	56.58	57.53	60.41	53.47	78.57	58.09
针对性实效性不强、实践平台短缺	53.26	61.45	66.95	72.46	55.45	81.43	68.96
指导帮扶不到位、师资短缺	36.68	41.05	49.16	52.16	41.58	75.71	46.20
创新创业教育体系不够健全	39.95	40.92	53.35	50.89	42.57	48.57	44.41

五、创新创业教育的区域不平衡问题

从不同问题在不同区域的数据分布来看，创新创业教育的区域不平衡问题比较突出。见表 2-5。

“领导层重视不够、创新创业教育理念滞后”问题区域差异不大，位于 45%~50%，其中最严重和最不严重仅相差 5.33 个百分点。

“与专业教育结合不紧、与实践脱节”问题全国都突出，其中：华东、华中、西南地区都很突出，均高出 67%，华南、西北地区也高出 61%，仅华北、东北低于 60%，但也高出 57%。

“教师开展创新创业教育的意识和能力欠缺、教学方式方法单一”问题区域差距大，其中西南地区居首位（78.57%），高出最不严重的华南地区 25.1 个百分点，华北、华中分列第二（64.95%）、第三（60.41%）。

“针对性实效性不强、实践平台短缺”问题：区域差距更大，其中西南地区居首位（81.43%），高出最不严重的华北地区 28.17 个百分点，华中（72.46%）、西北（68.96%）分列第二、第三。

表 2-5　不同问题在不同区域的排序　（%）

区　域	华北	东北	华东	华中	华南	西南	西北
领导层重视不够、创新创业教育理念滞后	45.65 （5）	45.79 （3）	50.63 （1）	45.30 （7）	46.53 （2）	45.71 （4）	45.48 （6）
与专业教育结合不紧、与实践脱节	57.34 （7）	57.63 （6）	67.57 （1）	67.26 （2）	62.38 （4）	67.14 （3）	61.61 （5）
教师开展创新创业教育的意识和能力欠缺、教学方式方法单一	64.95 （2）	56.58 （6）	57.53 （5）	60.41 （3）	53.47 （7）	78.57 （1）	58.09 （4）
针对性实效性不强、实践平台短缺	53.26 （7）	61.45 （5）	66.95 （4）	72.46 （2）	55.45 （6）	81.43 （1）	68.96 （3）
指导帮扶不到位、师资短缺	36.68 （7）	41.05 （6）	49.16 （3）	52.16 （2）	41.58 （5）	75.71 （1）	46.20 （4）
创新创业教育体系不够健全	39.95 （7）	40.92 （6）	53.35 （1）	50.89 （2）	42.57 （5）	48.57 （3）	44.41 （4）

注：括号中的数字为排序。

“指导帮扶不到位、师资短缺”问题区域差距最大，其中西南地区（75.71%）最突出，华中地区位居第二（52.16%），其他地区均低于50%。

“创新创业教育体系不够健全”问题区域差距较小，其中最严重的是华东地区（53.35%），比最不严重的华北地区（39.95%）高出13.4个百分点，超过50%的只有华东地区和华中地区（50.89%）。

六、高校创业实践教学中存在的问题

近年来，由于经济发展和社会就业需要，以创业促进创新、以创业带动就业成为推动社会经济发展的新形式。为适应社会经济发展的需要，我国高校开设创业课程，对在校大学生进行创业教育。为了推动创业课程发展，激发学生创业热情，目前我国部分高校已将实践教学引入创业课程并提出创业课程实践教学模式。虽然我国多数高校已经开设创业课程，并且有部分高校将实践教学引入创业课程中，但是课程的设置缺乏创新性，表现在以下三个方面：

第一，理念缺乏创新性。目前，多数高校创业课程的教学仍然停留在“教科书”式的教学，教师照搬创业课程教科书进行授课，学生接受的创业理念具有滞后性。

第二，内容缺乏创新性。多数高校对于创业实践教学都是“口号式”教学，即仅仅是鼓励学生去尝试创业，但是并没有为学生提供创业的条件。

第三，方式缺乏创新性。对于创业实践，高校多采用以鼓励学生参加创业竞赛的方式，而真正的创业课堂往往缺乏实践。

除此之外，虽然目前国内主流高校的“创业管理”课程都设有实践环节，但大都是进行伪实践，学生根本无法从这些伪实践中真正经历创业的过程，更谈不上对创业有深刻的感悟。本节将三种典型伪实践概括为“一听、二写、三比”。

一听：在创业类课堂上普遍存在教师照着创业类书籍对学生进行“满堂灌”式教学，学生是通过“听”的方式幻想创业的过程。

二写：写《创业计划书》（也称为“商业计划书”），这已经成为大部分创业课堂的“必经之路”，学生通过“写”的方式“经历”创业。

三比：即参加创业项目比赛，这样的实践环节比“满堂灌”的教学方式的效果好一些，但仍然与实际创业相差很大，甚至可以说是“空对空”的伪实践。

创业本身是一件非常复杂且困难的事，高校“创业管理”课程无法设置真正的创业实践环节无可厚非。然而，创业教育的核心是培养大学生创新创业的基本素养，包括创新精神、创业知识和创业能力，如果实践环节流于形式，创业教育难以深度激发出大学生个体自身潜在的创业激情、智慧和创造能力，创业教育的效果也会因此大打折扣。

第三节　高校创新创业教育的短板效应

一、体制机制不合理导致的孤岛效应

长期以来，高校与企业、社会联系不够，服务产业的能力不强，创新

创业教育孤岛化，没有形成闭环。高校创新创业的侧重点在于培养大学生双创意识、双创精神和双创能力，大学生创业行为并不是教育的主要目的和终点。创新创业不只是教育内容，也是高校各项工作内容，没有创新就没有生命力；许多高校长期的行为模式和工作理念正面临新思路、新思想的冲击，必须拥抱并接受创新创业的大趋势、新思想。创新创业教育相比就业指导包含了更丰富的内容和形式，课程设计必须专业化、精细化、规模化。

（一）不同类型高校的双创教育手段比较

表2-6显示，50%以上的高校创新创业教育主要手段是课堂教学，辅助手段是实践模拟。其中，中央部署本科院校、省属本科院校高达58%以上。

表2-6　不同类型高校的双创教育手段占比　（%）

高校类型	教育主要手段是课堂教学，辅助手段是实践模拟	教育的主要手段是实践模拟，课堂教学是辅助	将创新创业类课程纳入必修课	将创新创业类课程纳入选修课	学校经常邀请创新创业相关人士开展讲座或培训	在大学科技园、高新区等产业园区及企业开展创业实训	尚未开设创新创业类课程
“985工程”院校	57.45	44.68	32.62	40.43	44.68	41.84	4.26
“211工程”院校	51.12	38.15	21.70	39.15	44.89	27.93	3.99
中央部属本科院校	58.68	40.50	23.14	42.98	42.98	42.98	5.79
省属本科院校	58.28	35.98	26.45	35.68	40.55	37.88	5.69
高职（高专）院校	51.47	51.96	32.64	33.37	40.86	36.63	6.69

（二）创新创业教育与专业教育脱节

尽管目前我国许多高校已意识到创新创业教育的重要性，并开始推行创新创业教育，但大多只局限于操作和技能层面，并未将创新创业教育纳入专业教育的培养方案和体系当中。同时，许多高校长期以来惯性地看重就业率作为衡量教育教学质量的重要指标，没有将创新能力纳入大学生成长成才的评价体系，更没有纳入学校的学科建设规划、人才培养方案以及质量评价体系，似乎创新创业教育只是培训创业技能训练的“第二课堂”的任务或活动，从而导致创新创业教育与专业教育的脱节。此外，创新创业学科建设时间过短，建设内容也不够完善，课程设置在各高校随意性很大，大多是根据各自师资队伍的情况来设置相关创业课程，这也造成了与专业教育体系的契合度不高，尚未形成以创新创业教育为目标的课程体系，阻碍了创新创业教育的有效推进。

（三）创新创业教育的产学合作机制尚未完善

大学生创新创业教育绝对不是高校“独角戏”，需要社会各界特别是产业界的广泛参与；需要推进产学合作、产教融合，把更多外部资源转化为高校育人资源，共同支持学生创新创业实践。创新创业教育手段见表 2-7。

表 2-7 创新创业教育手段

选　　项	人数小计	占比/%
教育主要手段是课堂教学，辅助手段是实践模拟	2547	55.24
教育的主要手段是实践模拟，课堂教学是辅助	1946	42.2
学校经常邀请创新创业相关人士开展讲座或培训	1901	41.23
在大学科技园、高新区等产业园区及企业开展创业实训	1698	36.82
将创新创业类课程纳入选修课	1637	35.5
将创新创业类课程纳入必修课	1306	28.32
尚未开设创新创业类课程	270	5.86

1. 要加快建立校企全流程协同育人机制

高校要想培养真正适应产业和社会发展需要的创新创业人才，就应更加主动地适应新产业、新业态、新技术发展，推进人才培养与社会需求间的协同；要与相关行业部门联合制定人才培养标准，推动高校依据标准、结合本校实际确定人才培养目标，修订人才培养方案；将企业的先进技术、企业培训课程等转化为全新的教学内容；面向学生设立具有企业应用前景的研发课题，提升大学生的创新精神、创业意识以及敏感的对创业机会的捕捉能力。

2. 要积极引入产业界资源，优化创新创业实践教育条件

引入产业界资源加强高校实验教学平台的建设和共享，大力建设校外实践教育基地、大学科技园、大学生创业园、创业孵化基地和小微企业创业基地，着力提升学生创新创业的实践能力。聘请产业界、投资界的专家和高校专任教师合作开发理论与实践相结合的创新创业课程，联合编写具有科学性、先进性、适用性的创新创业教育教材。

（四）创新创业教育的指导服务体系尚未形成常态机制

要以创新创业教育训练为主线，完善大学生创新创业指导服务体系。如构建大学生创新创业指导服务平台，依托创新创业指导服务平台，加强行业企业、创投风投机构与大学生创新创业项目的沟通对接，就项目孵化推广、产权交易、融资以及公司上市等为大学生创业项目提供支持服务，促进项目孵化落地。建设大学生创业投资机构联盟，建立学生与投资人交流对接的常态机制；设立大学生创业基金，鼓励社会组织、公益团体、企事业单位和个人，以多种形式向自主创业大学生提供资金支持，提高扶持资金使用效益。见图 2-17。

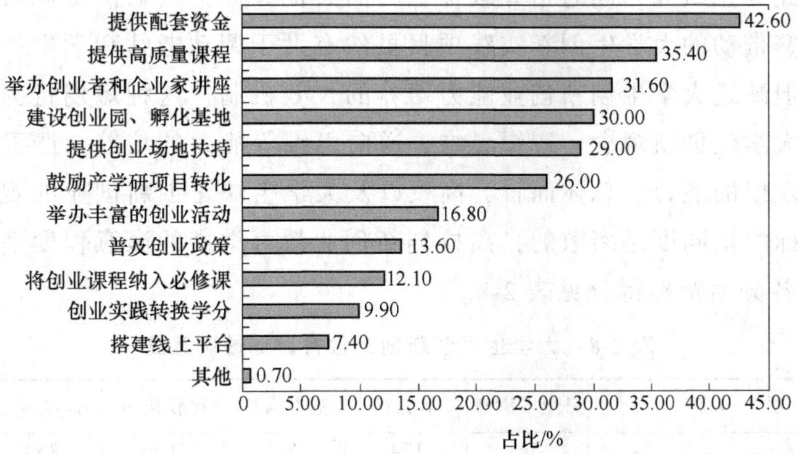

图 2-17　高校扶持学生创新创业的需求示意

二、制度安排不匹配导致的结构失衡

调查显示，当下全国大多数高校并没有构建起一支强有力的大学生创新创业教育导师队伍，由知名科学家、成功创业者、企业家、风险投资人等各行各业优秀人才组成的创新创业导师库尚未形成。其根源就在于创新创业教育的制度安排不合理，激励机制不完善，导致师资队伍结构性失衡。

大学创新创业教育的内部激励机制是推动其深入、均衡和有效运行并不断发展完善的重要制度基础。根据最新全国高校创新创业教育状况调查问卷所凸显出来的问题以及个别访谈分析，我国高校尤其是研究型大学创新创业体系推进的激励机制尚且存在以下不尽人如意之处。

（一）创新创业教育的长效机制不连续

近年来，教育部开展了一系列大学生创新创业的科技竞赛，在此背景下，各高校也逐步开始注意大学生创新创业能力的培养，积极激励和大力支持大学生参加各种各样的创新创业实践，从教育部到各省市都设立了各类科技竞赛、创业设计大赛、实践教育活动，鼓励学生自主创业。但是这种方式的刺激，往往是以短期收益为目标，竞赛和活动结束之后，学生获得了奖励，老师取得了荣誉，在后续过程继续深入实践的少之又少，多数团队就此终止研究，同时指导教师也转向其他方面的科研。由此可见，以科技竞赛带动的大学生创新实践项目虽然有助于调动老师和学生参与的积极性，但缺乏大学生创新创业能力培养的长效机制，这种短期行为，严重忽视了大学生创新观念、逻辑思维、逆向思维等能力的培养，严重影响了其持续发展的能力。总体而言，高校以及大学生缺乏创新创业的观念，对教育目标的认同度是离散的，高校创新创业教育举措的满意程度平均分为3.67，各分项指标得分见表2-8。

表2-8 大学生对创新创业教育目标的满意度

项目	完全不满意	不满意	基本满意	比较满意	非常满意	平均分
完善人才培养质量标准	56 (1.21%)	174 (3.77%)	1889 (40.97%)	1638 (35.52%)	854 (18.52%)	3.66

续表 2-8

项　目	完全不满意	不满意	基本满意	比较满意	非常满意	平均分
创新人才培养机制	51 (1.11%)	232 (5.03%)	1822 (39.51%)	1601 (34.72%)	905 (19.63%)	3.67
健全创新创业教育课程体系	50 (1.08%)	215 (4.66%)	1821 (39.49%)	1619 (35.11%)	906 (19.65%)	3.68
改革教学方法和考核方式	50 (1.08%)	226 (4.9%)	1861 (40.36%)	1610 (34.92%)	864 (18.74%)	3.65
强化创新创业实践	49 (1.06%)	188 (4.08%)	1828 (39.64%)	1620 (35.13%)	926 (20.08%)	3.69
改革教学和学籍管理制度	53 (1.15%)	202 (4.38%)	1875 (40.66%)	1604 (34.79%)	877 (19.02%)	3.66
加强老师创新创业教育教学能力建设	53 (1.15%)	180 (3.9%)	1834 (39.77%)	1615 (35.02%)	929 (20.15%)	3.69
改进学生创业指导服务	54 (1.17%)	174 (3.77%)	1822 (39.51%)	1656 (35.91%)	905 (19.63%)	3.69
完善创新创业资金支持和政策保障体系	62 (1.34%)	182 (3.95%)	1870 (40.56%)	1571 (34.07%)	926 (20.08%)	3.68

注：表中上排数字为人数。

（二）创新创业教育的保障体系不完善

一套科学、灵活、适应当代科学技术发展、社会发展和学生个体发展的保障机制，不但能够保障创新创业教学活动的顺利开展和运行，带动科学研究和社会服务功能的实现，而且能为创新创业教育体系提供明确的方向及改革的途径和方式，使其持续、健康、快速发展，并逐渐形成为理论，实践于社会，奉献于时代。

1. 政府的政策取向需要更精准

从图 2-18 可以看出，政府扶持大学生创新创业的需求，首先是制定相关扶持政策（56.4%），其次是创业财政补贴（53.4%），然后是开辟金融渠道（44.8%）及项目和技术的支持（44.7%）。国家创新体系强调创新要素或主体之间的联系和互相作用，更强调这一体系有效地使新的知识在创新体系内部流动起来。建立和完善具有中国特色的国家创新体系，加强高等学校与企业的联系，提高科技成果转换，发挥高校的主体性作用，也有助于促使高校培养具有创新精神和实践能力的人才。

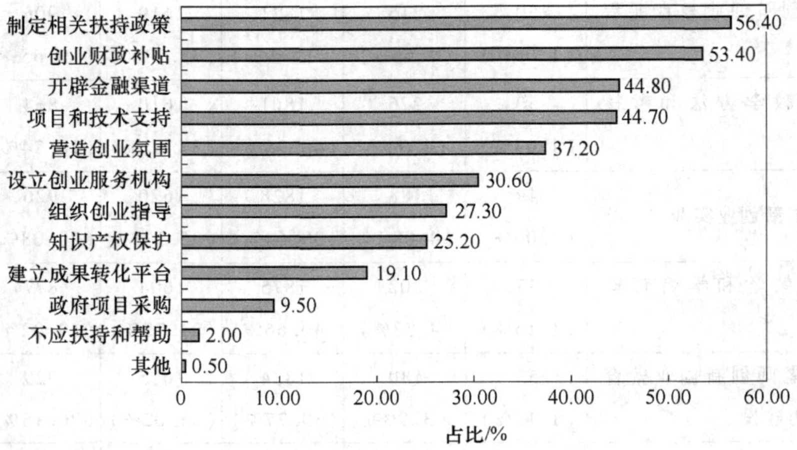

图 2-18　政府扶持大学生创新创业的需求示意

2. 社会的双创环境氛围需要更浓厚

创新创业教育的发展离不开一个有利于创新人才培养的社会环境。从图 2-18 可以看出，在大学生创新创业的各项需求中，37.2%的调查对象希望营造创业氛围。目前，创新创业教育的研究和推广还主要局限在教育界特别是高校内部，社会各界对创新创业教育的认识还很有限，在全社会范围内还未引起广泛反响和有力回应，高校“孤军奋进”，显得力不从心。而且，创新创业教育地区发展也不平衡，有的地方搞得有声有色，有的地方却无声无息。创新创业教育不仅是高校的使命担当，更是全社会的共同责任，家庭及个人也应自觉行动。要加快形成以政府为主导、高校为主体，全社会关注与支持的创新创业教育新格局，为创新创业教育营造一个良好的社会生态，为创新创业教育厚植社会土壤。

3. 企业的合作支持需要更多元

关于企业在创新创业教育的功能定位，当前有几个比较明显的误区：(1) 将创新创业教育简单等同于解决学生的就业问题，认为创新创业教育只是为就业服务的，企业要多为高校学生提供就业岗位；(2) 将创新创业教育的目的简单等同于培养学生自主创业，企业的功能就是要帮助大学生成功创业；（3）企业在创新创业教育过程中扮演的角色过重会打乱高校的培养计划。

从价值链角度看，实践环节是创新创业教育全过程中很重要的一环，这一个环节需要得到企业家的支持。企业及各单位组织能够为大学生的创新研究和创业实践活动开展提供方向指引、项目支持、实践岗位、场所、实践指导及资金援助等各方面的支持和服务。目前大多数高校在进行创新创业教育的过程中都得到了部分企业的支持，然而绝大多数是从资金上给予帮助，对指导大学生创新创业的实际参与力度还不够。如果企业在合理的制度安排下，不仅为双创教育提供资金支持，而且提供实践环节的帮助和全方位的创新创业指导，将提升创新创业教育实效。因此，高校以创新研发项目和实践课题为纽带，与相关企业建立长期稳定的合作关系，为创新创业教育的顺利实施创造更多的机会和外部条件。

4. 家庭的成长成才观需要更理性

家庭是大学生成长成才的重要经济支持和精神支撑，对学生的世界观、价值观、人生观的形成和发展有着至关重要的影响，自主进行创新创业实践活动既有赖于自身的创新精神、创业意识、知识、素质和能力，也与家庭的配合与支持密切相关。目前影响家庭支持学生进行创新创业实践的因素主要体现在：（1）观念问题，认为培养孩子读书这么多年，到头来还得自己创业，易被人误解为孩子学习能力不行，没出息、扫面子；（2）资金问题，孩子受教育已耗资许多，自主创业需要大量投入，资金压力大。针对家长的种种顾虑和想法，要通过多种方式方法加强与学生家长的沟通，积极宣传创业的意义和各种优惠政策，使其摒弃单一的价值观、狭隘的传统教育观、片面的事业观及陈旧的成才观等，认识到大学生不仅是求职者，还应是工作机会的创造者，开始接受并逐渐重视学校开展的创新创业教育，并努力营造一个“平等、自由、宽松、民主”的家庭环境，协助学校一起培养孩子的创新、进取、独立和勇于承担风险的素质，并为其提供更多的自主选择机会。另外，社会或学校应该加强与家长的沟通联系，组织家长培训，在教育方法上要给予重点培训，以实现学校创新创业教育与家庭教育的有效衔接，必要时可协助学生和家长办理创业信贷，最大限度地争取学生家长的配合与支持，以推动创新创业教育的积极开展。

（三）激励要素配置有待改善

高校教师和学生的个人素质状况始终受到学校管理水平、校园文化氛围、硬件设施建设等的影响。而当下的创新创业教育中的核心要素，诸如情感教育、评鉴机制、创新学分以及创业孵化等方面的体制机制尚不足以支撑起高校创新创业教育的发展，高校创新创业教育的激励内容和效果平均分为 3.75（总分为 5），高校师生对创新创业教育认同度还需要进一步提升。见表 2-9。

表 2-9 高校创新创业教育认同度

项目	完全不认同	不认同	基本认同	比较认同	非常认同	平均分
能够使学生和教师都获得成长	50 （1.08%）	141 （3.06%）	1780 （38.6%）	1651 （35.81%）	989 （21.45%）	3.73
帮助师生更大程度地实现自我价值	46 （1%）	164 （3.56%）	1731 （37.54%）	1629 （35.33%）	1041 （22.58%）	3.75
有利于解决就业	55 （1.19%）	176 （3.82%）	1742 （37.78%）	1611 （34.94%）	1027 （22.27%）	3.73
帮助学生获得更高经济收入	51 （1.11%）	254 （5.51%）	1842 （39.95%）	1526 （33.09%）	938 （20.34%）	3.66
有利于学生获得更大的舞台	39 （0.85%）	124 （2.69%）	1665 （36.11%）	1651 （35.81%）	1132 （24.55%）	3.81
帮助学生掌握创新创业基本素质	43 （0.93%）	116 （2.52%）	1673 （36.28%）	1650 （35.78%）	1129 （24.48%）	3.8

注：表中上排数字为人数。

物质、精神激励有失偏颇。有效的激励，必须通过适当的激励方式与手段来实现。首先，创新科研经费是最基本的物质保证，学校若只表面鼓励学生参加科研活动，却没有提供相应的科研经费，很容易使学生陷入艰难的境地。其次，在校大学生的创新创业教育，高校不但要在政策上给予一定的支持，还要在创业启动资金以及相关的设施和场地上，给予一定的支持，这样才能切实减小大学生创新创业的压力和困难，更加坚定他们创新创业的信心。最后，在大学生创新创业活动中，需要认真深入地对学生主体的需要类型、动机及追求特点等进行准确分析，然后综合有效地运用各种激励方法，有针对性地采取激励手段，使创新创业教育工作更加有效。

（四）创新创业教育课程体系不够完善

1. 贯穿人才培养全价值链的创新创业课程缺乏体系化、连贯性问题

高校创新创业教育的课程设计是实施创新创业教育的重要载体，必须在充分研究并明确创新创业人才的知识、能力、素质结构的基础上不断完善创新创业教育课程体系，如创业教育、市场营销、创业融资等双创教育与专业教育的贯通，正大规模兴起的线上课程与线下课程的结合，显性课程与校园文化、同辈导生等隐性课程的融汇。但目前而言，这些教育课程既没有形成完整的体系，也没有足够的连贯性。见图 2-19。

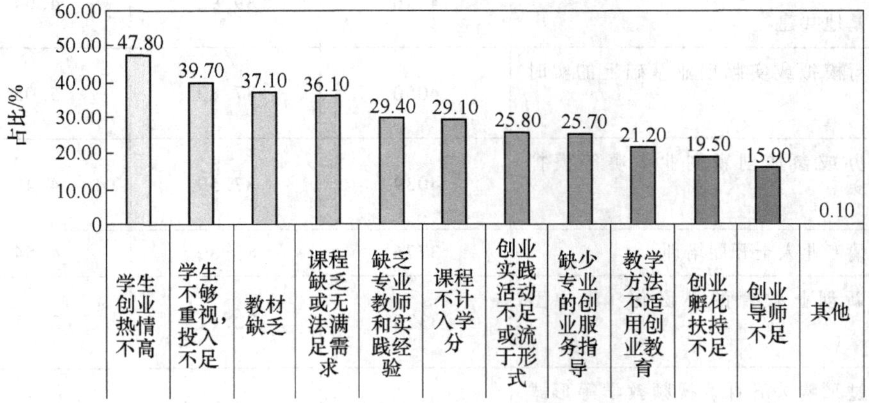

图 2-19　高校创新创业教育课程体系评价的百分比

应试导向的教育模式有利于知识的普及，但当高分成为教育体制下追求的终极目标时，新一代年轻人创新创造的热情和能力就会被搁置。中国顶尖教授的平均薪水只有加拿大顶尖教授的 11.6%、美国顶尖教授的 15%。政府政策如“千人计划”对所有领域的教授均采用相同的薪资标准，忽略了不同领域薪资标准的竞争力并不相同，未能从根本上解决问

题。按计划设置大学专业难以匹配未来市场，毕业生专业与市场就业不匹配导致就业人才缺口。数据显示，预计到2020年，中国将面临2400万高技能人才缺口。学生兴趣与天赋不匹配导致毕业生质量降低。现行教育体系很难让学生调整专业，导致学生天赋与其所修习的专业之间不匹配，加之就业市场变化迅速，教育投入难以实现其价值。

2. 创新创业教育课程体系实施方式的有效性问题

从创新创业教育课程体系实施方式来看，其有效程度是有差异的，其中，与企业进行创新创业教育课程共建、实训基地共建，进行模拟或实际创业基础上的实时指导，举办或参加创新创业大赛等模拟活动，邀请专业人士开展培训等都是行之有效的方法途径（见表2-10），但目前这些方式方法都要强化。

表2-10 高校创新创业教育方式的有效程度比较

选 项	人数小计	比例/%	平均综合得分
与企业进行创新创业教育课程共建、实训基地共建	4146	89.92	4.64
进行模拟或实际创业基础上的实时指导	4050	87.83	5.05
举办或参加创新创业大赛等模拟活动	4039	87.59	4.49
邀请专业人士开展培训	3776	81.89	4.54
创新创业教育的小班化、集中型培养	3325	72.11	3.11
通过采购公开课、视频教学等形式与社会教育资源融合	2888	62.63	2.36
专家讲授课程	2793	60.57	3.3
其他	195	4.23	0.15

3. 创新创业教育课程体系供求不平衡问题

创新创业教育还远未成为我国高校一个独立的专业和学术领域，大多数高校没有把创新创业教育作为高等教育主流教育体系中的一部分，更没有形成相对成熟的理论体系和框架。在高校内部，虽然为学生开展了一些创新创业的工作，但仍旧普遍存在功利性创新创业的教育理念，例如一些高校教学管理人员认为创新创业教育就是为大学生的毕业就业或创业提供指导，创新创业教育就是为就业有困难的专业或者学生提供创业思路和方向，并没有把它纳入学校的人才培养总体规划中，部分措施还仅仅停留在技术创新和理论创新阶段，忽视了对创意型创业和社会创新的关注。从高校学生对创新创业教育课程需求来看，平均分为3.83（总分为5），其中各细分项目的需求见表2-11，这些都是高校学生急需的。所以高校要加快完善基于学生创新创业需求的教育课程体系。

表 2-11　学生对创新创业教育的需求表

项　目	完全不需要	不需要	基本需要	比较需要	非常需要	平均分
以创新创业理论学习为主的课程	52（1.13%）	134（2.91%）	1751（37.97%）	1746（37.87%）	928（20.13%）	3.73
以素质培养为主的课程	44（0.95%）	100（2.17%）	1676（36.35%）	1717（37.24%）	1074（23.29%）	3.8
注重创新创业方法的课程	40（0.87%）	87（1.89%）	1569（34.03%）	1787（38.76%）	1128（24.46%）	3.84
注重创新创业实践的课程	39（0.85%）	69（1.5%）	1527（33.12%）	1721（37.32%）	1255（27.22%）	3.89
创新技术前沿知识课程	42（0.91%）	88（1.91%）	1566（33.96%）	1760（38.17%）	1155（25.05%）	3.85
与专业知识相结合的课程	39（0.85%）	83（1.8%）	1501（32.55%）	1711（37.11%）	1277（27.69%）	3.89

注：表中上排数字为人数。

4. 创新创业教育的目标定位不清问题

调查显示，高校创新创业教育主体对“培养年轻一代的创新思维、创业精神和创新创业能力”的认同度最高，对“在社会上形成一种影响力，推进大众创新创业的形式”认同度其次，认同度最低的是“国家实施创新驱动发展战略、促进经济提质增效升级的迫切需要”。大多数高校没有在国家战略层面上实施创新创业教育。“追求真理、改变世界、让人变得更加幸福”是高校创新创业教育的最高层次目标，但调查显示需要提升目标异化现象普遍存在，表 2-12 和图 2-20 清晰地揭示了这一问题，“985 工程”院校、“211 工程”院校将属于第二层次“为了填补空白、争国内一流、创世界一流”的创新创业教育目标排在首位，“发论文、申请专利、公司上市”的第一层次目标比例在所有高校中是最高的，将“追求真理、改变世界、让人变得更加幸福”作为最高目标的比例是所有高校中最低的。所以，创新创业教育的目标必须要进一步提升，要以加快建设创新型国家为使命，以“追求真理、改变世界、让人变得更加幸福”为引领。

表 2-12　不同高校创新创业教育目的　(%)

高校类型	发表论文、申请专利、公司上市	为了填补空白、争国内一流、创世界一流	追求真理、改变世界、让人变得更加幸福
“985 工程”院校	60.28	71.63	63.83
“211 工程”院校	54.11	77.06	61.35
中央部属本科院校	53.72	70.25	73.55
省属本科院校	50.69	74.07	74.46
高职（高专）院校	52.94	66.20	77.12

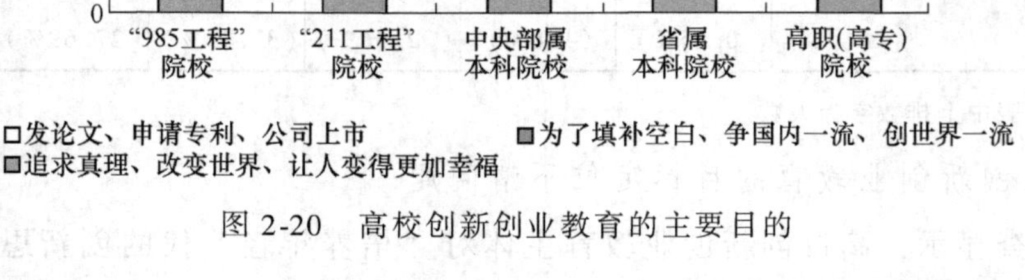

图 2-20　高校创新创业教育的主要目的

调查显示，一些高校存在着硬性要求学生参加创新类课程、师生比严重不足的现象。教育教学方式也没有条件转变为小班化、多媒体、线上课程等多维度的授课模式创新。调查访谈显示目前大学生创新创业教育的短板在于：（1）师资力量的欠缺，创新创业课程任课教师中实务经验和创新经验的缺失。(2) 学校考核体系、评价指标不注重创新创业与课程教学，教学产出比不及科研产出比，教师激励不足。(3) 学生主动性欠缺，缺乏创新意识与创业激情，应试教育的惯性犹在。(4) 高校创新需求不是问题驱动导向而是文献驱动导向，以发布核心期刊论文、填补科研空白的创新导向占主流。高校创新起点太高，与企业实际创新需求难以对接。⑤相比企业合作项目，高校科研人员更青睐国家基金项目，这可能与高校考核模式以及基金发放方法有关。

三、评估体系不兼容导致的标准缺憾

以美国为中心的大学评估体系给全球教育发展造成的不平衡局限逐渐显现，对我国高校产生以下三方面的消极影响：第一，目标异化、资源错配；第二，数据污染、逆向选择；第三，价值偏离、结构失衡。受此影响，我国高校创新创业教育评估体系方面依然存在比较多的缺憾，包括：评估价值取向不明确、评估标准缺失、评估体系不科学，以及高校的绩效评估与创新创业教育的评估标准不兼容等问题。

(一) 评估主体不健全

我国的高等教育评估机构是政府机构，由被评高校人员组成专家组。在法国，高等教育评估的主要机构的评估专家并非由被评高校人员组成，也不是政府机构。通常情况下，是以社会上的评价机构对高校进行评价的相关数据为依据来进行评估的，使得评估的过程有社会参与。相比较而言，我国的高校创新创业教育的评估机构和评估方法，还没建立起多元化、专职化的评估人员队伍。首先，评估中介组织需要建立，需要理论研究，需要提升自身业务水平，评估的方式方法、技术手段也急需改善；其次，中介组织的运行过程、评估程序以及最终形成的评估报告、建议、结论是否由委托方最终确认，是否必须以国际评估模式为目标；最后，由政府、高校和社会三位一体组成的评估主体中存在着不公平、不透明、不合理、不公正的驾驭现象，不能完全确保高校、社会和市场之间的良性循环和高校创新创业教育权威的质量保障体系。

（二）指标体系不完善

相比于我国所有的本科高校均采用相同的评估指标体系，法国的高校则是依据法国国家评估委员会（简称 CNE）将高校分为不同的类型和层次，不同的分类以不同的评估方式和标准进行评估，最后得出评估报告。因此，我国均采用相同指标体系的评估就略显不足，尚需构建多元化的评估指标体系，针对高等学校不同的办学主体、层次、机制、质量，展开分工协作。例如针对“985 工程”院校、“211 工程”院校，省重点建设院校，省普通院校，高职高专，教育学院，广播电视大学等省属院校的不同类型，对不同类型的高校使用不同的指标体系进行评估，编制更为具体的、详细的，包括课程大纲、教学计划、教材评估以及教学管理和效果等在内的指标体系。

（三）评估标准不兼容

高校创新创业教育及其成果的评估存在功利性问题。例如，部分教育管理者及研究者对创新创业教育的评价过于重视大学生参加商业计划书等竞赛的获奖情况、创业率高低、项目成功与否等指标，把创新创业教育等同于创业行为的训练，而忽视了创新创业教育对学生综合素质、创新能力等培养的本质作用。

高校的创新创业教育理念、活动、受众面、满意度测量，政府的创业率、就业率、毕业生创业效果、提供的就业机会等评价，毕业生综合素质、职业结构与收入、毕业生社会影响等社会评价，这各有侧重的三方评价，并没有服从高校创新创业教育“从根本上提升学生企业家精神、提高创业潜能”的根本目标。

要解决评估体系不兼容导致的标准缺憾问题，需要明确以下问题：为何评？评估谁？谁来评？依据什么评？评什么？如何评？结果如何？徐旭认为，中国特色的世界一流大学评估体系，要指引中国高等教育实现弯道超越、换道超越，支撑自身发展战略；要制定中国标准、给出中国范式、体现中国担当；要强化分层分类指引、细化增量输出指标、优化指标权重结构；要立足中国实践并服务国家、服务于人类命运共同体的需要，坚持战略定力和特色办学；要构建“政府、高校、评估机构、社会”四位一体的共治机制，政府打好“双一流”评估的规范牌；高校打好“双一流”内控的质量牌；评估机构打好“双一流”评价的独立牌；社会打好“双一流”筛选的理性牌。

四、培养模式不清晰导致的跟随效应

美国密歇根大学机械工程系和上海交通大学密歇根学院的有关中美排名前十位高校“创新模式”的调查报告中，列举了中美高校在创新机制、博士生质量、课程改革决策权以及师资队伍建设等多方位的缺陷。文章对比研究美国的哈佛大学、麻省理工学院、普林斯顿大学、耶鲁大学以及中国的北京大学、清华大学、复旦大学、上海交通大学在学生质量、教学设施、办学经费，师资队伍、管理体系、办学理念等方面的不同，指出了中国局校在创新效率、创新机制和创新基础上的短板效应。

在创新效率方面：中国高校首先要对接国家的需求。因此，在完成诸如“863”重大项目等方面显示出了高效率的一面。但研究的原创性显然不能跟美国比，中国高校基本处于国外做什么也做什么的跟随状态。要实现“弯道超车”，跟随模式是没有办法达成的，加强原创性研究是必经之路。

在创新机制方面：中国高校科研院所习惯性的、单一的“科研大团队模式”仍在继续，缺乏更加灵活多样的“动态协作的众多科研小组模式”。面临全球新一轮科技革命和产业变革态势，中国高校创新创业教育不仅需要科研大团队，也更需要多学科交叉、多主体互动的创新小组。

在创新基础方面：中国高校承担了很多企业界应该做而做不到的研发，影响了高校在科技策源地功能的发挥；美国很多类似水平的研究已经基本上由大公司自己的研发团队来完成。如果中国有更多企业拥有属于自己的研发队伍，很多问题则不必依靠高校来解决，那么高校就能集中精力在基础创新方面持续发力，充分释放高校双创教育的基础效应。因此，中国高校的创新创业教育需要经历一个大的变革，优化高校科研与企业研发的分工协作机制与政策体系。

第三章

国外创新创业教育研究

借鉴国际成功经验，可以破解国内高校创新创业教育的发展难题。本章主要比较研究美国、英国、德国、日本等国家顶级高校的创新创业教育发展模式，并借鉴其成功经验来促进中国创新创业教育的内涵式发展。从创新创业教育的体制机制看，主要包括商学院主导型（如麻省理工学院）、科学园主导型（如剑桥大学）、双创教育中心平台型（如筑波大学）等模式类型；从创新创业教育的发展生态看，国外顶级高校通过完善多元分层的课程体系，提供多元渠道的资金支持，供给精准化定制化的双创服务，出台面向师生、校友的激励机制，搭建创新创业苗圃、孵化器、加速器、产业化基地等创新创业教育平台，构建起“五位一体”的创新创业教育发展生态。

第一节　国外创新创业教育体系的比较

一、美国构建创新创业教育体系的经验

美国是第一个开设创新创业教育课程的国家，也是全球创新创业教育最发达的国家之一。从 1947 年哈佛大学商学院开设大学创业教育第一门课程“新企业管理”以来，至今已有 1800 多所高校开设了此类课程，形成了一个比较完备的创新创业教育体系。经过半个多世纪的发展，目前已形成政府、学校、社会机构三类主体深度参与、三位一体、形成合力的创新创业教育体系（见图 3-1），在不同层面为创新创业提供有力支持，呈现出支持保障有力、产学合作广泛、重视精神培育和价值引领、注重国际性和开放性等特点。

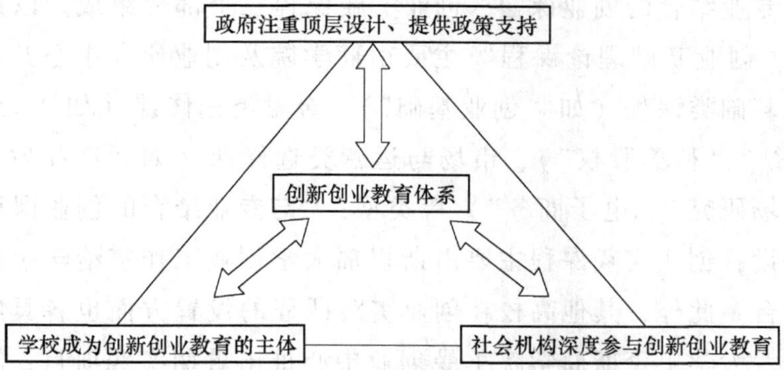

图 3-1　美国三大主体深度参与的创新创业教育体系示意

（一）政府注重顶层设计、提供政策支持

美国政府注重创新创业体系的顶层设计，先后出台了多项支持创新创业的政策与法律，比较有代表性的有“美国创新战略”“创业美国计划”“扶持小企业发展”系列法律。

同时，注重创新创业体系的延续与升级。例如，奥巴马政府曾先后三次发布、升级美国创新战略。在 2009 年首次发布“创新战略”1.0 版本中，提出加大创新基础投入、刺激市场竞争、加速国家优先项目重大突破的“三级金字塔形”；在 2011 年升级的“创新战略”2.0 版本中，把教育、科研和基础设施作为国家发展的三大战略支撑，将重心转移到促进经济增长与繁荣；在 2015 年升级的“创新战略”3.0 版本中，聚焦制造业、精准医疗、智慧城市、清洁能源等九大优先发展领域，加大科技创新研发投入。三次“美国创新战略”的发布与升级，都从国家层面加大了对创新创业的投入与支持。

（二）学校成为创新创业教育的主体

美国创新创业教育涵盖了从小学、初中、高中直至大学和研究生的所有正规教育，形成了完备的学校教育体系。以高等教育阶段的创新创业教育为例，美国高等教育阶段主要从“创新创业教育课程、创新创业竞赛、孵化指导服务”三个层面开展创新创业教育。

一是创新创业教育课程。美国创新创业课程体系一般由创业基础理论课程、与专业结合的创业课程、创业实践课程三个部分组成。以斯坦福大学为例，“创业基础理论课程”主要由商学院及创业研究中心开设，主要包括创业基础类课程（如“创业基础”）、金融类选修课（如“天使资本”“创业融资”“私募股权”）、市场与运营类选修课（如“产品发布”“创业者的市场研究”“电子商务”）等类型；“与专业结合的创业课程”由相关院系开设；创业实践课程主要由斯坦福大学创业工作室给学生提供创业实践的平台。此外，其他高校在创业实践课程的设置方面也各具特色，例如，马里兰大学史密斯商学院丁曼创业中心推出暑期实践项目；马里兰技术创业学院推出“边做边学项目”。

二是创新创业竞赛。美国的大学通过鼓励组织创新创业竞赛等方式，鼓励大学生就某一项新产品或新服务制定商业计划书、争取投资并创办公司。高校创新创业竞赛，搭建了学生项目与产业界、投资界沟通的桥梁，帮助学生提升创业实践能力并使学生的初创企业获取更多支持。例如，得克萨斯州大学奥斯汀分校、麻省理工学院、斯坦福大学等高校都相继举办创业竞赛，并形成长效机制。其中，很多家新创企业从创业计划大赛中诞生，并发展为优秀的高新技术公司。

三是孵化指导服务。很多大学建立了为学生创新创业项目提供服务的孵化机构。这些多元化的孵化机构包括技术转化办公室、科技园、孵化器、创客中心等，在为学生创新创业实践提供空间、实验设备之余，还为学生提供专业指导。

以斯坦福大学为例，斯坦福大学创新创业教育一直都走在世界前列，形成了包括创新创业教学体系、创新创业科研平台、创新创业服务体系三维架构的创新创业教学体系。

（三）社会机构深度参与创新创业教育

在美国，企业界、投资界、非政府组织等社会机构也深度参与创新创业教育，为创业者提供经费、场地、指导等方面的支持。

第一，在企业界，美国一些著名企业积极支持创新创业活动，对初创企业投入资金，并联合学术界、投资界提供技术支持及商业辅导。

第二，在投资界，美国多家投资机构组成全美投资公司协会，对创业项目和初创企业提供咨询服务和经费支持。

第三，在非营利社会组织领域，美国近年来出现了一批以考夫曼基金会（美国最大的创业教育基金会）、美国创业指导网为代表的致力于支持创业教育、推广创业教育理念的非政府组织。例如，考夫曼基金会推出“考夫曼校园计划”，通过开设创业课程、开发创业实习项目等方式培养青年学生的创业意识和能力；美国创业指导网推出为青年创业者的服务项目、开发成熟的教材和培训工具，从创意阶段、发展阶段、实践阶段三个阶段对学员进行培训。

二、欧洲创新创业教育体系的经验

在欧洲，英国、德国的创新创业教育体系有一定的代表性。

（一）英国的创新创业教育体系

英国高校创新创业教育始于 1982 年，政府于当年推出了“大学生创业”项目，以鼓励高校大学生自主创新创业。由于该项目主要是出于解决就业问题的功利性目的，缺乏动力，后英国政府停止了该项目。英国政府在意识到创业教育的必要性后，在政策上给予支持、引导和规范，并从人力、物力和政策等方面给高校创新创业教育的发展提供了保障，自此英国的创业教育被纳入正规教育。2004 年英国政府推出创业竞赛活动，有 1/3 的青少年因此转变了自己的创业态度，对高校大学生的创业激情和素质的提升具有极大的促进作用。同年，英国大学生创业委员会成立，专门负责全国的创业教育，进一步促进了英国创新创业教育的系统发展。值得一提的是，英国较为先进的是创业园孵化器，其中的剑桥中英创业园、牛津大学科学园、伯明翰科技园等都很有名气，这一方面为各大企业提供了全方位服务，同时对英国创业教育发展、大学生的创新进步以及商业项目的研发都提供了强大的支撑和帮助。英国至少有 45% 的大学开设了创业教育课程。

英国的创新创业教育集政府主导、全社会参与、雄厚的师资力量和完善的课程设置于一体，形成了一个相互促进、多元互动的体系，各方面合力的发挥使英国的创新创业教育优势和特色日益凸显。

（二）德国的创新创业教育体系

半个世纪以来，创业教育在德国各高校中形成各具特色的创新研究和创业教育体系，不断构建和完善创业教育基础框架，培养大学生创新意识，鼓励大学生创业，从而为推动中小企业蓬勃发展做出贡献。

加强对微小创新企业的研究。因为微小企业的发展趋势和所面临的各种问题，正是创业教育应该研究和探讨的问题。

通过在大学建立创业教育教授席位制度，保证创业教育研究和教学质量。

德国不仅在创业教育领域逐步建立和完善大学的教授席位制度，通过成立创业研究论坛促进创业研究，还以此为基础建立和完善与专业课程相适应的大学创业教育课程体系，促进了国家政策和机制建设与大学创业教育体系的架构和衔接。

政府应鼓励和支持高校采取开放和包容的姿态，加强各学科间的融合，推动创业教育研究的发展。

三、亚洲创新创业教育体系的经验

（一）日本的创新创业教育体系

日本创新创业教育开始于 20 世纪 80 年代，起初以高校创新创业形式呈现，效果并不显著。1995 年，《科学技术基本法》和科技立国政策的推行极大地促进了日本创新创业教育的发展。2000 年以后，伴随着“创业家精神”的正式提出，日本高校创新创业教育进入快速发展阶段，其中，产、官、学协同模式是日本创新创业教育的突出特色，即在创新创业教育发展过程中，集中全社会资源优势，形成以政府、受托或独立进行创业教育的组织和高校三方协同发展的模式，政府为创新创业教育提供政策和资金保障、企业为创新创业教育提供经济和技术支持、高校以及中小学校则发挥其在创新创业中的主体作用。

（二）新加坡的创新创业教育体系

新加坡是亚洲地区较早进行创新创业教育的国家，并且在创新创业教育方面取得了不错的成绩。新加坡高校高度重视创新创业教育，广泛开展创新创业教育课程，推动创新成果产业化，注重在实践中培养学生的创新能力。

新加坡的创新创业教育课程具有“国际化、特色化”等特点。新加坡高校对创业教育十分重视，高校开设了创业基础、创业营销、技术创新、新产品开发、创新管理、新公司咨询等创业辅修课程，内容涉及创业运筹及商业计划的撰写、创业融资、新创企业营销、新创及成长期企业的财务与人事管理等方面的内容。新加坡注重创新成果产业化。新加坡高校鼓励教师和学生根据已有的创新成果创立公司，形成技术产业链。高校与政府、企业的紧密联系与合作，形成了一个固定的产学研联合体，为创新成果的市场化、产业化提供了良好的发展环境。

四、国际经验小结

综上所述，尽管创新创业教育的美国模式、欧洲模式、亚洲模式各有特点，但是创新创业教育的国际经验具有一些共同特征，具体包括以下几点：一是注重政府引领、学校主体、社会参与的创新创业教育协同推进机制；二是注重产学研结合；三是注重创新创业教育的国际化；四是注重创新创业政策的传承与升级。

第二节 美国高校培育创新型人才的经验与启示

美国是创新型大国，创新实力处于世界首位，究其原因，在于美国注重高等教育，是高等教育为美国源源不断地输送了创新型人才。按照创新型人才的定义，可将创新型人才分为科技人才和技能型人才。高等教育培养的是各个学历层次的人才，不同层次对应不同类型的创新型人才，但这种划分也有局限性，因为科技人才也需要掌握一些基本和最新的技能。本节先介绍美国高等教育培育创新型人才的主要经验，然后指出美国经验对我国高等教育培育创新型人才的启示。

一、美国高等教育培育创新型人才的主要经验

美国高等教育体系分为研究型大学、一般性大学、四年制本科学院和两年制社区学院四个层次，美国高等教育培育创新型人才的经验，得到全球的仿效，主要包括如下方面。

（一）大学的组织形态、管理体制和教育理念先进

美国大学二战后就在全球大学排名中占据2/3或3/4的多数席位，在数量上远超欧洲和日本，其中的原因在于，美国大学体系是一个竞争性体系，而欧洲和日本都不是竞争性体系。竞争性体系下，师资、生源和科研经费都是依靠竞争得来的。欧洲和日本都倾向于扶持少数几所大学，作为全国的标杆，师资、生源和科研经费也都集中在少数几所大学，这些少数大学在英国是牛津大学和剑桥大学，在法国是巴黎索邦大学，在德国是亚琛工业大学，在日本则是东京大学。相应地，在欧洲和日本，多数大学延揽不到好的师资和生源，也无法拿到更多的科研经费。并且更为重要的一点，竞争性体系下，美国大学在组织形式、管理体制和教育理念上都趋同，没有哪所大学在组织形态、管理体制和教育理念上更为先进，这也有别于欧洲和日本。

在组织形态上，美国大学采取了非营利组织的组织形式。其中私立大学普遍采取了非营利公司的组织形式，如哈佛大学的注册名称是哈佛公司，耶鲁大学的注册名称是耶鲁公司，而公立大学虽然也采取的是非营利组织的组织形式，但并未注册为非营利公司，由此导致美国公立大学难以在财力上与私立大学匹敌。非营利公司就是无股权公司，其最高权力机构是校董会，校董会的成员已经社会化，但捐资人可以进入校董会。哈佛大学、斯坦福大学和耶鲁大学采取的都是非营利公司的组织形式，其优点是可以成立资产管理公司，管理受托捐赠资金。

公立大学的最高权力机构则是校摄政会，其优势是有州政府撑腰，但校摄政会成员都由州长任命，但校摄政会成员也实现了社会化。由于公立大学肩负在州内普及高等教育的使命，因此可以拥有多个校园，形成一个大学体系，各个校园都服务于本州，多个校园下，公立大学的规模和体量

是私立大学无法匹敌的，做大做强后，公立大学在办学经费和科研经费上才可与私立大学相抗衡。大学采取非营利组织后，共同的好处是大学具有独立性，可以像公司一样运作，不再附属于联邦政府和州政府。即便是公立大学，也尽可能少地减少了对州政府的依赖，最为典型的就是在其他国家饱受诟病的机构编制问题。

简而言之，通过采取非营利组织形式，美国实现了大学自己养活自己，大学独立于政府，教授身份社会化，教授无论是在私立大学任教还是在公立大学任教，都是同等的身份。

在管理体制上，美国大学都采取校董会或校摄政会领导下的校长负责制，校长的选择极为关键，因为校长是教育家兼企业家，校长都是教授出身，但基本上担任校长后，其学术就荒废了，因为校政繁忙。教务长、院长、系主任都由校长任命，校长向校董会报告和述职，教务长、院长和系主任各司其职。校董事会成员的来源也是社会化的，即便公立大学校董会成员的任命掌握在州长和州议会手中，但成员来源必须体现社会化，如同美国大型上市公司的董事会成员一样。

在教育理念上，美国大学突出强调师资的重要性，有好的师资才能招来好的生源，生源的来源也是多元化的，美国“高考”——学习能力倾向测验（Scholastic Assessment Test，以下简称SAT）和美国大学测试（American College Testing，以下简称ACT）的分数并不是唯一的录取因素，学生家长是否愿意为大学捐赠也是一个重要因素。

（二）高等教育没有入学考试，但有能力测试

虽然一部分学生在高中毕业时无缘进入美国大学和四年制本科学院接受本科教育，但从本科教育必须强调生源质量看，美国本科教育是宽进的，仍旧不存在千军万马过独木桥的景象。因为，划定本科录取分数线的做法在美国是没有的，因为这样会将一大批有能力完成本科教育的学生排斥在本科教育外。当然，这与美国大学和四年制本科学院多如牛毛有关，也就是美国在本科教育的供给侧没有产能不足的问题，所以美国本科教育没有统一的入学考试，不划定录取分数线。但是，对高中毕业生的能力要进行测试，这些测试都是标准化的，都是一年举行数次，

高中生在申请大学和四年制本科学院时可以选择考分最好的一次，并且SAT和ACT是彼此竞争的，通常美国东海岸和西海岸的州选择SAT，而美国中西部和南部的州选择ACT。SAT和ACT的测试结果，再加上平时成绩（Grade Point Average，以下简称GPA），是美国大学和四年制本科学院自主招生的重要依据，SAT和ACT得到高分的学生，的确才有机会上哈佛大学、耶鲁大学、普林斯顿大学、哥伦比亚大学、达特茅斯学院这样的私立名校，以及麻省理工学院、斯坦福大学、加州大学伯克利分校这样的公立名校。不过，SAT或ACT分数不理想但平时学习成绩还可以的高中生，也都有机会进入名气一般的大学或四年制本科学院，而且只要本科期间学习成绩好，照样可以申请进入名校攻读硕士和博士学位。因此，SAT和ACT可以测试出高中生在高中阶段的能力，不能用来测试其未来的能力。此外，本科入学需测试与美国大学研究生录取时也需测试实际上是一脉相承和异曲同工的，美国大学研究生入学所需的测试主要包括：法学院入学测试（Law School Admission Test，以下简称LSAT）、研究生入学测试，研究生管理科学入学测试（Graduate Management Admission Test，以下简称GMAT）。上述这些研究生入学测试也都是每年举行数次。这充分证明，美国高等教育招生早已摆脱了“一考定终身”的模式，因为考试成绩是会因多方面因素而波动的，而标准化的测试是建立在心理学基础上的大脑反应速度快慢和判断正确与否基础之上的，后者更为客观和公正。

（三）两年制社区学院主要从事大专教育、成人教育和职业培训

在美国，除少数社区学院还能提供本科教育外，绝大多数的社区学院主要为高中毕业生和拿到高中毕业文凭的成年人提供两年制大专教育。美国高中毕业生有相当一部分属于差生，达不到大学和四年制本科学院的招生要求，但即便是这些差生，也有机会在高中毕业后接受高等教育，但这些差生只能进入两年制社区学院。而对于因为各种原因未能接受高中教育或是高中未能毕业但已迈入社会的成年人，可先通过同等学力测试，通过者即可获得同等学力文凭，同等学力文凭相当于高中毕业文凭，可以凭此申请进入社区学院。

与大学和四年制本科学院采取的选择性录取方针不同，两年制社区学院实施的是采取开放式录取，从而获得了稳定的生源。但是，由于师资大多是兼职的，或同时在多个社区学院任教，导致师资力量不稳定。即便如此，还是要看到社区学院的价值所在，一方面，两年制社区学院的大专教育可以实现与对口的四年制本科学院和大学的本科教育接轨，即便差生在高中阶段没有认识到学习的重要性，或是不热爱学习，这些学生从两年制社区学院毕业后，还可以升入四年制本科学院，再学2~3年，拿到本科学位，此后他们还有机会进入大学攻读硕士甚至博士学位。另一方面，社区学院强调技能培训，一些已经获得本科学位的大学毕业生，为了加强职业技能，愿意注册进入社区学院。因此，在美国高等教育版图上，社区学院是一支不可忽视的力量。

（四）本科教育强调通识教育

在美国，本科教育是达到一定标准才能设立的教育计划，即便设立了标准，美国大学和四年制本科学院彼此之间的本科教育仍差别很大，的确存在"野鸡大学"和"克莱登大学"，但具有代表性的美国大学和四年制本科学院，其本科教育的确称得上是高标准的。即便如此，美国本科教育难度在理工科是需要一定天赋和毅力才能完成的，但像经济学、工商管理、哲学、社会学和政治学这样的人文学科不难跨越。不仅如此，即使在哈佛大学等名校，对本科阶段的高等教育也只是定义为通识教育。换而言之，就是多方面打基础。但哈佛大学本科教育再好，哪怕融入了研究的成分，也还是在多方面打基础。哈佛大学本科生毕业后，如果不继续努力，则其人生可能也就平庸度过，但对一个在一般性大学和四年制本科学院读完本科但有进取心的年轻人而言，再进入名校攻读完博士，其知识的宽度、深度和研究的能力也将远超哈佛大学本科生。这就显露出本科教育比上不足、比下有余的局限性。

论及美国高等教育的基础产出，那么毫无疑问就是本科生。因为，本科阶段就是全面打基础，而两年制的社区学院产出的大专生，知识基础是不如本科生的。首先，美国本科生教育强调的是通识教育，即便是美国大学工科本科教育，前两年接受的是通识教育，学习工科以外的知识，如理科和人文学科，后两年因为选定了工科专业，集中学习的是工科专业课。即便如此全面的打基础，因为本科四年时间有限的，还不能完全达到实际工作岗位所要求的知识深度和宽度。但这样的好处在于，大学四年本科生的通识教育，使得本科生成为一个各方面都受过一定训练的人才。美国大学对本科教育的要求首先强调的不是专业性，而是让学生在大学四年在包括专业在内的各个方面，都能得到好的教育，从而在心智上成熟起来。由此充分证明，美国大学对本科教育所做的通识教育的安排实际上是有心理学依据和基础的，同样是本科毕业生，接受了过多专业教育的其他国家大学的本科生，的确不如美国大学通识教育下培养出的本科生，其原因在于本科教育不能拔苗助长，不能搞强迫教育和填鸭式教育，而是要关注这一年龄段的年轻人必须接受较为全面的素质培育。从这个意义上讲，高等教育是分阶段的，师资再好，课程再好，生源再好，也不能急于让其成材。因为知识是学不完的，关键在于点拨要诀。

（五）研究生教育定位于培育科技人才

美国研究生教育起步晚于欧洲。即便如此，最初美国的研究生教育也是旨在培养教师，很多美国大学都是教学型大学，而非研究型大学。从教学型大学转向研究型大学，美国最初是靠从欧洲学成回国的美国留学生。二战期间，一批久负盛名的欧洲科学家涌入美国，再次给美国大学吹入一股倡导研究的新风。二战结束后，美国加大了研究型大学体系的建设力度，研究型大学体系成为美国培养科技人才的最主要摇篮。在与科技创新相关的学科中，数学、物理和化学的研究生教育都不尽相同，至于工科的研究生教育更是与自然科学迥异，而二战后兴起的生物技术和计算机科学，其研究生教育的情形又与工科不同。总的来讲，美国研究生教育经历了一个从强势兴起到全盛时期再到目前面临挑战时期的过程。科学技术永远需要科学家和工程师去推进，一旦步伐停滞不前，已有的科技优势就会丧失，美国在科技投资和研究生教育上进行了超前的部署，导致其目前在全球仍旧有较大的领先优势。美国研究生教育创新并成功的因素概括起来，并且就大学研究生教育改革自身而论，主要就是两点，这两点在欧洲也得到仿效。

一是将硕士教育予以了普及。在美国研究型大学，不少学科及其领域（如统计学、运筹学、科学计算、中小学数学教育）将硕士教育转变为专业硕士，早期美国仿效欧洲的硕士教育，培养的是学术型硕士，学生需要撰写硕士毕业论文，学期为3年，这一做法迄今为止仍在欧洲大陆的德国和法国盛行，但美国很早就摒弃了这一做法。究其原因，美国研究生教育立意高远，旨在培养博士，因此只设立博士生计划，而不设立硕士生计划，无法通过博士生资格考试的学生，只能得到一个安慰奖——硕士学位。这在纯数学、应用数学和经济学领域都是如此。但这并不是说这些被淘汰出局的硕士就没有价值，实际上，政府、企业和社会对各类硕士都有着旺盛的需求，美国大学迎合了这一需求，干脆推出大规模招生的专业硕士计划，作为介于本科和博士之间，并且不是作为"安慰奖"的研究生学位。专业硕士的特点鲜明：一是招生规模大，美国大学工学院每年工程硕士的招生规模可以达到700～800人。因此，申请入学时只要符合基本条件即可，如拥有工程领域的学士学位，但并不需要参加美国研究生入学考试等能力测试；二是学生必须缴纳学费，大学不提供任何奖学金，这就保证了大学专业硕士教育是挣钱的；三是接受一年的课程教育即可，毕业快、工作也很好找，这就确保专业硕士计划能成功；四是学生不需要撰写硕士毕业论文。专业硕士的推出，降低了研究生教育的门槛，在劳动力市场上满足了企业、政府对较高层次人才的需求，也满足了学生求知和转换职业路径的需求。专业硕士也是美国研究生教育改革的又一个创举，再一次证明大学的基本使命就是推出新课程，培育各种层次的人才，高等教育的根本在于创造并普及更高层次的知识。

二是对博士进行了大批量生产。欧洲的博士生教育是小批量生产，或者说是作坊式生产，而美国通过大量设立研究型大学，同时让助理教授也能成为博士生指导老师从而促进了学术平等的方式，让博士生教育遍地开花。换而言之，只要有充足的教育经费和科技资助，美国研究型大学可以开足马力大批量生产博士。当然，这其中的前提是美国大学、企业和政府对博士有足够的需求，事实也是如此，博士在美国不仅可以在大学就业，从事"小科学"和"中科学"的研究，而且可以在企业和政府找到满意并且是薪酬待遇更高的工作。这其中的奥秘在于，美国有一个强大的企业界，一个强大的联邦政府，还有诸多强大的专业学会。企业界是搞前端的科学技术研究的中心，而不仅仅是搞末端的技术开发的中心，这一点在工科领域体现极为明显，更能代表美国工科领域知识高地的是企业界，而非研究型大学，美国企业界的科学家和工程师不仅大量发表论文，而且为大学撰写教科书，更遑论申请发明专利了。美国联邦政府也在全美布局了众多并且是体量很大的国家实验室，对研究型大学培养的博士提供了从事"大科学"的机会。专业学会是聚拢全美科技人才的平台。在这个平台上，知识的发布、交流和传播是大学无法比拟的，例如，电气工程和电子工程对应的专业学会是电气和电子工程师协会（Institute of Electrical and Electronics Engineers，以下简称 IEEE），总部位于美国的 IEEE 代表了全美电气和电子领域的最高水平，其会士比大学讲席教授的头衔还要有含金量，IEEE 代替了大学，源源不断地为在职的电气和电子工程师（这其中包含了大学电气工程和电子工程系的教授，因为在业内，他们被视为工程师而不是科学家）提供知识交流的平台，有时甚至是直接进行知识充电。而总部位于美国的经济计量学会则代表了全球经济学的最高水准，成为经济计量学会会士是每个美国研究型大学经济系正教授下一个真正需要追求的学术荣誉。

有如此广阔的就业前景，攻读博士就成为美国一部分优秀本科生的不二选择。当然，成为博士生只是第一步，博士毕业更只是在职场上迈出的第一步，今后的事业一方面围绕所在单位的目标和需要进行，另一方面则瞄准自身在专业学会地位的提升。如果说专业硕士是美国培育科技人才的一个短平快的手段，起点并不高。那么，博士生教育则是美国大学在培养科技人才时瞄准的一个高起点。博士生在毕业后，作为一名科技人才，得到多方面的培养：一是靠自身不懈的努力和奋斗，二是靠国家和用人单位提供的发展机遇，三是靠自己所加入的专业学会对其的浸润。

（六）多方面培育师资

在美国，研究型大学师资的培育第一步是从博士生导师对博士生的指导开始的。博士生导师不仅要教会博士生如何做研究，如何发表论文，负责指导其参加各种学术会议，最终完成博士论文，还要对其职业发展肩负起责任，教会其如何与人进行口头沟通，如何教学。博士生在获得博士学位后，就可以带着这些经验直接进入另一所大学从事教学和科研工作，而不必从头开始摸索。这就是教学和学术的薪火相传和口传心授，对师资培育的第二步是从所在大学开始的。在美国，尽管研究型大学强调教授必须在研究上出众，但是毕竟大学首要的使命是教育。因此，所有教授，无论助理教授还是资深的讲席教授，都要身体力行，给本科生和研究生上课，从教学中教授能得到得天下英才而育之的巨大乐趣。不仅如此，教授还要撰写教材，让自己的学问能够在学术界和企业界得到普及。教授靠自己的研究和教学业绩，才能在研究型大学获得晋升。同时，由于美国研究型大学是一个多达200所研究型大学构成的庞大体系，名校因为每个系的正教授编制有限，不可能让有潜质的助理教授都晋升为正教授，但教授在研究型大学体系内流动可以确保有潜质的年轻助理教授，最终在拥有一流学科但并不是名校的研究型大学晋升为正教授、讲席讲授乃至校级教授。这其中的道理在于，美国教授并不看重是否执教于名校，因为即便是知名教授也愿意执教于普通的研究型大学。而像麻省理工学院和斯坦福大学这样的名校，也都是历史机遇造就出来的。不出名的研究型大学，只要提供机遇和待遇，就能吸引有潜质的年轻教授，照样能办成有实力的研究型大学。大学与教授是共生共荣的关系，大学培育了教授，而教授也是大学的一员。因此，与其他国家一样，美国常春藤名校和公立名校数量是较多，但有实力的研究型大学比比皆是，这其实是美国的一个优异的学术传统，也符合整个西方一贯的学术传统。学术需要传承和繁衍，但更需要竞争和进步，只要是研究型大学，对教授而言，都可以也应该留下来教书育人。关键是静下心来从事教学和研究工作，至于教授成功的要诀则在于教授本人要非常热爱教育和科研。

对师资培育的第三步是从教授所从属的专业学会开始的。在美国，理工科的大学教授因为兴趣广泛，往往从属于多个专业学会，大学教授必须在专业学会办的权威性杂志上发表论文，其中研究出色的大学教授还有义务在专业学会兼任职务，例如担任学会杂志的主编或副主编，以及评奖委员会的成员等。专业学会颁发的学术成就奖章是业界对大学教授的评价和肯定。因此，专业学会使得大学教授能迈出大学校园，在包括政府和企业界在内的整个学术界活动，不仅拓展了视野，而且得到整个业界的客观公正的评价。

对师资培育的第四步是作为资助者的联邦政府和企业界开始的。在美国，联邦政府和企业界通过资助大学教授的科研来培育大学师资，没有联邦政府和企业界提供的科研资助，大学就成为一个教书的场所，而不是一个研究的场所。此外，联邦政府还会给予做出突出成绩的大学教授诸多的荣誉，例如美国总统颁发的“国家科学奖章”“国家人文奖章”和“国家技术奖章”，而作为联邦政府智囊团的美国国家科学院、美国国家工程院和美国国家医学院，也会通过同行提名的方式，让杰出有贡献的科学家和工程师，当选为国家科学院院士、国家工程院院士和国家医学院院士，甚至经常有双料院士。企业也在培育师资方面做出了贡献，大学教授经常受聘担任企业顾问，参与企业科研并提供重要帮助，还可以向企业推荐自己的学生就业等。

（七）研究型大学重视技能培训和实践体验教育

高等教育并非只是书本知识的教育，还包含技能培训和实践体验教育，技能培训和实践体验教育与书本知识教育是相互结合的，可以激发学生的求知欲、研究的好奇心以及创新创业的热情。传统的实践体验的教育是和大企业、国家实验室联合开展的，但受到诸多限制。同时，知识的传授、研究的开展以及创新创业都需要学生掌握一些基础性技能，而技能培训需要大学配备有足够好、足够新的设备和工具。进入 21 世纪，以 3D 打印机、激光切割机为代表的工具价格低廉，在美国大学校园内得到了普及，不仅更新了大学陈旧的实践教学设备，大学教授、本科生和研究生还利用这些大众化的最新设备和工具，开展自己的研究项目。以麻省理工学院为代表的美国大学自发成立了众多的创客空间，这意味着大学要腾出空间，让教授和学生使用这些设备和工具，成为创客。这已成为麻省理工学院一部分学生的爱好，并在全美大学蔚然成风，其实质是增强学生的动手能力，帮助本科生和研究生掌握最新的基础性技能，在此基础上尝试将自己的创意付诸实践。美国大学还推动设立了黑客马拉松、黑客机器这样的面向公众的竞赛，以及面向全球的编程训练营这样的培训计划。而在人工智能和高速交通领域，美国大学积极参与美国国防高级研究计划局发起设立的机器人竞赛和美国太空探索技术公司发起设立的 HYPERLOOP 竞赛。无论创客空间还是各类竞赛都旨在鼓励学生参与校园内的实践体验，学生走出校园，可在较短的时间内适应外部的工作环境。

（八）大学技术转移和师生创新创业成绩显著

1980 年《拜杜法案》通过后，美国联邦政府正式将资助大学所获发明的权属划拨大学，由此启动了美国大学技术转移，大学普遍设立技术转移办公室，将大学师生的发明申请专利拥为己有，通过知识产权许可的方式转移到企业界。

美国大学技术转移的成就在全球是领先的，根据世界知识产权组织和美国国家发明院发布的全球获得美国实用新型专利授权数最多的前 100 所大学多数都是美国大学，其中 2016 年度前 10 名中有 9 名都是美国大学。而根据全美大学技术经理协会发布的报告，在 1996～2015 年的 20 年间，大学成为美国创新型经济的重要的推动力，大学技术转移对美国工业总产值的贡献为 1.3 万亿美元，对美国 GDP 的贡献为 5910 亿美元，创造出 430 万个就业岗位。1990～2015 年的 25 年时间里，美国大学技术转移产生的发明披露超过 38 万个，获得的美国专利授权数达 8 万个，大学技术转移孵化出的初创企业超过 1.1 万家。1980～2015 年美国大学技术转移促成超过 200 个新药和疫苗的诞生。师生创新创业的场所是在大学及其周边，师生在不耽误其教学科研和学习的前提下，开展创新创业活动。除设立技术转移办公室外，美国大学为推动师生创新创业还设立了孵化器、加速器和商业计划大赛，管理学院或商学院还推出了创业创新教育课程，对师生创新创业提供指导和教育。

二、美国经验对我国高等教育培育创新型人才的启示

美国高等教育对我国高等教育培育创新型人才的启示是多方面的，主要有以下几点。

（一）在中学提前布局科学、技术、工程和数学（Science, Technology, Engineering, Mathematics，以下简称 STEM）教育

STEM 教育至关重要，但就像足球俱乐部需要青训部，为俱乐部源源不断提供好苗子一样，STEM 教育要想在大学成功，首先必须在初中和高中成功，为此需要做如下配套改革。

首先，要取消中考和高考，变统考为测试。1977 年至今，我国高考制度沿用了 42 年之久，期间虽然经历了多次改革，如扩招、高校自主招生等，但总体上还是一种统考统招制度，对于希望接受高等教育的高中毕业生而言，高考录取分数线的划定，还是制造了升学的障碍。这种障碍在初升高上也体现出来，使得希望接受高中教育的初中毕业生更早就被挡在高等教育的门槛之外。高等教育要培育创新型人才，首先要扩大生源的池子，高等教育界首要的使命也是普及高等教育，除非学生本人不愿意上大学，或希望缓上大学。否则，应该给予其接受高等教育的机会。为此，在初升高上，就是要取消中考制度，普及高中教育。而在高中毕业升大学的问题上，要取消高考的统考，相应改为测评，放手让大学拥有完全的自主招生权。只有这样，才能让更多的青少年进入创新型人才的储备池。

其次，初中和高中阶段的 STEM 教育关键在师资的配备上。要本着对学生负责的态度，提前做好准备，要着眼长远，不要试图去谋学生一时的成绩，而要谋其一世的发展。要尊重学生的天赋和兴趣所在而加以引导。其中，对 STEM 有兴趣的学生，初中和高中要有能力及早加以引导。初中和高中阶段的学生精力旺盛，学习吸收能力很强，从小培养可以取得很好的效果。为此，要超前布局培育初中和高中的师资，要让全国的初中和高中都有机会招聘到硕士学历的师资，这样才能从根本上实现教育资源的均等化，并且兼顾教育的公平和效率。

（二）本科 STEM 教育定位于多方面打基础

首先，要对 STEM 本科教育给予特别的关注。改革中考和高考制度后，本科教育可以得到普及，上大学不再是难事，但是要热爱 STEM 专业并且坚持读完本科，就需要天赋、兴趣和毅力。为此，要合理设立培养模式，

最好前两年是通识教育，后两年才是专业教育，并且允许学生在大三自主选择毕业时的专业，允许其有转专业的机会。究其原因，本科教育的宗旨不是培育专业人士，大三才选定专业是对本科生的充分尊重，给予其选择专业的权利。但更为重要的是，本科教育旨在让一个刚刚步入成年人行列的年轻人心智成熟起来，本科生教育并不排斥专业教育，多方面打好基础更为重要。

其次，凡是教授都应该为本科生和研究生授课。目前，我国大学偏重于科研，资深教授不为本科生和研究生授课的现象比较普遍，而教授理所应当要将教书育人作为其首要使命。大学不是国立科研机构，可以完全投身于科研，大学是通过教授群体推出课程，对下一代进行全面教育的场所，脱离了教书岗位，不再是一名教书匠，就没有履行大学教授的应尽职责。反过来讲，资深教授不为本科生和研究生授课，教学任务全部让资历浅的助理教授、副教授和正教授承担，会让本科生和研究生教育大打折扣，本科生和研究生会觉得很难接触到资深教授，更谈不上交流，从而觉得本科和研究生教育得不到校方的关注和重视。

最后，研究型大学的科研不是目的而是手段，科研归科研，但教授必须要拿科研去充实自己的讲课。课程分为专业基础课和自己独家推出的专业课，其中，专业基础课要讲好是不容易的。进一步讲，研究能力不强的教授无法为学生讲好专业基础课。至于自己独家推出的专业选修课更不容易，教授不仅自己要有研究论文作为基础，更要靠自己创造性地编写讲义和撰写一本系统性论述的著作。因此，研究型大学的教授从事科研主要是为充实和提高自己，而从事教学工作就主要是为了对得起学生，两方面加起来让人满意的表现，才能成为研究型大学的教授。因此，不仅研究型大学要明确教育和为社会输送人才是大学的唯一使命，科研再重要，也只是大学的根基，教授本人也要明确认识到，虽然自己的工作时间分配要在科研和教学之间划分，但是就教授职业的本质而言，就是教书育人，科研只是教授本人学问的根基。不能教书育人，就不配在大学当教授。

（三）推出 STEM 专业硕士

学术型硕士在我国实施已久，这与国际潮流是背道而驰的，为此要全面废除学术型硕士，转而采用专业硕士制度。

一方面，不要在硕士教育上设立硕士生统考门槛。硕士教育在西方早就是课程教育，只要拥有合格的本科学历就可以申请入学，无需统考，这样做的好处在于，突出硕士教育的专业性，培养的是专业人士，而不是学术人才。工商管理是如此，STEM 领域更是如此。采用专业硕士后，1 年就可毕业，成为专业人士。

另一方面，专业教育的含金量高。在普及本科教育的基础上，如果能普及专业硕士教育，可以使得已经具有职业发展倾向的学生有针对性地入学接受研究生教育，可以在较短时间内重塑自我，从而确定一生的发展方向。

（四）要让博士教育成为研究型大学体系共同可比较的部分

在取消学术型硕士的同时，必须明确将博士教育作为研究型大学体系唯一的学术型计划。换而言之，本科毕业就可直接申请进入大学的博士生计划，而不是先申请进入学术型硕士计划，硕士毕业后才有资格申请进入博士生计划。这样可以缩短博士的培养时间，原先需要六年时间变为只需四年时间就可以获得博士学位。

不仅如此，从整个研究型大学体系来看，博士教育必须是共同的，而且是可以比较的。这体现为多个方面：首先，在学院和系的设置上，要尽可能统一，这样才方便比较和交流。例如，在工科领域，美国的研究型大学都规范设立了一个工学院，所有能想象到的工科系，都集中在工学院，这样方便大学各个工科系之间的交流，也方便外界对全美大学的工学院进行年度排名。其次，博士教育并非高不可攀，关键是设置好标准，只要达到了标准，通过了教育部组织的验收和现场检查，大学就可以新设立一个博士教育计划。这样做的好处是，博士教育是需要从底层开始推动的，大学只要瞄准了某个学科和领域，招聘到相关的教授，就可以启动一个博士教育计划。再次，各个研究型大学的博士毕业生必须在整个研究型大学体系内流动就业，不要近亲繁殖，将本校的博士留校任教，而是要将博士作为整个研究型大学体系塑造的产品，并且是公共产品，而不是私人产品。换而言之，其他所有大学都可以挑选这个博士，唯独培养其的大学不能挑选，这才能体现刚毕业的博士是公共产品，而不是私人产品。只有这样，一流研究型大学的学术才能繁衍到全国；也只有这样，研究型大学体系内的各个研究型大学才能站在相同的起点发展，否则一个良性循环、实力分布均匀的研究型大学体系难以建立起来。

（五）培育师资是建设研究型大学的关键

如果说博士是研究型大学体系的公共产品，培养博士的大学不能将其留校任教，而是要由其他研究型大学去使用，那么，对于已经有外校执教经历的教授而言，就不能说其也是公共产品，可以随意流动。这涉及多个方面。

第一，要将刚毕业的博士“扔”出去，让其在完全陌生的另一所研究型大学开始其职业生涯，以培养其独立性。

第二，在陌生环境下成长起来的教授，无论是否获得晋升，是可以再次选择流动的，但是对于做出成绩获得晋升的教授而言，通常会感恩所在大学的提携，而安心在这所大学执教。此时，教授是有归属的，就如同球员归属俱乐部一样。这表明，教授和培养其的大学是不可分的，大学培养了教授，而教授也是大学的正式成员。

第三，即便是明星教授，其流动也不是毫无规律，而是本人有多方面的考量。例如可以跳槽到名校执教，是一种认同和身份的提升，但是其过去的学术成就都是在培养其的大学做出的，教授的科研成果归属大学，这就使得明星教授无论走到哪里，都不能否认自己的巅峰期是在培养其的大学度过的，而邀请其任教的名校，即便通过高薪、高职位延揽到这位明星教授，也不会因此而增添更多的荣誉。这就是说，即便是明星教授，也是归属最初培养其的大学的，明星教授不管如何流动，都不能改变这点。

第四，大学教授终身职位制度下，教授相当于“佃户”，而大学相当于土地的主人，大学可以慧眼相中博士生前来任教，工作好的才可能被赏识，授予教授职称，否则就会被大学所在系扫地出门。而即便是教授，也是分等级的，例如副教授、正教授、讲席教授、院级教授、校级教授。教授制度下，教授可不就是归属大学，默默在大学辛勤耕耘的教书匠和学者吗？是大学给了教授一切，而不是反过来。这种教授关系的解除，就是体现为整个研究型大学体系内教授的自由流动，而即便是教授的自由流动，也是有限度的，最终教授会选择一个大学退休，或是即便退休后，也还可能被其他大学延揽继续执教。总之，大学教授制度虽然穿着中世纪欧洲《土地法》和《不动产法》的外衣，但是内涵发生了巨大的变化，但其实质是不变的，其法理是相通的。

因此，办一个好的研究型大学，关键是学会办一个好的院系，而办一个好的院系，关键是学会按学科发展规律，在这个学科搭建起一个教授群体，阵容要齐整。首先要招聘和培养年轻的助理教授，其次要延揽一些有经验的副教授和正教授，但切忌不要挖明星教授，因为那是名校有财力的体现。并且，办一个好的研究型大学，关键不在于生源的质量，而是要时刻关注教授群体的质量。

（六）高度重视专业学会的建设

专业学会建设的重要性是怎么强调都不过分的，专业学会建设要注意以下几点。

首先，要跟国际接轨，国际已经有权威的专业学会，要瞄准并实施相应的接轨战略。一个突出的现象是，在国际权威的专业学会中，中国大陆的身影很少，而专业学会是国际学术交流的最大平台，这是国内外校级交流、校企交流根本无法比拟的。例如，IEEE 中，中国大陆的会士屈指可数，而在经济计量学会，中国大陆的经济学家也很少，在东亚地区远不如日本。

其次，要加强国内专业学会的建设，在与国际专业学会接轨的同时，还要在国内专业学会建设上下工夫，要增加专业学会的数量，还要规范化专业学会的管理和运作。

最后，要加强专业学会对高等教育的指导和评价，专业学会是更大的学术交流平台，专业学会要办好权威的期刊，为大学教授提供论文经匿名同行评审后发表的公平公正公开的渠道，要对大学对口的院系和学科建设提建议，要对大学培养的本科生、硕士生和博士生提供就业指导。

（七）大学创新创业要规范化和理性化

首先，大学创新创业要理性化。我国企业界基本不从事科学研究，即便是技术研发也经常求助于大学，教授毕竟归属于大学，不能承接过多的经济建设任务，而是要专注于教学和大学特色的科研，大学不能过多参与各省市的经济发展，而是要在培养科技人才上下工夫，这才是大学应该走的正道。因此，大学创新创业要理性，技术转移和成果转化都是顺带的，不能忽略教学和科研这一主业，只有教育和科研水平上台阶了，才能有余力从事科研成果转化，否则就是本末倒置。

其次，大学创新创业要规范化。西方大学科研成果转化就是技术转移，大学通过将发明申请专利，然后将专利使用权许可给企业的方式，向企业界转移技术，当中大多数都是中小企业。在技术许可方式下，大学始终与企业界保持一臂之距，并且专利技术许可这种方式可以确保大学承担较小的风险，牵扯的精力也较小。此外，承接美国大学技术转移的企业多数是本地企业，这种技术转移本地化是值得称道的，因为大学要服务于本地的经济增长。我国大学科技成果转化喜欢使用技术入股方式，这增加了大学的风险，我国大学还喜欢异地成果转化，这违背了大学都是有归属地的常识，即便是经济落后的省份，也应该办一所好的研究型大学，服务于本地经济发展的需要。

第三节 德国高校培育创新型人才的经验与启示

德国[1]拥有一大批历史悠久的大学，柏林洪堡大学更是被誉为“现代大学之母”，然而，在今日鳞次栉比的世界著名大学排名中德国大学却很难名列前茅。为提升德国大学的国际竞争力，进入21世纪以来，德国高等教育经历着一系列重大改革。例如，引入新的学制，尝试建立绩效导向的高校拨款制度，对教学和科研活动进行绩效评价等。但是由于受限于历史和传统，这些改革措施有些饱含争议，步履艰难。

人力资源是高等教育和学术研究最核心、最宝贵的资源。创新型人才的培养和利用更是一个大学、一个国家科研事业可持续发展的基础。近些

[1] 德国在其不同的历史时期有不同的名称，例如德意志民族神圣罗马帝国、德意志帝国、魏玛共和国、纳粹德国、德意志联邦共和国、德意志民主共和国。为了方便表述和读者理解，本书统一使用德国。

年随着中德交流合作的加深，国内已有不少文章从多方面对德国高等教育和高校科研管理体制及其改革进行了介绍，本文拟从人才培养、引进和使用的角度对其进行一次系统性的梳理，德国的经验和遇到的问题或许对于我国有着重要的借鉴意义。

一、德国的高校管理体制

（一）“现代大学之母”——柏林洪堡大学的办学理念

17~18 世纪，德国甚至是整个欧洲的高等教育体制都遭遇了严峻的考验：滞后的教学内容，僵化的课堂模式，落后的教学语言，政治化的管理制度等，高等教育的发展举步维艰。在此背景之下，德国就高等教育进行了深入的探究并且多次改革，但未见明显成效。1807 年，德国在与法国的战争中战败，马丁路德·哈勒维腾贝格大学（以下简称哈勒大学）、乔治-奥古斯都-哥廷根大学（以下简称哥廷根大学）等大学也被割让，因此迫切希望“通过学术教育上的繁荣和精神上的胜利，洗刷军事失利带来的耻辱”。1809 年，洪堡（Wilhelmvon Humboldt）结合费希特（Johann Gottlieb Fichte）、施莱尔马赫（Friedrich Daniel Erns Schleiermacher）等对高等教育的阐释，提出了一套关于大学教育的思想原则，并在柏林洪堡大学创办中应用于实践，开辟了近代大学办学新模式，德国大学得以迅速崛起。柏林洪堡大学也被誉为“现代大学之母”，其创建更是被誉为“决定德国命运的成就”。柏林洪堡大学与中世纪传统大学明显不同，其办学理念曾对欧洲乃至全世界都产生了深远的影响。

1. 教学与科研相统一

柏林洪堡大学首先明确把“教学和研究相结合”作为基本办学原则，在根本上改变了大学教育的职能，确立了学术研究在大学的重要地位。

洪堡认为，新型大学是教育性质和研究性质兼容的学术机构。各学科领域都必须重视学术研究，每个教师都必须成为从事研究的学者。教师在课堂上，从书本知识出发，探讨研究，形成自己独到的见解并传授给学生。同时，学生也不再被迫地接受知识，而是在自我追求中自主学习，自主研究。教育重点从唯书主义转换成教学相长，相比传统教学法更注重在学生进行科学研究时，引导学生发现、提出并解决问题，使学生在学习过程中独立思考，辩证探讨。

柏林大学首次正式将教学与科研相结合的一种有效形式——“习明纳”，作为大学最重要的教学模式。与传统的辩论课不同，教师和学生以真理尚不存在为前提，在讨论中发现真理，趋近真理，完善真理。因此，“习明纳”虽属课程教学，但本质上则是科学研究，通过教学的手段达到科研的目的。习明纳在柏林大学被称为“科学研究的苗圃”，简而言之，就是学生在教授的指导下，就某一课题结成小组，在大量调查研究的基础上与教师自由地进行学术探讨，从而达到教学和科研的双重目的。教师与学生都与传统意义上所谓的教师与学生不同，无论是教师还是学生都进行着科学研究，而教师在进行科学研究的同时，有着引导和帮助学生进行科学研究的职责，可以说教师是“独立的研究者”，而学生则是“受指导的研究者”。

2. 学术自由

关于“自由”，大体可分为“教的自由”和“学的自由”。洪堡从国家利益的角度阐明了保护这种自由对于大学的生存是至关重要的和不可或缺的。

教师有“教的自由”，有在其学术领域内不受干涉、探索、研讨、传授和出版所发现真理的自由，从而为学者提供了“闲逸而好奇”的学术环境。学生也有“学的自由”，即学生在正确的指导方法下，拥有探究、质疑、挑战权威以及选择学习内容的自由。无论是教的自由，还是学的自由，这两种自由都不受任何政党、任何权威的干扰，做到不唯权，不唯书，只唯实。在大学中，师生为探索科学而共处，教师与学生具有平等的地位，有利于教师与学生在探索与追求时各抒己见，互相辩证，促进学生的发展。

3. 通识教育“由科学达至修养”

洪堡深受古典人文主义的影响，并醉心于古希腊罗马文化，他认为具备自由性、规律性、想象力、思辨力、个性和民族性的人才能称之为“完人”。因此，培养符合这一标准的德国人，促进学生乃至民族的精神和道德修养是大学的根本目的。洪堡认为，以个性和道德为主的教养源自人的内心，必须通过内在加以充实，因此科学探索作为内在的精神活动，是达到教养目的必不可少的手段。大学作为培养人才的机构，在进行纯粹的学术研究的同时，也应注重培养学生的教养，“由科学达至修养”，即学生在科学研究的过程中提高自身的民族精神和道德修养，从人才蜕变为有修养的人才，也就是“完人”。除了科学探究，大学的本质应是“客观的学问与主观的教养相结合”，即大学应该是保证学生通过探索纯粹的客观学问获得教养的机构。

在洪堡的大学理念中，“寂寞与自由是高等学术机构范围内起支配作用的原则”。关于“寂寞”存在三种看法：一是，大学应该是一所“寂寞”，即纯粹的学术研究机构和高等教育机构，享有独立自主的地位，应当不受国家和政府约束，不应受任何外界组织的干预；二是，大学应坚守“寂寞”，致力于纯粹的科学探索与道德修养，不受外界利益驱使；最后一种看法则认为学术研究者应当守得住寂寞，潜心学术钻研，始终对科学研究保持一颗纯粹之心。对世俗社会，特别是功利主义教育价值观保持一定的距离的同时，还必须摆脱国家和教会的制约以及来自工业社会的世俗压力与影响。大学所培养出的人才，应拥有独立的人格和修养，对世界具有整体的理解，而非仅仅精专一科、一身匠气。

这些理念的划时代意义在于使得大学的哲学院以及它所承担的通识（博雅）教育重新充满生气。柏林洪堡大学由学院构成，即从中世纪大学沿袭下来的神学、法学、医学和哲学四个学院。自中世纪以来德国大学哲学院的课程主要是“七艺”（它由两部分构成，即“三学”——逻辑、文法、修辞和“四科”——算术、天文、几何、音乐），而且这些课程并没有被真正当回事，正如卢比所说：“19 世纪初大学改革最关键的时刻终于到了……这就是哲学院从高等院系尤其是神学和法学等院系的垄断下解放了出来。”所以，柏林大学的改革使通识教育成为大学教育的核心，提高了哲学院的地位，废除了各学院之间的等级差别，各个学院地位平等。

（二）德国高校治理变革

1. 内部治理：从“洪堡传统”到大学自治

柏林洪堡大学延续了德国大学改革运动中哈勒大学和哥廷根大学开创

的新教育模式，并将其发扬光大。除了前述的办学理念之外，由洪堡大学开创的，并且由于其巨大的成功而得以普及的另外两项制度，至今仍深刻地影响着德国高等教育及高校科研体制改革。

首先就是教授的公务员身份。在此之前，随着哈勒大学、哥廷根大学的建立，德国大学教师的身份经历了由教会牧师到政府雇员的转变。洪堡认为，大学是国家保护但享有完全自主地位的学术机构，大学“除了与国家的外在联系，实际上就是那些把身外的闲暇或内心的追求用于科学和研究的人们的精神生活”。在这一思想指导下，大学作为学术机构，由国家举办和管理，是国家事业的一部分，教授应是由政府任命的终身公务员，教授享有公务员身份被看作是学术自由的必要条件。1817 年 4 月 26 日，柏林洪堡大学的《大学章程》作为“永久章程”得到了国王的批准。其中确定了利益商谈制。教席教授与政府官员之间通过“讨价还价”即利益交涉确定教席教授的待遇。每位正教授需要直接与州政府而不是与大学方面交涉，定期就财政和物质方面的条件和待遇进行协商。大学教授拥有公务员身份由此成为传统。德国《高等教育框架法》规定：高校即使面临财政危机、计划重组等问题也不得解聘教授。

柏林洪堡大学确立的另外一个重要原则就是“教授治校”。《大学章程》还确立了教授会制和教席制。教授会成员为全体正教授，正教授是教授会的当然成员，大学内的所有事务皆由教授会决定。教授会享有很大权力，比如校长的遴选、教授的选聘等。大学的最高权力机构是由 15 人组成的“评议会”，部长的行政和财政代表被邀请出席所有评议会，可以带秘书。基层学术组织以教席制为主要形式。按学科和专业设置若干教席，由正教授全权主持各个教席。大学教授主持教席，在高校中拥有最大的学术权力，同时享有很大的特权，控制着教席或研究所的人员聘用和经费分配权力，当然也包括博士生和博士后的聘用。教授按其职务的具体要求，在各自的学科领域内独立承担本校的教学和科研工作。教授的本职工作包括参加教学改革和学业咨询，还参与学校的管理，主持考试等。

柏林洪堡大学的传统使得德国高校形成了一种独特的组织，即大学由学院构成，学院由若干教席构成。正教授全权负责教席内的一切事务。德国高校内部管理体制是建于“大学-院系（一般按学科划分）-教席（一般按专业划分）”三级组织结构之上。各级管理机构的名称及相应职责均由各州《州高等教育法》予以规定。院系下属的教席，是德国高校最基本的教学及科研单位，一个教席主管整个专业或一个专业的分领域。主持教席的教授自行决定本教席具体工作方案的实施，拥有本教席的人事权及经费使用权，尤其是在处理教学科研的问题上，具有决定权，体现了德国高校在教学及科研上的教授自治原则。由此可见，相对于主要处理基本行政及教研事务的校级和院系级的行政机构而言，教席教授才是高校内部实际上的权力核心，控制着教研的核心活动。

教席教授的公务员身份使得其与校级院系领导不存在上下级的关系，而是由州政府任命，其工资直接来源于政府拨款，与大学、院系没有财政上的依附关系。传统上，德国高等教育管理体制的特征是哑铃式（两头重，中间轻）：一方面，是各州政府主管部委掌握财政和教授聘任方面的控制权，对高校进行细节干预；另一方面，教授以及教授主导的各级学术自主管理委员会决定着学校的教学和科研等学术事务。夹在中间的高校管理者（校长和院长）对上对下均没有实质性的权力和可供施加影响的资源，仅仅是作为高校成员的利益代表发挥协调作用。因此，在传统的内部管理模式下，德国高校的决策和执行能力都受到很大的限制。

为了解决这一问题，随着20世纪90年代新公共管理改革运动的兴起，德国对高校的内部管理模式进行了持续的改革。首先，通过扩展校长和院长两级领导层的决策权限以及在校内引入目标协定和绩效拨款等管理工具，使其管理权力得到加强。其次，削弱了传统的团体大学所奉行的学术自主管理的权限，因为这种注重利益均衡、分配公正和奉行校内“互不侵犯条约”的学术自主管理机制被认为是造成高校决策效率低和缺乏集体行动力的主要原因，也是导致许多改革举措得不到落实的根源所在。最后，作为这次改革的一个主要亮点便是成立了有校外人士参加的高校理事会作为高校的咨询或决策机构，以加强社会对高校的外部调控和影响。事实上，政府在退出对高校的细节管理之后并没有将相关的权力交给教授或学术自主管理机构，而是交给了高校理事会、校长或院长两级管理层。经过新公共管理改革，传统的学术自主管理模式转向了“管理主义模式”，即由管理者进行管理的模式。

新公共管理改革后的高校内部管理体制包括两个层面：学校层面和学院层面。在学校层面有三个主要的管理机构：校长委员会、评议会和高校理事会。在部分学校还有学校层面的决策咨询机构——学院协商会议。在学院层面有两个重要的管理机构：院长和学院委员会。目前，在德国各联邦州中，北莱茵-威斯特法伦州是赋予高校自主权最多的联邦州，堪称德国新公共管理改革的典范。北莱茵-威斯特法伦州的高校不再是政府的附属机构，而是独立的公法法人，不仅可以自己支配和使用办学资金，而且还获得了自主聘任教授、自主设置或取消专业等自主权。从这个意义上来说，北莱茵-威斯特法伦州的高等学校法被命名为《高等学校自由法》倒也名副其实。

2. 外部治理：地方分权传统与联邦政府角色的演变

德国大学的外部治理受历史因素影响较多。德国作为一个地理单元在历史上曾经几经分裂，但是德国的教育行政管理历来就属于地方分权制。德国大学的“地方分权”最早可追溯到宗教改革时期。宗教改革和地方权力的扩张，使德国大学成为以培养神学家和法学家为目的的地方机构，而后来创立大学则成为各邦国有目的的行为。在各邦国相互竞争的过程中，各邦国的君主清醒地认识到大学对于其统治和国家利益的重要性。

1949 年后，德国继承了这一传统，即教育立法属于各州，联邦宪法只规定某些最基本的原则。各州依据《基本法》的规定享有文化主权，自主负责本州的文教事业。不过，为了确保全国统一的规范和标准、保证学生和教师依法享有的跨州流动的权利，德国在 1948 年成立了“文教部长联席会议”来协调各州的教育政策。随着联邦制的发展，分权式联邦有向合作式联邦过渡的倾向，着重表现在财政改革上。到了 20 世纪 60 年代，德国高等教育进入快速扩张时期，高校的学习位置供不应求。当时各州政府财政紧张，没有足够的资金扩建或新建高校，而这时联邦政府的资金恰好相对充裕。从 1963 年开始，联邦政府与州政府合作制定统一的财政协定来达成财政改革的目标。在这种背景下，德国《基本法》在 1969 年 5 月 14 日经过重大修正，完成了这次改革。其中第七十五条新增了联邦议会享有高等教育的框架立法权，即联邦议会可以制定高等教育的一般原则。根据该条款，联邦议会于 1976 年 1 月 26 日制定了《高等学校框架法》，规定了高等教育的任务，大学录取以及高校的构成、组织和行政等事项。它为各州的《高等学校法》确立了一个统一的蓝本，各州可以根据本州的情况进行相应的调整。

《高等学校框架法》后来几经修改。作为调节德国联邦和州政府在高校管理中的角色和关系的法律，该法深刻影响着德国高等教育和高校科研体制改革的进程，有很多措施至今争论不断。其中就包括于2002年第五次修订中引入的“青年教授职位”这一新的人事类型。

2005年，新一届的联邦政府开始着手调整联邦和各州的关系，目的是减少联邦政府管理高校的权限，将高等教育管理权重新交还给各州。2006年，联邦制改革获得联邦议会和参议院的通过，此前的合作式联邦制转为竞争式联邦制，以便于各州通过建设性的竞争去探索符合本地情况的、富有创新性的模式和途径，更好地应对德国高等教育所面临的挑战。不过，为了协调各州的教育政策，文教部长联席会议这一协调机制得以保留。联邦政府放弃了制定框架法的职能，此后主要负责协调高校录取和毕业、教育援助（如奖学金）和科研资助等事务。管理高等教育的权限正式重新归于各州政府。因此，德国当前的高等教育外部管理体制涉及的主要是各州政府与高校的关系。

新公共管理改革重新调整了德国政府与高校的关系，传统的由各州政府主管部委按照输入控制和细节干预的管理模式在改革后被采用总体预算、目标协定和绩效拨款的新的宏观调控模式所取代。在传统的财政管理模式下，高校在资金使用方面受到诸多限制，既无法在不同的预算项目之间进行调整，也不能将本年度节余的办学资金转入下一年度。与我国类似，这一制度在德国也导致了年底突击花钱的“12月热度”现象。新公共管理改革引入了总体预算，让高校获得了自主支配政府作为总体拨付的办学资金的权利，本年度的剩余资金也可转入下一年度继续使用。政府在放弃细节干预的同时通过目标协定和绩效拨款等宏观调控工具保证高校遵守与州政府共同确定的发展目标。

除了财务制度之外，政府在人事聘任方面也开始将权力下放给高校。新公共管理改革之前，聘任教授的最终权力在各州的主管部委，高校只是负责选拔出三位候选人，最终决定由主管部长做出。与此相应，教授的雇主是各州的主管部委，而非高校。改革之后，在超过一半以上的联邦州里，高校获得了聘任教授的权力。在北莱茵-威斯特法伦州，高校不仅获得了聘任教授的权力，而且也成为教授的直接“雇主”。

二、高校人才的培养：教师聘任制改革

（一）传统晋升通道及其存在的问题

正是因为传统的大学教授为终身职位，具有公务员地位，专门配有秘书，所以德国大学的教授位置是十分稀缺的，他们处于学术职业层级金字塔的最顶端。没有教授职位的绝大多数科研人员被称为学术雇员，他们没有终身职位，都依附于教授开展科研工作。从数量上看，教授与学术雇员的比例约为 13∶87，如果不计初级教授，教授占大学教师的比例会更低。与法、英、美等国相比，德国的教授职位所占比例是最少的，“僧多粥少”的问题始终存在。

图 3-2 展示的是德国大学教授的传统晋升路径。德国大学中没有“副教授”一说，科研接班人要晋升到教授职位，其必要条件之一是在博士论文之后，有额外的科研成果来获取教授资格，即通过教授资格论文考试，或者说出版一本教授资格论文，或者是几篇代表性的论文组成的论文集，也称“第二本书”。该论文的题目必须是博士论文未研究过的，规模也要大于博士论文。此为学术职业晋升的德国特色，它为德国大学选拔出“以学术为业”的精英。这种特色是德国的高等教育体系在相当长的历史时期内在世界上独树一帜的重要原因之一。晋升到教授的路径也被称为科研接班人的资格之路。在德国统一前后，还有约 25% 的学术雇员有终身职位，但目前有终身职位的学术雇员已经下降到 17% 左右。因此，科研接班人的晋升之路基本上为“博士毕业—学术雇员（博士后）—教授资格论文考试—教授”。相对于其他国家而言，这一晋升路径存在诸多缺点。

第一，科研接班人的晋升路径时间太长且工作不稳定。德国硕士毕业的平均年龄在 28 岁，博士毕业平均在 32 岁，而通过教授资格论文考试平均在 40 岁，此时科研接班人几乎失去了再选择其他职业的可能性。国际比较也发现，德国教授的入职年龄偏高。如此长的资格之路，让学术职业在很大程度上失去了吸引力。

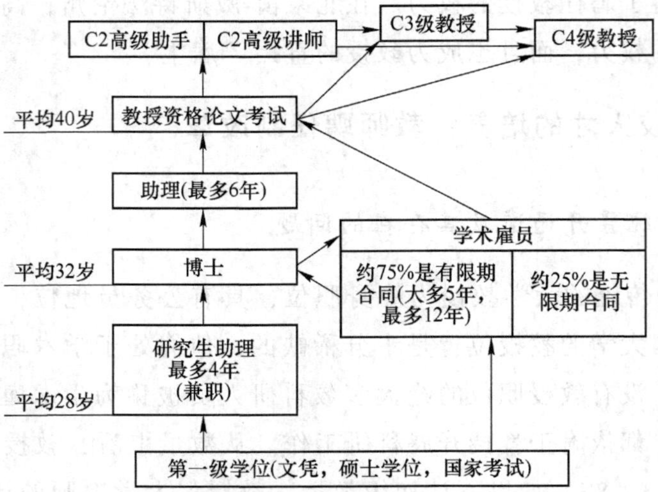

图 3-2 传统的大学教授晋升路径示意

统计显示，超过一半原先在高校工作的博士毕业后都直接离开了高校，在随后的5年中，又有1/3去其他领域工作。一项对2001年毕业博士的跟踪调查显示，只有21%在毕业10年后在高校从事教学科研工作，还有21%到产业界从事研发工作，而剩下的58%根本不从事任何科研工作。此外，与法国、英国和美国相比，德国的博士后的工作合同大多（约70%）是有期限的。《科研时间合同法》规定，合同期最多为6年，聘期结束时博士后必须到其他机构重新寻找职位，这让科研接班人的工作非常不稳定。实际上，即使是教授如果希望工资级别升级，也需要离开到其他机构申请，这也被称为“不走不升”；而博士后们的境遇更差，因为聘用合同的期限一般根据研究项目而定，通常只有1~2年。虽然这一规定是为了加强科研人员的流动性，提高科研的整体水平，但其负面影响也不可小视。尽管大学教授在德国是非常令人尊敬的职业，但过长的任职资格之路和不稳定时期，不仅降低了该职业的吸引力，对于科研人员的家庭生活安排也有负面影响，比如工作通勤问题。由于职位大多数是有期限的，科研人员必须频繁更换工作地点，导致很多人工作地离居住地过远，必须乘坐火车上班。甚至有“德国铁路一罢工，大学就难以运转”的笑谈。

第二，科研接班人聘用及培养的规范性不强。教席教授依据其研究课题以及经费情况独立决定着学术雇员的聘用。一些特定学科、知名的或者经费较多的教授，可能名下有30个甚至更多博士或博士后；而有些教授名下的学术雇员为数极少。攻读博士以及想获取教授资格的人员的录用，没有公开的考试，无需公告程序，全凭教授个人根据其课题情况决定，院系只有审查资格证书的权力。正如德国科学咨询委员会在2014年的建议中所提及的，“科研接班人很难对学术生涯的成功预期做出判断，因为获取资格的位置（即准备参加教授资格考试的学术雇员位置）和无合同期限位置并非总是公开招聘，招聘程序很多时候是不透明的”。因此在某种程度上，科研接班人的基本能力和潜力缺乏必要的检验。在学术职业吸引力下降的趋势下，有些博士并不是完全出于对学术的热爱和承诺，而是为了找到一个职位才走上学术道路的。在科研接班人的培养方面，除极少数实行结构化博士项目的学科专业外，学术雇员在攻读博士和获取教授资格的过程中，没有系统化的课程与专业培训，却经常有很多教授分配的与其课题无关的其他任务。比如，教授名下的博士数量过多，必然会把一些博士交给学术雇员（博士后）来指导，导致教授成为“老板”和“经理”。教授的本科或研究生教学任务也经常分配给其名下的学术雇员来做。一些学术雇员，既要完成教授的课题研究任务，还要同时准备教授资格论文，工作压力较大，以至于有50%准备教授资格论文者中途放弃。

第三，科研接班人的工作独立性不高。绝大多数的科研接班人都以学术雇员的身份工作。从科研的角度看，学术雇员是听从指令的研究人员，其研究选题严重依赖于招聘他们的教席教授。没有教授的同意和支持，其研究项目便不可持续。可以说，没有哪个国家像德国这样存在如此分割的学术职业分类，即教授工作高度独立，而科研接班人的工作有高度依赖性。30岁左右是科研人员个人学术能力发展的黄金时期，而此时的青年科研人员很难自主选题，因此其科研创新的可能性大大下降。从教学的角度看，学术雇员没有自主开设课程的权利，其授课完全是教授的安排。由于教学与科研之间存在紧密联系，学术雇员们很难有机会在大学课堂中向学生系统传授其研究成果和学说。可以说，现代大学制度中最宝贵的学术自由对于学术雇员来说是受到限制的。总的来说，如今学术雇员的工作独立性并没有得到极大改善，他们在学术金字塔中的地位并不比100年前德国大学中助理的地位更高。

第四，教授资格论文本身受质疑。首先，资格论文是科研接班人的个人研究成果，在当前科研活动（尤其是在理工科和社科调研项目）越来越依赖于团队合作的趋势下，教授资格论文已经不能适应这种变化。其次，教授资格论文的评定结果只有“通过”和“未通过”两个选项，不像博士论文一样有成绩等级，人们无从判断其成果的质量。最后，教授资格论文是用来证明科研接班人独立进行科研的能力（尽管资格考试中也涉及高校教学法的内容，但教学能力在资格考试中的重要性较低），但事实上博士论文已经可以证明这一点，用多年时间来准备教授资格论文的必要性受到怀疑。教授资格论文需要有指导老师，与博士生导师一样，资格论文导师一般是博士后所工作的研究所的教席讲授。因此，某种程度上教授资格论文也是一种师徒制的作坊产物。甚至有人认为，教授资格论文早已没有必要存在，“已经过时，是年老的教授统治科研接班人的一个工具”。

第五，获取教授资格之路不利于提高研究界的女性参与率。德国高校的教授中，女性只占到19.9%，在获取了教授资格的人中，女性只占到25.5%；而获取博士学位的女性比例达到44.9%，硕士毕业的女性比例则高达51.1%（2011年数据，之前的年份女性比例更低）。相对于在接受高等教育中的较高比重，女性在研究界的参与率要远低于男性。过长的获取教授资格之路让女性很难兼顾工作和家庭，影响她们的婚姻和生子，这是女性在研究界参与率低的重要缘由之一。

由于上述种种弊端，大学学术职业的吸引力正在下降，很难竞争到最优秀的人才。德国社会已经将其视为阻碍国家创新的因素。联邦政府任命的创新与研究专家咨询委员会在2014年年度报告中指出，由于大学科研职业的吸引力不足，有资格、有动机的研究者数量正在下降，医学界正在失去最优秀的人才。其他学科，比如法学，最优秀的毕业生也不再将大学教授作为有吸引力的选项。这种局面必须有所改变。

（二）青年教授制度

德国联邦教育与研究部于1999年7月召集成立了“高校公职法改革专家委员会”。该专家委员会在其2000年4月提交的一份报告中，建议在高校中设立青年教授职位，进而替代教授资格考试。报告还测算，按照当时德国高校合计约 2 万名教授的总量，依据教授和青年教授 3.33∶1 的比例，青年教授职位需要 6000 个。后来，联邦政府采纳了这份报告中的绝大部分建议，并在提交的立法草案理由中指出：传统教授晋升道路耗时过长，科研接班人缺乏自主性，教授初次任命年龄过高，教授薪水缺乏绩效刺激。建议引入青年教授职位，缩短科研接班人的教授晋升年限；同时通过薪酬体制改革，增强德国科研体制的创新能力，进而提高德国高校的国际竞争力。《高等学校框架法（修改稿）》于 2001 年 9 月 6 日在联邦议院审议通过，但是联邦参议院并未核准。即便如此，该法仍然于 2002 年 2 月 16 日由总统签发并颁布。

《高等学校框架法》第四十七条和第四十八条构造了“青年教授职位”。第四十七条“青年教授职位的设置条件”规定：设置青年教授职位，除了满足一般的公职法条件外，还要满足：（1）大学毕业；（2）具有教育资质；（3）具备科学工作的特殊能力，通常由博士论文的高水平来证明。如果州法规定在一个特定的领域还需要相应的继续培训时，承担医生、牙医和兽医任务的青年教授还应该由专业医生进行认证。第四十八条“青年教授在公职法上的地位”规定：（1）青年教授可以被任命为有期限公务员，任期 3 年；当青年教授作为高校教师时，征得其同意，在第一个任期届满之后，可以再延长 3 年；在其他情况下，可以再延长 1 年。（2）如果本法没有其他规定，青年教授适用终身制公务员的规定。（3）青年教授也可以通过订立职员关系的方式设立。

（三）薪酬制度改革

与《高等学校框架法》修订同时进行的，还有教授薪酬体制改革。2002 年 2 月 16 日，联邦议院通过了《教授薪酬改革法》。该法是一部条款法，一揽子修订了多部法律的多项条款。其中第 1 条修订了《联邦公务员工资法》关于教授工资类型的规定。过去依据德国高校的类型，将教授工资划分为 C1、C2、C3 和 C4 四个类型，然后再按照教授工作的年限，在每个类型中设立 15 个等级。此次修订，不按照高校和工龄划分，而是将教授工资划分为基本工资和绩效工资两部分。并且将 C 类型工资改造为 W 类型工资，包括 W1、W2 和 W3 教授。

W1 教授即青年教授；W2 和 W3 教授在理论上并没有实质差别，只是在工资待遇上不同。依据《教授薪酬改革法》附件，在基本工资上，教授税前月薪 3260 欧元，W2 教授为 3724 欧元，W3 教授为 4522 欧元。在后来的一个判例中，由于 W2 教授月薪太低，反而不如改革前分为 15 个等级的 C2 或 C3 教授，因而被联邦宪法法院以违反了德国《基本法》第三十三条第五款规定的“公务员制度的传统原则”，即有违于公务员职务相当的赡养原则为理由而宣告无效。后来，联邦议院在修改《联邦公务员工资法》时，以 7 年工龄为等级进行划分，在 W2 和 W3 教授中区分了 3 个等级。

每年教授的工资会根据社会经济发展水平作适时调整。依据 2017～2018 年的联邦公务员工资表，W1 教授的基本工资平均为每月 4565.5 欧元；W2 教授分为 3 级，分别为 5671.96 欧元，6005.60 欧元和 6339.26 欧元；W3 教授也分为 3 级，分别为 6339.26 欧元，6784.11 欧元和 7228.97 欧元。考虑到教授工资发放属于各州（地方）的事务，依据州的经济条件，各州的工资水平会不同，例如萨尔兰州和柏林州的工资相对较低，而巴登-符腾堡州和巴伐利亚州的工资相对较高。最高的是黑森州。2016 年，青年教授月平均工资最高的巴登-符腾堡州为 4600 欧元，最低的萨尔兰州为 4067.74 欧元。

尽管如此，与其他国家或地区比较，德国 W3 教授的平均工资与德国社会个人收入中位数比较，比值为 4.0 这一数值与英国和澳大利亚类似，但是要显著低于美国、加拿大和我国香港。见图 3-3。

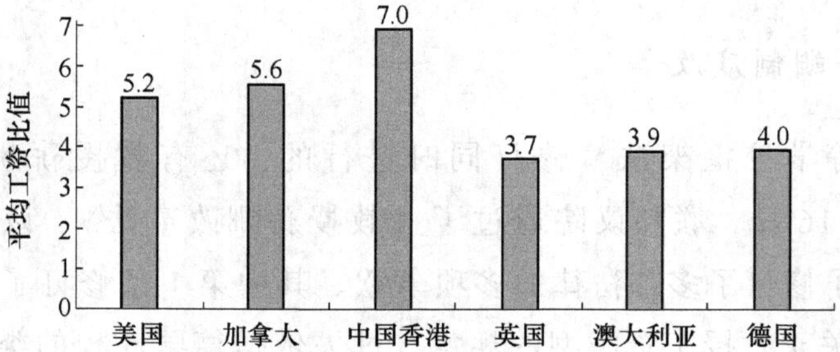

图 3-3　顶级公立高校正教授工资与社会平均工资比值

（四）青年教授制度的实施效果

联邦政府引入“青年教授职位”的初衷是让其与传统教授晋升途径竞

争，并最终废除教授资格考试。从 2002 年至今，其带来的效果如何，德国相关研究机构做了充分的实证研究。

2003 年 7 月，“青年学会” 发表了一份研究报告，报告的结论不容乐观。报告细化了联邦教育与研究部最开始的目标设想，提出了 13 个评价指标，分别是：创设 6000 个青年教授职位；废除教授资格考试；降低初次任命年龄；更多自主性；提高女性比例；高校国际化；增强博士后阶段的学术影响力；放松留校限制；中期评价清晰；减少教学和考核任务；人员竞争力；终身轨（终身制轨道教职，Tenure-track Position）；提升高校教学法等。报告认为，除了“增强博士后阶段的学术影响力”这一指标实现较好以外，其他考评指标都距达标较远。2004 年 9 月，“青年学会” 和“德国高校发展中心” 又联合发布了一份研究报告，发现已经被聘任为青年教授的科研人员普遍对未来的职业生涯感到担心，主要原因在于青年教授在通过 6 年后的聘期终期考核后，并不能自动转化为终身轨教授（终身制轨道教职，Tenure-track Position）。由于这两份报告距离青年教授职位引入的时间较近，实施效果不理想，可能与这项政策的时效有关。

2007 年 5 月，“德国高校发展中心” 发布了一份《青年教授 5 年评估报告》，研究结论要乐观许多。调查发现，超过 2/3 的受访人群对青年教授职位很满意或者较为满意；只有 9%的受访人群表示不满意。

此外，对于是否会再次选择青年教授职位作为教授晋升方式，71%表示会，17%不确定，12%选择不会。这就在总体上反映了青年教授职位实施的积极效果。

此后，在“德国高校发展中心” 和汉斯·博克勒基金会的联合资助下，哈勒·维腾贝格大学高等教育研究所的几位研究员从 2012 年开始进行一项关于青年教授的跟踪研究。2014 年的研究报告指出，青年教授职位自从 2002 年引入以来实施了 12 年，整体上通过了试验阶段。它被所有的州（地方）接受并发挥了重要的促进作用。虽然若干指标未完成，但是它在缩短教授晋升年限、提升教授性别平等、增强研究自主性和提高德国高校国际竞争力等方面存在积极影响。德国官方数据也证明，青年教授职位在 2002 年只有 102 个，到 2014 年增长到 1613 个，其中女性占 40%；2014 年，青年教授的平均年龄是 35. 2 岁，而 W2 教授是 41. 4 岁，W3 教授是 42. 4 岁。

诚然，青年教授职位的设置为德国高校发展带来了积极影响，但是它并没有取代教授资格考试。数据显示，2000年通过教授资格考试的人数为2128人，2005年为2001人，2010年为1755人，2014年为1627人。虽然在数量上，选择教授资格考试的人数呈逐年递减趋势，但是其远远大于青年教授年均增长的幅度。2014年，在德国高校晋升教授的人数中，其中W2教授占43%，W3教授占49%，而青年教授仅占8%。由此可见，要想在短期内通过青年教授职位的设置来取代教授资格考试是很难实现的。究其原因，在于联邦政府经费的资助不能持续保障，影响了青年教授在6年聘期考核通过之后转化为终身轨教授的可能。事实上，这一转化比例极低，只有约15%的青年教授以后可转化为W2或者W3教授。

青年教授向终身轨教授的转化，表面上涉及高校教师的职业生涯问题，实际上在德国语境中是一个重大的法律问题。对于青年教授而言，虽然《联邦公务员法》《联邦公务员工资法》和《联邦公务员养老金法》完善了它的身份和待遇，但这些法律并没有为青年教授未来职业生涯的稳定设定清晰的路线图，依然没有解决青年教授职位的根本性问题。2016年10月19日，德国“共同科学联席会议”签署了《促进科研接班人发展的行政协议》，提出了从2017年开始，分两轮实施“终身轨教授项目”，通过创造1000个教授职位，为科研接班人提供有计划性的和透明的职业道路。该项目总投资高达10亿欧元，一直持续到%32年。德国《研究与教学》杂志对此作了一期专门报道，认为其会对科研接班人的发展带来结构上的深远影响。2017年6月6日，联邦教育和科研部正式启动了“终身轨教授项目”。

三、从“卓越计划”到“卓越战略”：联邦政府视角下的“高校科研体制机制改革”

进入21世纪以来，德国对高校的改革是全方位的、立体的。除了高校教师聘任制改革，对高校科研体制的改革则是另一个重要的方面。正如前文所述，在2006年的联邦制改革中，德国管理高等教育的权限正式重新归于各州政府。联邦政府放弃了制定框架法的职能，此后主要负责协调高校录取和毕业、教育援助（如奖学金）和科研资助等事务。

传统上，德国高等教育遵循平等、公正的原则，因此德国大学之间通常只存在建校历史或规模大小的差异，而不区分重点与非重点。高等教育缺乏竞争机制，难以激发大学的活力，一直遭受诟病。而且，德国大学的经费预算与英美顶尖的高校相比可谓相形见绌，即使与本国的校外科研机构相比，其获得的科研经费支持也远远落后，因而导致德国大学的科研陷入了困境。以上这些问题都促使德国政府设立“卓越计划”，打造一支“日耳曼常春藤联盟”。

经过旷日持久的“拉锯战”，2016 年 6 月 16 日，在德国总理府，德国联邦政府和各联邦州政府最终就国家尖端研究卓越战略达成共识。与之配套的创新型高校计划和学术后备力量促进计划，也一并被表决通过。这使得始于 2005 年的“卓越计划”得以延续。

（一）2005 年“卓越计划”的主要内容

作为德国历史上规模最大的一项重点大学建设计划，“卓越计划”自实施以来，在德国国内与国际上都引起了广泛关注。2005~2017 年间，德国联邦政府向“卓越计划”投入了 46 亿欧元，分为一期（2005~2012 年，19 亿欧元）和二期（2012~2017 年，27 亿欧元）开展，其中，联邦政府出资 75%，各州州政府承担其余 25%的经费。“卓越计划”的遴选由德国研究基金会和德国科学人文委员会共同主持。

与多数国家世界一流大学重点建设计划仅以大学为单位进行资助的做法不同，“卓越计划”的资助领域包括三个方面：（1）博士生院，旨在提升青年后备科研人员的实力，通过结构化的博士生培养模式，帮助他们掌握专业知识、研究能力和职业发展的技能；（2）卓越研究集群，旨在发掘大学的研究潜力，扩大德国大学的科研网络与合作，从而促进大学与大学、大学与校外科研机构开展持续的科研合作；（3）高校顶尖研究的未来理念，又称“卓越大学”。以大学为单位进行资助，旨在拓展德国顶尖大学各自的强势学科，提升其国际竞争力。按照竞选规定，一所大学唯有竞争到至少 1 项“博士生院”和 1 项“卓越研究集群”的资助名额，才有资格参与“卓越大学”的竞选。上述三个方面的资助内容虽相互独立，但与大学的科研紧密相连，共同促进“卓越计划”目标的实现。

（二）实施效果评价

2015 年，在“卓越计划”第二期即将进入尾声时，德国政府委托国际评审专家委员会对“卓越计划”近 10 年来的实施情况进行综合评价，为实施下一阶段“卓越计划”的规划提出依据。2016 年 1 月，国际评审专家委员会从大学分化、大学治理、学生数量和教学质量、科研后备人才、大学在科研体系中的融合以及国际化六个方面对“卓越计划”实施前后进行了比较并形成报告（朱佳妮，2017）。

1. 为德国大学注入科研活力，提高科研论文的发表数量

从国际比较来看，“卓越计划”为德国高校注入了额外的科研经费，激发了大学的科研活力。联合国教科文组织统计研究所的数据显示，2004 年德国研发经费仅占其 GDP 的 2.5%，低于瑞典（3.6%）、芬兰（3.3%）、日本（3.1%）、美国（2.6%）等国家。然而，随着“卓越计划”以及联邦和州政府相关资助项目的陆续实施，德国近年来的研发总体投入有所加强，及时扭转了德国研发经费停滞不前、研发能力不足的颓势。自 2005 年以来，德国研发经费占 GDP 的比例持续平稳增长，2013 年接近 3%，逐步缩小了与瑞典（3.3%）、日本（3.5%）和芬兰（3.3%）等国的差距。此外，数据显示，2015 年德国联邦政府投入的研发金额为 9 亿欧元，相比 2005 年增加了 65%。同时，作为衡量大学科研能力重要标准的第三方经费，也由 2000 年占大学获得研发任务比例的 36.0%上升至 2012 年的 48.9%。

在充足的科研经费支持下，德国大学论文的发表情况也得到显著提升。从纵向论文数据来看，“卓越计划”实施前后德国大学论文发表的数量和质量均有所提高。通过文献检索发现，2003~2006 年，德国发表的科研论文为 277450 篇，而 2008~2011 年升至 337943 篇，提高了 21.8%。此外，德国高被引论文数的比例也有所提高，从 2003~2006 年的 13.4%提升至 2008~2011 年的 14.4%。从横向国际比较来看，“卓越计划”实施前后德国的论文发表数量稳定。德国的论文发表数量整体从 2003~2006 年的排名第五（6.0%）升至 2008~2011 年的第四（5.3%）。考虑到除中国以外

各国的学术论文和高被引论文的比例都有所降低，因而就学术论文的发表数量及高被引论文数量的排名而言，实施“卓越计划”后，德国保持了良好的学术论文发表势头。

2. 激发德国大学的竞争文化和机制，促进德国大学的分化

德国实行联邦制，各所大学的办学经费主要由所在的州政府提供，这一制度从一定程度上保障了各所大学都能受到平等对待。然而，均等主义从一定程度上导致德国缺乏一套切实可行的竞争机制，无法有效激发大学追求卓越的动力与积极性。“卓越计划”的实施无疑改变了这一局面。同时，随着“卓越计划”的实施及“联邦和各州高等学校协定”和“科研与创新协定”等高等教育政策的落实，德国各所大学在科研人员、科研经费和学者交流等方面确实出现了一定的分化。

第一，在科研人员力量方面，获得“卓越计划”资助的高校科研人员占德国各类高校总人数的2/3。科研人员是高校从事科学研究的重要智力保障，综合型大学中获得“卓越计划”资助的45所大学共有科研人员147924人（占65.7%），其中教授16677人（占38.0%）；未获得“卓越计划”资助的高校有学术人员41963人（占18.6%），其中教授6882人（占15.7%）；其他类型高校有学术人员35228人（占15.6%），其中教授20303人（占46.3%）。

第二，在科研经费方面，获得“卓越计划”资助的大学得到的第三方经费占德国各类高校总经费的3/4。2012年度，获得“卓越计划”资助大学的各类竞争性经费——德国研究基金会的科研经费数（占86.6%）、联邦政府的研发经费数（占73.2%）以及欧盟研发经费数（占85.7%）都占有绝对优势。

第三，在国际学者交流项目方面，获得“卓越计划”资助的大学吸引到更多国际优秀的学者。为吸引优秀人才赴德国从事科研或教学，德国在高校层面设立了多项人才交流计划，国际学者获得资助后能在德国大学中自由选择其所在领域最强大的高校从事科学研究。因此，一所大学吸引到的国际知名学者数量从一定程度上反映了其科研实力。获得“卓越计划”资助的大学通过洪堡基金会、德意志学术交流中心和欧洲研究委员会项目

吸引到国际学者人数分别为4011人（占87.7%）、28468人（占76.5%）和395人（占92.7%），远远高于未获得资助的大学或其他类型的大学。

此外，为激发高校间的竞争，“卓越计划”打破了传统世界一流大学重点建设计划“终身制”的模式，通过实施退出机制，激励德国大学保持恒久的竞争力。与其他国家类似的资助计划不同，“卓越计划”的“卓越”或“精英”头衔并非一劳永逸，即使已经冠以“卓越计划”称号或得到“博士生院”或“卓越研究集群”资助的高校，若表现不佳都会失去这一荣誉。例如，在“卓越计划”第一期中获得“卓越计划”头衔的弗赖堡大学、哥廷根大学和卡尔斯鲁厄大学在新一轮的评选中就丢失了头衔。前两所大学失利的原因是其理念的论证不能成功说服评审小组，而卡尔斯鲁厄大学则是因为未获得1项“卓越研究集群”而失去竞选的入场券。由此可见，如果大学在资助期间没有取得持续的进步或保持强大的科研活力，在下一轮竞选中仍将被淘汰，这一机制有效激发了德国大学的危机感和竞争意识。

3. 打破制度壁垒，促进高校与校外科研机构开展持续紧密的合作

德国独特的科研体系由大学、校外科研机构和企业研发部门三部分组成，三者的经费来源略有差异，在基础研究和应用研究领域的分工也各有侧重。其中，校外科研机构中规模最大的四个机构——马普学会、亥姆霍兹联合会、弗劳恩霍夫协会和莱布尼茨协会无论从研发人员的规模，还是研发经费的数量都胜出大学一筹。尽管德国大学和校外科研机构历来都有合作，但由于两者的职能与属性不同，更多时候是单打独斗，彼此间难以建立紧密的合作。早在20世纪末，一个由国际专家组成的委员会就明确指出德国科研体系存在“割裂”的现象，这种割裂显然不利于双方开展合作和协同创新，也无法有效提升德国整体的科研水平。在这一背景下，“卓越计划”要求德国大学与校外科研机构联合申请“卓越研究集群”，从制度上打破大学与校外科研机构双方合作的壁垒。

经过10年的努力，大学与校外科研机构的合作有了一定的改善。其中，双方共同发表科研论文是验证合作成果的重要形式之一。有研究者对比了“卓越计划”实施前（2003~2006年）后（2008~2011年）德国大

学与四大校外科研机构合作发表科研论文的情况。结果显示，双方合作发表科研论文的数量和高被引论文的数量占各自所在机构发表论文的比例均有所提高。

4. 世界大学排名表现显著提高，引领欧洲大学的“卓越计划”文化

实施“卓越计划”后，德国大学在世界大学排名前100名的位次有所提高，且进入前100名高校的数量有所增加。尽管美国与英国在世界大学排名的表现依然卓著，德国大学目前最好的位次也仅勉强挤入前30名，但实施“卓越计划”后，德国大学的国际排名与声誉确实得到显著提升。

“卓越计划”不仅促进了德国大学排名的提升，德国大学取得的成绩也受到了国际的关注，“卓越计划”一词成了其他国家政府对大学进行重点经费投入的代名词，引领了欧洲大学的“卓越计划”文化。例如，法国的“卓越大学计划”、西班牙的“国际卓越校院计划”、俄罗斯的“5~100计划”等针对大学层面的“卓越计划”；与此同时，针对研究团队层面，各国相继推出了“卓越中心”计划，如芬兰的“研究卓越中心”、挪威和丹麦“卓越中心”、波兰的“卓越国家研究中心”等，旨在提升各自国家高校的科研水平。

需要指出的是，在“卓越计划”实施的10年期间，德国高等教育本身历经了诸多重要的改革，如“博洛尼亚进程”的实施、联邦政府相关的高校资助政策的陆续出台，所以很难斩钉截铁地判断德国大学近年来取得的进步均归功于“卓越计划”的实施，但这些实证数据确实为我们了解这一计划实施前后德国大学科研的变化提供了一个观察的视角。

（三）2017年开始的“卓越战略”

“卓越计划”到期时，经过多次协商与讨论，联邦政府与各州政府于2016年4月22日达成一致，将在2017年“卓越计划”第二期结束后继续支持下一轮的“卓越计划”的实施。新一轮的“卓越计划”于2017年启动，改名为“卓越战略”，并公布了具体的竞选方案，将于2019年揭晓评选结果并开展资助。与前两期相比，新的“卓越战略”有所不同。见表3-1。

表 3-1 “卓越计划”与“卓越战略”比较

比较内容	卓越计划第一期	卓越计划第二期	卓越战略
资助期限	2006~2012 年	2012~2017 年	着眼于更长远的计划，未限定具体时间。理论上，“卓越研究集群”可连续申请两个为期 7 年的资助
资助领域	■博士生院 ■卓越研究集群 ■卓越大学		■卓越研究集群 ■卓越大学
资助数量	■博士生院（39 个） ■卓越研究（370 个） ■集群 ■卓越大学（9 个）	■博士生院（45 个） ■卓越研究集群（43 个） ■卓越大学（11 个）	■卓越研究集群（45~50 个） ■卓越大学（8~11 个）
资助数额	19 亿欧元	27 亿欧元	每年 5.33 亿欧元 ■“卓越大学”每年 1.48 亿欧元 ■“卓越研究集群”每年 3.85 亿欧元。其中，每个机构每年 300 万~1000 万欧元
竞选“卓越大学”的要求	必须至少获得 1 项“博士生院”和 1 项“卓越研究集群”		必须至少获得 2 项“卓越研究集群”
评价	未对各个领域做出评价规定，2015 年成立专门的国际评审专家委员会（IEKE）。该委员会于 2016 年 1 月公布了针对“卓越计划”实施 10 年后的综合评价结果		获得“卓越大学”资助的大学每 7 年接受一次独立外部评审，通过后才能继续获得资助

第一，资助领域发生变化，提高“卓越大学”的竞选门槛。首先，“卓越战略”在资助领域做出了一定的调整，保留“卓越研究集群”和“卓越大学”，但不再资助“博士生院”。“博士生院”作为结构化博士生教育的重要尝试，经过“卓越计划”前两期的持续资助，目前已经纳入了德国大学的常态化管理和资助系统，因此德国政府决定“卓越战略”不再

将其单独纳入资助领域。其次，前两期中，每所大学只要同时争取到1项"卓越研究集群"和1项"博士生院"，即具备申请竞选"卓越大学"的资格，而"卓越战略"则要求大学必须至少获得2项"卓越研究集群"的资助才能申请"卓越大学"。然而，对于一些规模相对小的大学，由于未必设有完整的学科，通常很难一次争取到2项"卓越研究集群"，这意味着一些大学尚未参与竞争就早已输在了起跑线上。

第二，尊重科学发展规律，给予对大学更长远、持续的支持。与"卓越计划"前两期明确限定5年资助时间的做法不同，"卓越战略"并没有明确限定资助期限。德国政府希望通过这一做法给予德国大学充分的自由和时间开拓科学前沿领域，促进更多基础性或重大原创性成果的产出。值得一提的是，2014年12月《基本法》的修订从法律角度使德国政府长期、稳定地资助大学成为可能，为"卓越战略"提供更加充沛的科研经费。

第三，重视中期评价，给予大学充分的时间进行改革和调整。"卓越计划"在实施前并没有明确提出对各个资助领域开展评价的具体要求，仅在2015年成立了专门的国际评审专家委员会，并于2016年1月对"卓越计划"前两期做出了整体的评价。与此不同，"卓越战略"明确提出将对获得"卓越大学"头衔的大学每7年进行一次独立的外部评审，通过后才确定是否继续进行下一轮资助，相比之前5年的时间期限，新规定给予大学更宽裕的时间进行改革和调整。

由于坚持平等的原则早已在德国高等教育的理念中根深蒂固，因而力图在大学间"制造"分化的"卓越战略"在下一轮实施中依然面临着严峻的挑战。"卓越战略"的决议刚通过不久，德国各地就有超过100名大学教师、学者联合发起了在线请愿书，抗议"卓越战略"的实施。他们认为这一计划在德国大学之间人为地造成了不均衡，对德国大学保持较高的教学水平以及在科研领域开展创新性的研究无疑是一种威胁。由此可见，"卓越战略"未来仍将面临诸多挑战。

四、启示与思考

本书对德国高校的管理体制、教师聘任制以及科研体制机制改革等方面，从高校人才的培养、使用等角度进行了一次系统的梳理。改革要立足于历史和现实，但是往往也受制于历史和现实。德国的经验可以为我国的高校科研体制机制改革提供以下几点思考。

一是科研人员的创新要求（学术压力）与职业稳定性的关系。在职业稳定性上，德国是个比较极端的例子，在“洪堡传统”里，教授享有终身公务员待遇。也正是这个德国曾引以为荣的“洪堡传统”为后续改革带来了种种障碍和问题。

在整体上，我国高校人事制度改革也经历了一个“编制与去编制”的过程。1993 年《中华人民共和国教师法》（以下简称《教师法》）和 1998 年《中华人民共和国高等教育法》（以下简称《高等教育法》）引入了教师聘任制，产生了竞争的有益效果，但也带来了科研量化管理严重、高校行政化管理突出、聘任合同法律效力不强、教师权益救济不健全等问题。20 世纪后期，在规定全面推行聘任制度，并对高校管理人员实行教育职员制度的同时，也开始“积极探索实行高校人员总量管理”，即认识到高校人才市场不应该是完全竞争的市场，教师队伍具有有限竞争、适度开放、有序流动和相对稳定的特点，在推动聘任制的同时也应保留终身制教职。在实行高校人员总量管理的原则下，如何规范聘任制与终身制的要件，规定聘任制向终身制转化的条件和程序，规范高校在职称评定中的权限，规定教师在聘任制阶段的合理待遇等都是需要进一步探索和解决的问题。

二是如何平衡追求创新（科研卓越）与重视教学、人才培养之间的关系。德国“卓越计划”实施以来受到的质疑之一就是重视科研而忽视教学。按照“卓越战略”的资助计划，原本前两期勉强涉及人才培养的“博士生院”也将不再列入新的计划，这无疑对德国大学后备科研人才的培养又是一次沉重的打击。一方面，政府投入大量的经费彰显了国家对于大学开展科研的重视；另一方面，又或多或少会引导大学教师把更多的时间投入科学研究，这不可避免地分散了一部分教师投入教学的时间和精力。随着“卓越大学”竞选门槛的抬高，各高校势必会在科学研究领域投入更多的精力去争取使其竞选的入场券，这一潜在的危机意识可能会“怠慢”教学或人才培养。“重科研、轻教学”的现象在我国大学里也普遍存在。导致这种现象的根本原因是现行的高校评价机制。对于大学而言，最大的“政绩”不是教学成绩，而是科研成绩，尤其要看得到了多少项国家级、省部级、科研课题与项目，带来了多少万甚至多少亿元的科研经费。正是在这种不合理的评价体系导致了高校科研功利化和教学荒废化的趋势。在新的时代、新的发展阶段，如何重新审视、合理借鉴洪堡的“教学与科研相统一”、做到“教学相长”，仍需很多的制度建设和优化。

三是如何处理好竞争与公平公正的关系。在 2005 年德国提出“卓越计划”的构想后，反对者批评这一计划打破了德国大学原有坚持平等的思想，人为造成少部分大学获得政府集中拨款的现象。一小部分大学与研究集群获得额外的资助，势必将打破德国大学原有的平衡，取而代之的是大学之间的进一步的分化。我国每年都有大量的政府科研项目和经费进入大学，不像德国，我们很少听到反对的声音，但这并不是说就做到了公平公正。如何引入和完善竞争机制，又如何尽量做到公平公正，也是任重而道远。

第四章

我国创新创业教育的转型升级

国内高校创业教育总体上完成了从零散走向系统的1.0版本，未来要加快由规模扩张走向质量发展的2.0版本。本章主要基于“7S模型”，提出中国创新创业教育转型升级的设想，给出转型升级的路径和举措。在创新创业教育的“7S模型”中，共同价值观是核心，发展战略是引领，组织结构是基础，制度安排是保障，管理风格是灵魂，全员参与是关键，技能培训是支撑。目前，全国创新创业典型经验高校的创新创业教育转型升级模式，主要有商学院主导型、职能部处主导型、双创学院平台型等，每种模式的转型升级路径都有共同的使命导向，是要解决好创新创业与立德树人、创业与创新、创业与就业、课堂教学和实践创新等几对关系。

第一节　我国创新创业教育发展的总结回顾

随着我国“大众创业、万众创新”战略推进，越来越多高校将深化创新创业教育改革置于学校发展的重要地位，或者是高等教育综合改革的突破口，创新创业教育正在深度融入高校人才培养体系。近年来，我国高校创新创业教育经历了从无到有、从零散走向系统的过程，可以说已取得了明显进展，但相比推进国家战略的巨大需求，我国创新创业教育发展仍显相对滞后，创新创业教育亟待转型升级。

一、我国创新创业教育的发展阶段

近年来，国内学术界对我国创新创业教育研究进行了关注。这些研究认为我国创新创业教育发端于20世纪八九十年代，可分为三个阶段或四个阶段。

梅伟惠根据高校创业教育组织模式演化，将中国创新创业教育发展分为三个阶段：酝酿期（1997~2002年）、多样化探索期（2002~2015年）和聚合期（2015年至今）。第一阶段是高校自主探索背景下高校创业教育组织变革的酝酿期。在这一阶段，我国高校创业教育以开展创业竞赛、创业讲座和模拟创业等创业实践为主，属于团委、学工部或就业指导中心推动的课外实践范畴。从总体上看，这一阶段的特点主要是在传统课外实践和教学基础上增加创业教育内容。第二阶段是教育行政部门引导下高校创业教育组织变革的多样化探索期。这一阶段既是高校创业教育从边缘性的创业实践与竞赛向人才培养方案融入的过程，也是从针对少数学生的精英教育向分层分类的全校性创业教育理念转变的过程。多样化模式包括三种模式：一是创业学院模式（如黑龙江大学于2002年成立创业教育学院、温州大学于2009年成立实体运作的创业人才培养学院、上海交通大学于2010年成立开展分层创业教育的创业学院）；二是融合专业教育模式（如浙江大学相关专业学院开展创业教育课程）；三是跨学科众创空间模式（如清华大学于2013年成立依托经济管理学院并整合14个合作院系的跨学科三创人才发现和培养的教育平台“x-lab”、同济大学于2014年成立的“创业谷”以及浙江大学于2015年成立的“元空间”等）。第三阶段是国家统一推动下高校创业教育组织变革的聚合期，这一阶段的一个重要特点是创业教育纳入高等教育人才培养全过程的发展趋势日渐明显、高校纷纷探索新的组织模式、出现大规模建立创业学院的浪潮。

王占仁认为中国创业教育发端于1988年，中国高校创业教育始于1997年，政策导向经历了从“以创业带动就业”到“大众创业、万众创新”的拓展。中国高校创业教育以1997年为起点，到目前为止经历了四个发展阶段。第一阶段是高校自发探索阶段（1997年~2002年4月），1997年清华大学开设创新与创业方向课程是重要的标志性事件。第二阶段是教育行政部门引导下的多元探索阶段（2002年4月~2010年4月），标志事件是2002年4月教育部在9所大学开展创新创业教育试点工作。第三阶段是教育行政部门指导下的全面推进阶段（2010年4月~2015年5月），在该阶段我国于2010年5月颁行《教育部关于大力推进高等学校创新创业教育和大学生自主创业工作的意见》，这是第一个推进创业教育的全局性文件；2012年8月发布《普通本科学校创业教育教学基本要求

(试行)》，旨在推动高等学校创业教育科学化、制度化、规范化建设，切实加强普通高等学校创业教育工作。第四阶段是国家统一领导下的深入推进阶段，李克强总理在2015年《政府工作报告》中指出要把“大众创业、万众创新”打造成推动中国经济继续前行的“双引擎”之一，在“双创”社会氛围下，我国先后出台了《国务院关于大力推进大众创业万众创新若干政策措施的意见》《国务院关于加快构建大众创业万众创新支撑平台的指导意见》，并于2015年5月4日发布《国务院办公厅关于深化高等学校创新创业教育改革的实施意见》，站在国家实施创新驱动发展战略的高度，从国家层面对创新创业教育进行了顶层设计，将中国高校创新创业教育推向了国家统一领导下深入推进的新阶段。在国家政策引导下，我国高校大规模建立创业学院，创业教育纳入高等教育人才培养全过程的发展趋势日渐明显，掀起了深化创新创业教育改革的浪潮。

二、我国创新创业教育发展的主要成效与不足

（一）主要成效

1. 大学生创业意愿高涨、创业比例增加

近年来，我国的“双创”教育对推进大学生创业取得了一定效果。2017年1月，中国人民大学发布我国首份《中国大学生创业报告》。报告显示，在国家“双创政策”引导下，随着社会各方对于大学生创业实践的支持力度不断加强，大学生创业意向高涨，89.8%的在校大学生曾考虑过创业，18.2%的学生有强烈的创业意向。2018年1月6日，中国人民大学发布《2017年中国大学生创业报告》显示：中国大学生的创业意愿持续高涨，近9成大学生考虑过创业，其中26%的在校大学生有强烈或较强的创业意愿，相比2016年的18%有明显提高。

2. 高校创新创业教育的时滞效应有所缓解

无论从大学毕业生初次创业年龄段众数，还是初次创业的平均年龄来看，我们都会发现创业教育的时滞效应是客观存在的。国内外的实证研究结果表明：接受创业教育到真正实行创业行为大约存在10年的时滞。近

年来，随着中国高校创新创业教育不断深入，创新创业教育的时滞效应有所缓解，高校的科研成果在有效的制度安排和政策激励下，借助孵化器、加速器及产业化基地等平台，转移转化速度不断加快，尽管还没有实证研究结果，但从越来越多的在校大学生及毕业生成功创业的实践案例中，可以看到时滞效应趋于缓解这一现象已经出现，我们“创新创业教育团队”将进一步开展后续研究。

（二）主要不足

从之前各章的分析来看，高校“双创”教育亟待破解的突出问题及短板效应包括以下几点：一是亟待破解体制机制不合理导致的“孤岛效应”，二是需要优化制度安排不匹配导致的结构失衡，三是加快提升发展模式不科学导致的运行效率，四是尽快弥补评估体系不兼容导致的标准缺憾，五是尽快缓解双创教育的区域发展不平衡问题。此外，以下三方面的问题也亟待通过深化改革来得到解决。

（1）创新创业教育生态系统建设不平衡、不充分。

根据《2017年中国大学生创业报告》，我国高校创业生态系统建设还存在不平衡和不充分的发展状况。例如，没有或者很少开设创业课程的高校比例占到了54.5%；45.7%的高校没有进行创业教育满意度调查；在进行过满意度调查的高校中，有69.6%的高校没有做过满意度跟踪调查。

（2）对创新创业教育还需要进一步深化、专业化。

创新创业教育特别是教育理念、课程设置和教学内容都还不能完全适应“双创”时代的需要。根据《2016年中国大学生创业报告》，虽然九成以上学生认为创业教育有一定的帮助，但认为帮助非常大的比例还不到20%，这说明高校的创新创业教育还要进一步深化、专业化。大学生最希望高校提供的创业扶持政策有“创业算学分”“实验设备向学生开放”“学校科研成果优先向创业学生转让”，分别占比达24%、17%和16%。

（3）创新创业教育与专业教育依然存在“两张皮”现象。

部分高校停留在为落实文件而开展创新创业教育的状态，创新创业教育与人才培养方案没有很好地融合，与专业教育“两张皮”现象仍然存在。

三、我国创新创业教育亟待转型升级

近年来，我国高校创业教育取得了明显进展，但相比推进“双创”战略的巨大需求，我国创新创业教育发展仍显相对滞后，创新创业教育亟待转型升级。

王占仁认为，从我国创新创业教育的发展阶段看，以数量增长为核心目标的初级阶段已经结束，当前正处在以组织转型为目标的中级阶段，应该加快深化改革的步伐，尽快过渡到高级阶段，实现理念置顶、和谐共存、创建生态系统的核心目标。展望未来，“面向全体”是主流趋势，形成“三位一体、特色鲜明”的教育模式，实现“课程实践化、实践课程化”是纵深发展的关键，在体制机制、师资队伍、社会资源方面构建系统化协同推进的支持体系是实现持续发展的有力保障。

《2017 年中国大学生创业报告》显示：未来有必要进一步强化高校创业生态系统环境要素的培育和发展，特别是发展大学生创业融资体系，缓解大学生创业的资金“瓶颈”约束；同时加强针对大学生创业者的创业指导，打造一个“大学生创业者友好型”的创业生态环境。

展望未来，我国高校创业教育已完成了从零散走向系统的 1.0 版本，亟待从 1.0 转型升级到 2.0 版本时代。转型升级的当务之急，就是要解决好“创新创业与立德树人、创业与创新、课堂教学和实践创新”三对关系，并形成集成优势。

综上所述，我国创新创业教育将向“全体化、系统化、集成化、精细化”方向转型升级。“全体化”，就是创新创业教育要面向全体学生；“系统化”，就是创新创业教育要围绕学生成长价值链（创新思维、创业意识、创新创业能力、创业帮扶等）进行系统设计，让“双创”教育融入学生培养全过程、贯穿于整个课程体系之中；“集成化”，就是实现“创新创业与立德树人、创业与创新、课堂教学和实践创新”三对关系的协同互动，形成集成优势；“精细化”，就是基于大学生创业者的个性化需求差异、着眼于每个学生的发展，因材施教、分层分类，同时采取更加精细化、针对性强的专业性扶持政策，培育创新创业人才。

第二节　我国创新创业教育转型升级总体思路

中国特色社会主义进入新时代，新时代呼唤原创，呼唤大量具有创新创业意识、素养与能力的人才，创新创业教育既是加快建设创新型国家的战略要求，顺应创新驱动型发展的时代要求，也是深化高等教育改革的社会要求。本节基于中国创新创业教育的态势分析（Strengths，Weakresses，Opportunities，and Threats analysis，以下简称 SWOT 分析），构建转型升级总体思路的“7S 模型”，即由共同价值观（Shared Values）、发展战略（Strategy）、组织结构（Structure）、制度安排（Systems）、管理风格（Style）、全员参与（Staff）和技能培训（Skills）组成的“7S 模型”，如图 4-1 所示。

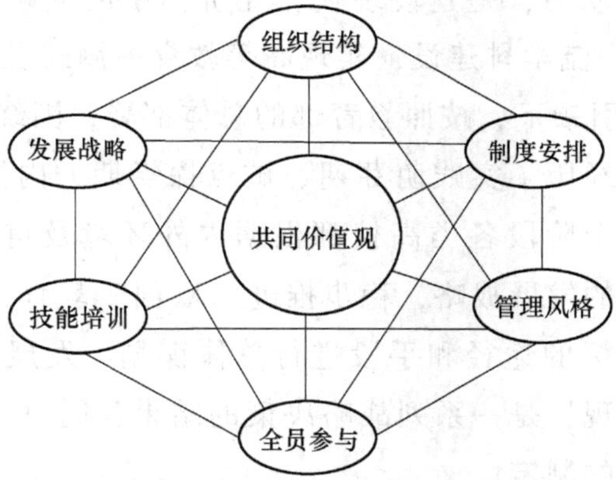

图 4-1　转型升级的总体思路的“7S 模型”

一、共同价值观是核心

共同的价值观念具有导向、约束、凝聚、激励及辐射作用，可以激发所有参与主体的热情，聚焦“双创”教育的战略目标而共同努力，这就需要高校在战略实施阶段，要通过各种手段进行宣传，使所有成员都能够理解它、掌握它，并用它来指导具体的行动。

围绕创新创业教育的目标定位，高校要以“创新、协调、绿色、开放、共享”五大发展理念为指导，立足高校创新创业教育现状，充分发挥高校智力资源优势，以创新发展激发创新创业活力、以协调发展优化人才培养结构、以绿色发展引领双创教育方向、以开放发展拓展双创教育资源、以共享发展促进双创教育公平，构建共同的价值观。

二、发展战略是引领

国家战略引领高等教育的发展方向，例如，党的十五大提出“科教兴国战略”后，教育部推出“面向21世纪教育振兴行动计划”；党的十七大提出“提高自主创新能力，建设创新型国家”和“促进以创业带动就业”的发展战略后，教育部大力推进高校创新创业教育和大学生自主创业；党的十八大提出“实施创新驱动发展战略”后，教育部要求全国高校全面实施创新创业教育工作，国务院办公厅也印发了《关于深化高等学校创新创业教育改革的实施意见》；党的十九大提出“加快建设创新型国家，创新是引领发展的第一动力，是建设现代化经济体系的战略支撑”，并提出要“加快一流大学和一流学科建设，实现高等教育内涵式发展”。

在国家战略的引领下，按照教育部的总体部署，围绕高校的功能定位，创新创业教育先后经历了实践萌芽期、试点探索期、内涵拓展期及全面发展期几个阶段，每个阶段各类高校都根据内外环境及可取得资源的情况，制定与学校相匹配的发展战略，稳步推进“双创”教育，对“双创”教育发展目标、达到目标的途径和手段进行总体谋划。发展战略既是“双创”教育思想的集中体现，是一系列战略决策的结果，同时又引领“双创”教育规划和行动计划的制定。

三、组织结构是基础

战略需要健全的组织结构来保证实施，组织结构是组织目标、协同、人员、职位、相互关系、信息等组织要素的有效排列组合方式，它是组织结构和组织机制赖以生存的基础。高校要将双创教育的目标任务分解到职位，再把职位综合到部门，由众多的部门组成垂直的权力系统和水平分工协作系统的一个有机的整体，组织结构是为战略实施服务的，不同的战略需要不同的组织结构与之对应，组织结构必须与战略相协调。目前的组织结构类型有以下几种。

（一）商学院主导型

上海财经大学以“商学院主导型”为模式，深化创新创业教育改革。

1. 加强创新创业顶层设计

成立创业学院，设立创新创业教育工作推动领导小组、创新创业教学指导委员会、创业学院顾问委员会。领导小组由校党政负责人以及多个职能部门共同参与，推动创新创业教育工作开展。

2. 探索创新创业培养模式

将创业型人才培养纳入本科人才培养总体方案，明确培养目标是提高学生创新意识，增加创业技能，培养具有财经特色的企业家人才。建立与创新创业人才个性化培养相适应的教学管理体制，目前已实行 3～6 年弹性学制并建立学分积累与转换制度。整合校内外资源组建创业学院，使之成为创新人才培养核心载体。建立校外创新创业服务平台，与虹口区人民政府合作建立社区创业学院与创业咖啡馆，为创业者提供多样化的服务。在企业设立创业实践基地，发挥学院的科研力量以及企业的实战经验，为学生提供资金支持和服务。

（二）职能部处联动型

北京大学、清华大学、北京交通大学、吉林大学等高校，创新创业教育的组织结构采取职能部处联动型。以北京大学为例，把创新创业教育纳入“一把手工程”，成立由校长担任组长的北京大学创新创业教育工作领导小组。根据创新创业教育工作需要，成立由相关职能部门、院系和科技园参加的各专项工作小组，具体统筹推进相关专项工作。召开年度创新创业工作会议，校领导和各部门、院系负责人参加，由教务长办公室召集，相关部门或院系承办；形成教学主管部门牵头，各相关单位联动配合、协调发展的创新创业教育工作机制，统筹开展全校学生创新创业教育工作。各院系成立创新创业工作领导小组，院长（系主任）任组长，主管教学副院长（副系主任）和学生工作副书记任副组长，把学生创新创业教育纳入院系工作日程。

（三）双创学院平台型

目前，全国多所高校如天津大学、上海大学、大连理工大学等成立了创新创业学院，专门开展创新创业教育。

天津大学成立宣怀学院，实行理事会领导下的院长负责制，不断探索创新创业教育模式，以技术创新和创业实践为手段，致力于培养创新创业型人才。

上海大学通过成立创新创业学院，通识教育、专业教育和创新创业教育一体两翼培养模式初步形成，其中通识教育强调塑造学生的品格和心性；专业教育侧重教授学生知识和技能；创新创业教育着重培养学生的创新精神、创业意识和能力。

大连理工大学建立了一个以创新创业学院为平台的创新创业基地，其中有13个以学部（院）级创新创业实践分基地，1个大学科技园、3个大学生创业园，30余个校外实践教育基地。

四、制度安排是保障

双创教育战略的实施需要完善的制度作为保证，而实际上各项制度又是战略思想、战略意图的具体体现。在战略实施过程中，应制定与战略思想、战略意图相一致的制度体系，要防止制度不配套、不协调，更要避免背离战略的制度出现。

（一）南京大学的“三三制”人才培养体系

南京大学教务处处长指出，为了持续推进创新创业教育，学校通过“三三制”人才培养体系的制度安排，在“创新能力”和“跨界能力”培养方式上做出变革。

培养“创新能力”，高校必须破除专业教育与创新创业教育“两张皮”现象，大力推进专业教育与创新创业教育深度融合，为培养学生奇思妙想厚植基础。南京大学为提高“创新能力”，构筑“批判性思维训练体系”，分年级教学：低年级学生以新生导学课和研讨课为主，辅以通识教育课，培养学生学术旨趣；高年级学生则以学科前沿课和本硕贯通课为主，培养学生敢于质疑、善于质疑的精神。

培养“跨界能力”，高校要顺应学科交叉和产业跨界趋势，为培养学生“跨界能力”搭建跨学科人才培养平台。南京大学为此构筑“三层次”交叉复合人才培养体系：第一层次是“本科生跨学科学术研修计划”，让不同专业学生在导师指导下进行跨学科探究；第二层次是组建跨学科教学团队，联合开设交叉领域新课程；第三层次是建立全新交叉课程群，发展新交叉专业方向。南京大学“三三制”人才培养体系中还率先设置“就业创业类”人才培养路径，结合国家级双创示范基地建设，进一步构建“课程、讲堂、训练、竞赛、成果孵化”五位一体、“创新、创意、创造、创业”四创融合、“校校、校地、校企”三个协同为标志的“五四三”创新创业教育体系，为国家创新驱动发展战略和地方经济结构转型升级提供有力的智力支持和人才保障。

（二）北京大学的“部门联动型”制度保障

学校创新创业教育工作领导小组整合各部门和院系资源，以专业机构、专职人员、专用经费和专属场地对学生创新创业教育实行全程指导、持续支持和一站式服务。在北京大学主页设立“创新创业就业”一级目录链接，组织编写大学生创新创业年度报告，推出“北大创业”官方微信平台，健全持续化信息服务制度，为学生实时提供国家政策、市场动向等信息，做好创业项目对接、知识产权交易等服务。

学校把创新创业教育相关情况列入教学质量年度报告和毕业生就业质量年度报告，对外公布并接受社会监督。学校将根据本实施方案要求，把创新创业教育和人才培养质量作为衡量院系发展和办学水平、考核院系领导班子的重要指标，检查和督促各单位落实情况，并逐步纳入年度考核内容，稳步推进全校创新创业教育工作。

五、管理风格是灵魂

管理风格是管理者受其组织文化及管理哲学影响所表现出来的作风、格调、行为模式等。为了更好地整合课堂内外、校内外“双创”教育资源，“双创”教育的实施主体往往会采取开放、协同的“双创”教育模式。

如图 4-2 所示，温州大学通过构建创业实践四级孵化机制，建立了高校创业教育的温州模式。如图 4-3 所示，温州大学构建基于人才培养价值链的视角，构建分层分类的创新创业教育体系。

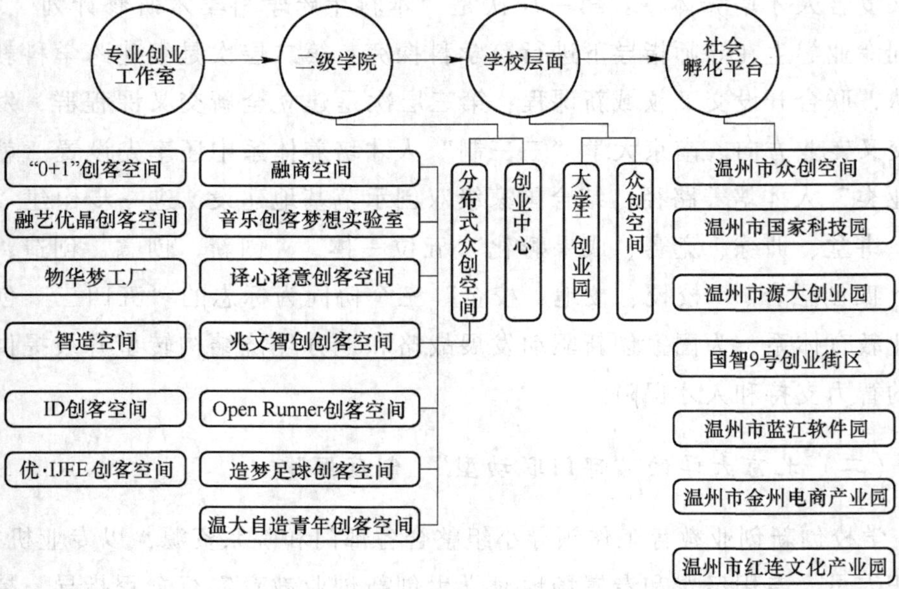

图 4-2 温州大学开放、协同的双创教育模式

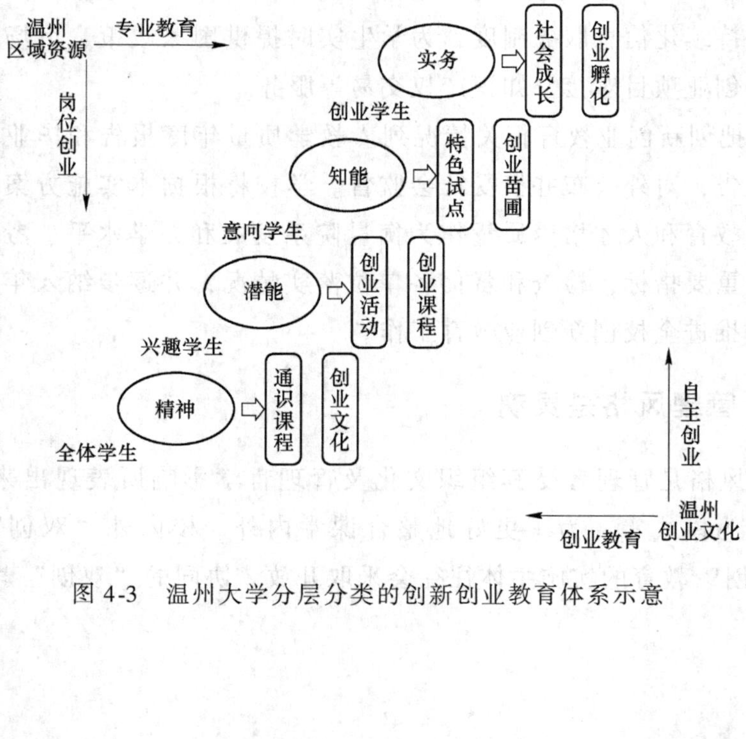

图 4-3 温州大学分层分类的创新创业教育体系示意

六、全员参与是关键

“双创”教育战略实施需要充分的人力准备，其成败不仅取决于有无合适的人员去实施，更为关键的是需要全员参与。

以上海大学的“五全育人”理念与模式为例：上海大学围绕解决好为谁培养人、培养什么样的人、怎样培养人这几个根本问题，坚持立德树人，扎根中国大地办大学，不断提升人才培养质量。近年来，上海大学建立了以学分制、选课制、短学期制为核心的特色鲜明的人才培养模式，初步形成了以培养全面发展、终身发展的创新型人才为核心的人才培养体系，赢得了国内外良好的办学声誉。同时，学校不断加大人才培养改革创新的力度，先后在大类招生与通识教育、研究生联合培养等方面开展了有益探索，人才培养模式探索持续推进、人才培养资源保障体系持续完善、人才培养体制机制改革有序开展，人才培养成效显著。

大连东软信息学院构建了保障全员参与的创新创业教育管理与运行机制（见图 4-4），通过独立创建的创新创业学院管理平台，部门联动的高效运行机制，以及自下而上、由内而外的模式，以及激励性制度安排，为全员参与创新创业教育保驾护航。

七、技能培训是支撑

“双创”教育战略实施需要师生员工掌握一定的技能，这有赖于严格、系统、科学的技能培训。技能培训需要“内外兼修”，即课内课程体系与课外双创平台齐头并进、彼此联动。一方面，在课程体系方面，坚持技术技能教育与创新创业教育相结合、构建动态进阶的创新创业课程体系，将创新创业能力培养贯穿于人才培养全过程、渗透到教育教学的各个环节，突出培养学生的创新创业精神、实践能力。另一方面，在课外平台方面，通过双创孵化通道、创新创业园等提供技能培训平台。

吉林农业大学实施“1+N”双园驱动战略（见图 4-5），采用构建“6+6”网状平台的改革实践教育模式。温州大学则通过构建多维系统的创业人才培养合作机制（见图 4-6），从技能培训维度，有效支撑“双创”教育战略的实施。

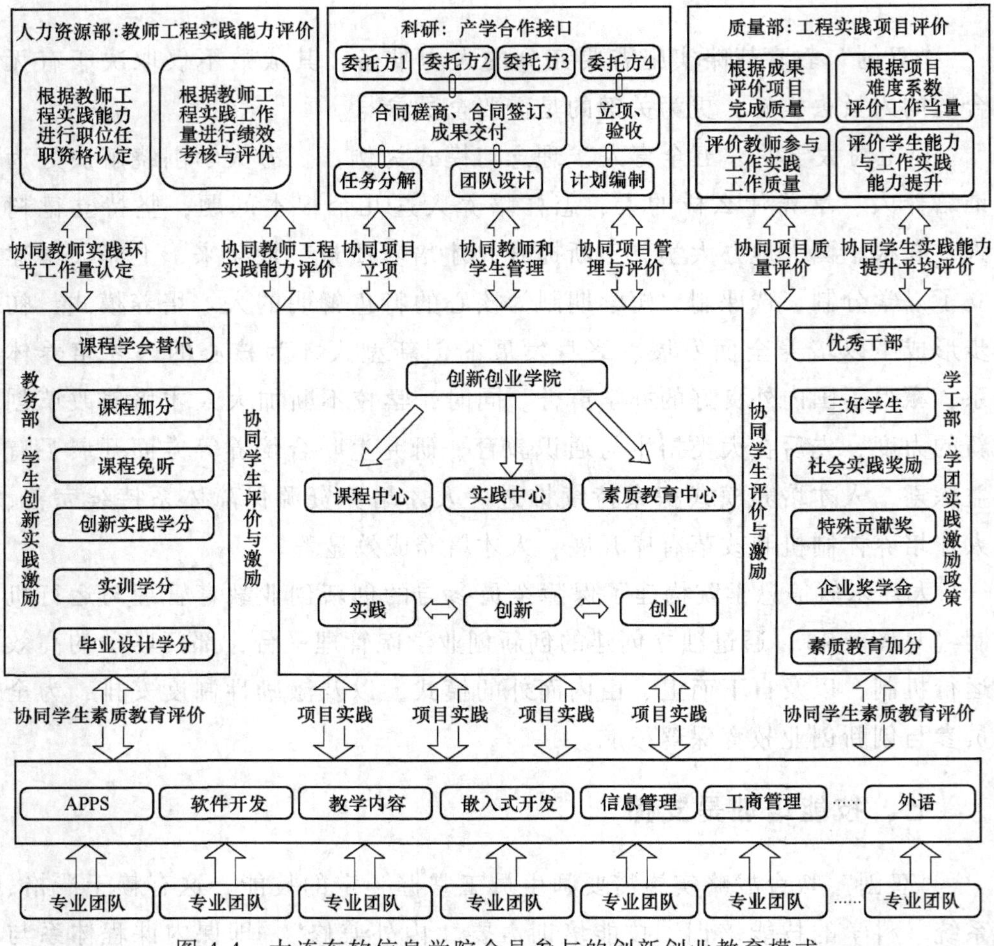

图 4-4 大连东软信息学院全员参与的创新创业教育模式

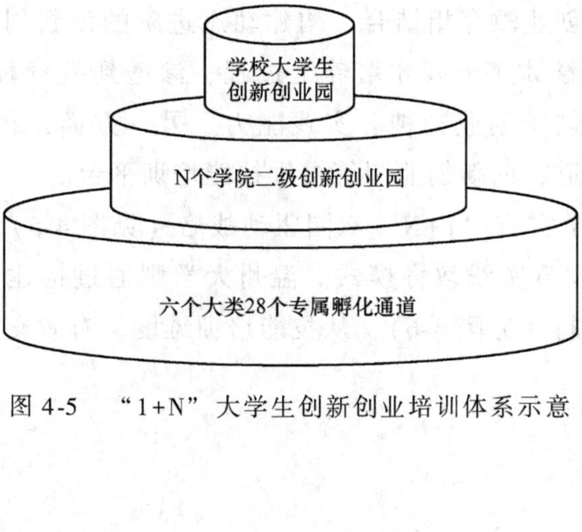

图 4-5 “1+N”大学生创新创业培训体系示意

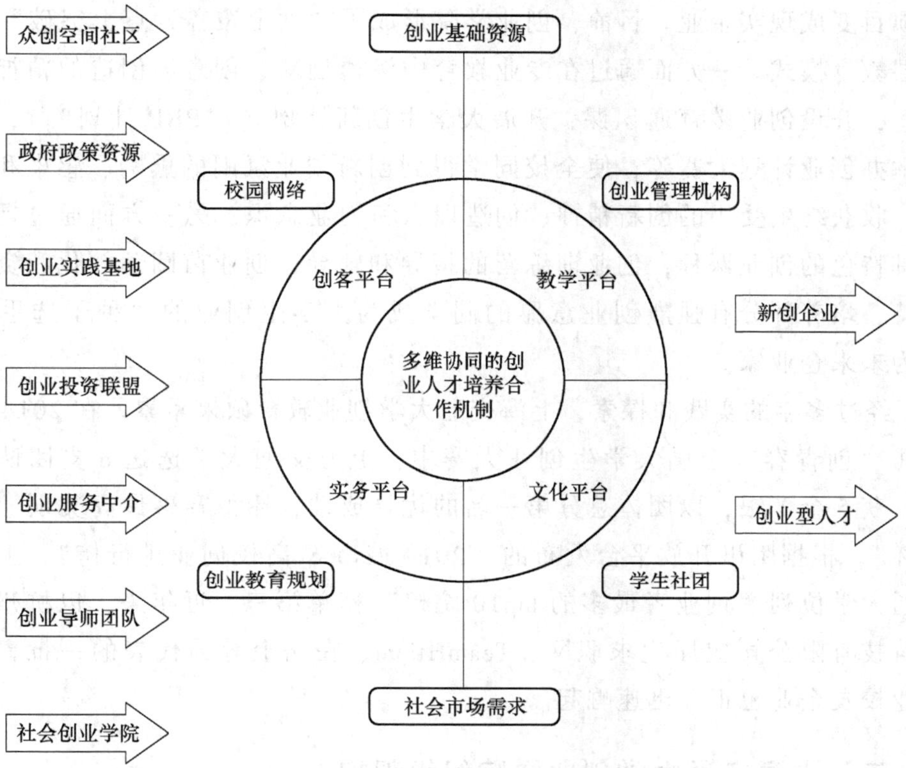

图 4-6　多维系统的创业人才培养合作机制示意

第三节　“双创”学院平台型的创新创业教育模式

“双创”学院平台型的创新创业教育的典型案例是上海交通大学。2010 年 6 月 12 日，上海交通大学在全国高校中率先成立创业学院。创业学院这一创新平台，既代表着上海交通大学对创业教育的独到理解，也是学校进一步推进创新人才培养的主动思考和积极作为。

一、上海交通大学创业学院简介

上海交通大学创业学院定位是一所高起点、高水平、精品化、重实践的学院。创业学院平台实现创业意向同学、创业导师团和风险投资家等群体的有效集聚，推动更多有潜力的大学生成为未来企业家，更多大学生创业项目变成现实企业。目前，创业学院形成了“面上覆盖、点上突破”的分层教育模式。一方面通过在专业教育中渗透创新、创意、创造的精神和理念，开设创业教育通识课，开展大学生创新计划（“PRP 计划”），持续举办创业计划大赛等，使全校同学得到创新创业氛围的熏陶、感染和洗礼，收获终生受用的创新精神、创造理念和创业意识；另一方面通过提供独具特色的创业课程，创业训练营的指导和辅导，创业苗圃预孵化和资金支持，培养部分有强烈创业意愿的同学成为大学生创业的“种子选手”，成为未来企业家。

经过多年的实践和探索，上海交通大学创业教育硕果累累。在 2014 年首届“创青春”全国大学生创业大赛中，上海交通大学选送 6 支团队参赛，获 5 金 1 银，以团体总分第一名的优异成绩，捧得赛事最高奖项“冠军杯”。根据腾讯开放平台发布的“2014 城市 & 高校创业排行榜”，上海交通大学位列“创业者最多的 top10 院校”榜单第三。近年来，以杭州触宝科技有限公司应届生求职网、TeamHticm、在路上等为代表的一批青年创业校友企业也正在迅速崛起。

二、上海交通大学创业学院组织架构

创业学院具有“无形学院、有形运作”的特色，充分发挥了组织优势和平台作用，实现了校内外资源的高效整合。学院班子配备规格高，从而在全校形成了齐抓共管的有利格局；创业学院下设“教务办”“实践办”“对外交流办”“科研办”“行政办”五个实体办公室，共有 21 位专兼职人员参与相关工作。

三、上海交通大学创业学院教育体系

（一）创业学院创新创业课程

创业学院已建立了较为完整的创新创业课程体系。主要课程包括：“创新与创业大讲堂”“创新思维与现代设计”“设计创新的艺术”“图形创意设计”“哲学智慧与创新思维”“艺术、媒介与创造性思维”“神话与创意”“工程技术探究”“工程实践与科技创新”“商业模式设计与创新”“创业领导力”“风险资本与创业”等。

（二）创新创业实践

创新创业实践平台包括：上海交通大学燧石星火创业训练营、新创企业见习实习、大学生创业训练计划、工学院毕业设计等。

四、孵化器和加速器

（一）上海交通大学全球创新创业实验室

上海交通大学全球创新创业实验室是激发学生创新、创意思维并助力其转化为实际创业项目，培养国际一流创新创业人才培养基地。

全球创新创业实验室为创业团队提供孵化场地、展示平台、讨论场所、模拟创业、创业诊断咨询等全方位服务；通过项目发布、创业辅导等活动，实现创业意愿师生、创业校友、创业导师、天使投资、风险投资等的有效聚集。

全球创新创业实验室定期举办创业训练营、创业项目路演，经常举办创业沙龙、电梯演讲和各种创业创新文化活动。浓厚的创意、创新、创业氛围，是创业团队开展活动和交流的最佳场所。

（二）“零号湾”全球创新创业集聚区

由上海交通大学、闵行区人民政府和上海地产（集团）有限公司共建的“零号湾”位于闵行沧源科技园。三方以“改善创业环境，促进大众创业；优化创新环境，促进万众创新”为宗旨，充分发挥智力、科技、人才、信息和平台、资源、资本的集聚优势，培育和孵化科技型创业企业；通过搭建完整的创业服务平台和培育成长生态体系，吸引和凝聚国内外高校在校师生、校友以及社会各界人士落户创业；通过多方合作，以全球视野搭建一流创业孵化和科技成果转化平台，助力上海建设成为具有全球影响力的科技创新中心。

第四节 商学院主导型的创新创业教育模式

商学院主导型的创新创业教育模式典型案例是上海财经大学。上海财经大学是商科特色与优势明显的高校，“商学院主导型”是其创新创业教育模式的典型特征，建立了具有鲜明财经特色的创新创业教育体系。

一、以培养卓越财经人才为特色定位

上海财经大学将创新创业教育融入财经卓越人才培养全过程。立足校情，把创新精神、创业意识和创业能力的培养纳入学校卓越财经人才培养目标，贯穿通识教育和专业教育全过程，形成具有财经特色的创新创业教育。

二、依托国际工商管理学院打造创新创业平台

上海财经大学依托国际工商管理学院，联合团委等有关部门成立创业学院，负责全校创业型人才培养。依托创业学院，协同校内外相关部门和优势资源，打造高起点、精品化的创新创业平台。发挥创客空间的功能，努力打造成学校创新创业教育的孵化基地和放飞梦想的创客之家；创建全校创新创业项目路演平台，成为学生交流创新创业经验和成果的竞技舞台；扩大《创业评论》的宣传渠道，努力建设成为连接全国创业教育者、创业投资者和创业者交流分享的创业媒体平台；推进上海市高校创新创业实验基地建设，筹建全球创新创业实验室，积极打造创意、创新和创业软件教学平台；创建全国（财经类院校）创业学院院长论坛，努力打造成高校创业教育改革的智库平台；成立创新创业服务和培训中心，开展专项创业技能和创新思维培训。

三、开发商科特色明显的创新创业课程体系

在课程建设方面，将会计、财务等专业内容有机融合于创新创业类课程，同时将创新创业教育贯穿通识教育和专业教育全过程，引入在线课程、翻转课堂等理念，以在线课程的形式面向学生授课。目前已形成本科

生创业型人才培养模块课程、本科生通识教育创新创业模块课程、研究生创新创业课程、工商管理硕士（Master of Business Administration，简称MBA）创新创业课程和创新创业实验课程的“五位一体”课程体系。与美国加州大学伯克利分校哈斯商学院合作开设“设计思维与创新实践”选修课；与剑桥大学合作推出中小企业创业模块选修课。依托实验室建设实验课程教学体系，包括“企业资源计划沙盘模拟”“创业实验”等多门创新创业实验课程。在教材建设方面，自主编写了《创业学》《创业管理》《商业模式创新》等教材；组织校内外师资共同编写并出版《创新创业教育蓝皮书》等系列论丛。

四、推进创业管理学科建设

上海财经大学充分发挥工商管理学科优势，推进创业管理学科建设，为创业型人才培养提供有力支撑。启动创业管理方向硕士、博士点的论证和建设工作。发挥中国工商管理案例中心的作用，以创业案例推动创业创新教育和管理实践。进一步扩大创新创业研究中心影响，引培结合，努力建设成为国内外有影响力的研究平台和“大众创业、万众创新”的新型智库。

第五节　职能部处联动型的创新创业教育模式

要培养具有开创意识、创新能力、创业精神的创新创业人才，必须将理论教育与实践训练相结合，将创新能力培养与创业实践活动开展相结合，将学校整合与社会推动相结合，形成个人兴趣导向、学校积极扶持、社会共同参与的“系统化、全链条”创新创业教育模式。职能部处联动有利于打造“系统化、全链条”创新创业教育模式，这一方面的典型案例是北京大学、浙江大学。

一、北京大学的创新创业教育模式

（一）北京大学创新创业教育改革的思路

北京大学的创新创业教育紧扣学校的核心使命和发展目标，找到制约创新人才培养的瓶颈问题和深层次矛盾，厘清其内在联系，树立科学的创新创业教育理念，并将其贯穿于人才培养的全过程。具体包括以下四点：

第一，以培养学生的人文精神与审美修养、创新能力与企业家精神等核心内涵的课程改革为切入点，促进通识教育、专业教育与创新创业教育的有机融合，促进学科交叉，促进思想理论、科学前沿和未来技术的创新。

第二，以厘清创新创业教育本质规律与大学使命的契合为关键点，探索建立具有北京大学特色、植根于北京大学精神传统的创新创业教育的内生机制。

第三，以制约创新创业教育科学发展的体制机制改革为突破点，整合校内外各方资源，调整各相关部门和院系的利益关系，破除高校管理行政化的积弊，打通创新教育和创业服务的生态链。

第四，以调动创新创业参与主体的主观能动性为生长点，尊重创新创业参与师生的利益诉求，积极营造创新创业氛围，发扬北大思想自由，兼容并包的传统，激发蕴藏在师生中的创造潜力。

（二）构建和完善多样化创新人才培养体系

（1）制定实施各专业类教学标准，将创新精神、创业意识和创新创业能力纳入评价人才培养质量的重要指标。推进人才培养与社会需求间的协同匹配，充分发挥北大学科体系完备、师资力量雄厚的优势，进一步完善包含学科大类培养、元培模式培养、拔尖创新人才培养、跨学科人才培养、辅修/双学位培养、医学生培养等综合构成的多样性、个性化人才培养模式，为创新创业人才成长提供良好环境和机制。

（2）加强基础，尊重选择，构建创新人才培养体系，坚持以创新人才培养机制改革为核心，以人才培养模式改革与教学体系建设为基础，发挥学校综合学科优势，在本科学习阶段注重打好基础、激发兴趣、培养学生独立思考与创新精神，逐步构建北京大学多样化的创新人才培养体系，为学生的个性化培养与未来发展提供更多的选择与广阔的空间。

（3）开展交叉学科建设，培养跨学科创新人才。借助北京大学多学科的综合优势，积极开展交叉学科创新人才培养，通过各个学科不同研究视角、不同思维方法的相互碰撞，强化学生突破思维定式的创新意识和跨学科整合创新行为。在现有建设基础上，筹建“整合科学”“数据科学”“认知科学”等跨学科专业。进一步完善辅修和双学位制度，鼓励和吸引学生根据兴趣和需要自由选择辅修专业，鼓励学生跨校跨专业选课，为学生的知识体系架构与综合能力培养提供更多的选择与发展空间，促进跨学科创新人才培养。

（三）加强课程体系建设，充分激发学生潜能与创造力

1. 促进通识教育与专业教育的有机融合

加强通识教育选修课的建设，培养学生正确的价值观；强调阅读原典、深入研讨，培养学生的独立思考和批判能力；美育与科学教育并重，推动创意创新文化建设，提高学生创意创新素质，将通识教育理念深入到学生认知与价值层面。目前开设的通识教育选修课核心课程有四大类：中国文明及其传统、西方文明及其传统、现代社会及其问题、人文艺术与自然。

2. 促进专业教育与创新创业教育的有机融合

调整专业课程设置，挖掘和充实各类专业课程的创新创业教育资源，在传授专业知识过程中融入创新创业教育。加强行业前沿和创新创业类课程建设，在现有的“社会企业家精神培养实验”等创新创业实践类课程的基础上，进一步建设广泛涵盖、依次递进、有机衔接的创新创业教育课程群。

光华管理学院创新创业中心开设的本科创新创业双学位课程有：“人力资源管理”“会计学”“创业与创新实践”“互联网与商业模式创新”“管理学”“创业管理”“创业企业成长”“创新管理”“综合商业计划书竞赛”“互联网与商业模式创新”“可持续创业”等。

MBA创新创业方向，相关课程有：“创业管理”“创业机会识别与分析”“创业计划与实战”“创业企业成长与发展”“中小企业管理”“创业领导力”“创业投资”“可持续创业”“电子商务”“综合商业计划书”。

北京大学软件与微电子学院举办了创新创业培训班，核心课程有：“互联网金融”“大学生创业准备”“企业融资实务”“Decision Making”

"Problem Framing and Leadership""创新创业与领导力"等。

3. 推进课程互通和共享

优化课程资源配置模式，逐步实现本科生、研究生课程互通，逐步实现院系课程资源全校共享。充分发挥东西部高校课程联盟的共享优势和慕课等新型教育手段的技术优势，积极推进与兄弟院校的优质课程共享，牵头建设一批具有引领示范作用的创新创业教育共享课程，如"创新工程实践"等。探索建立在线开放课程学习认证和学分认定制度。

北京大学第一本创业教材《北大十五堂创业课》，2016 年 10 月 9 日在第八届北京大学企业家论坛——中国创业者 2016 峰会上发布，教材集结了厉以宁、吴志攀、黄怒波、俞敏洪等 15 位学界、业界专业人士多年的研究成果及创业实战经验，从"大师谈""实战经营""管理精研""创业之路"四个维度为创业者亲授秘要，指点迷津。

二、浙江大学的创新创业教育模式

浙江大学的创新创业教育立足"求是、创新"校训，始终坚持开放、开环、开源的理念，以深化科教融合与实践育人为特色，将创新教育与专业教育紧密融合，以科技成果转化为依托，实现高校知识创新、技术创新和产品创新一体化，特别强调"以技术创新为基础的创业行为"，通过制度保障、文化熏陶、平台搭建和格局打造等多视角形成合力，全面提升大学生创新创业教育工作。

（一）强化基础性、带动性的创新创业制度保障

强化创业教育的组织领导。成立由校长担任组长的学生创新创业教育工作领导小组，建立以创新创业学院为枢纽，部门、院系紧密合作的协同教育体系，加强了对全链条、立体式的学生创业教育的组织领导。

提供政策保障支持。陆续出台《浙江大学关于全面服务创新驱动发展战略的实施意见》《浙江大学关于实施创新驱动促进成果转化的若干意见》《浙江大学育成大学生创新创业基金管理办法》等文件，为师生创业与科技成果转化提供政策保障。

抓好课堂创新教育教学环节。目前，共开设创新创业教育课程150余门，在通识教育中设置创新创业类课程学分，成立“蒲公英”青年创业学院和“创新与创业管理强化班”辅修专业，构建“学员制”的全过程教育体系，逐步建立弹性学制、创新创业课程学分转换和学分替代制度。

（二）营造鲜明的、引导性的创新创业校园文化

1. 以赛促教，举办各类型、多层次的创新创业比赛

自1997年至今，共举办十届“蒲公英”大学生创业大赛，累计共有1300余支团队、10000余名同学参与，孵化出300多支创新创业团队。组织培育优秀项目参加全国“挑战杯”“创青春”“互联网+”等创新创业赛事。通过竞赛孵化，培育了一批创新创业领军人才，创造了“个推”“快的打车”“蘑菇街”等国内知名品牌。

2. 以社团活动为载体，激发创新意识

成立学生科协、未来企业家俱乐部等60多个学生科技类和创新实践类社团，全年共举办400余场创新创业活动，传播创新创业知识，营造创新创业氛围。

3. 以科研训练为载体，培育创新精神

积极推行本科生“长时间实习计划”、研究生“探究性实验”、博士生“四至六周实习实践计划”，系统推进大学生科研训练计划、大学生素质训练计划以及省创、国创等科研训练项目，合计立项8000余项。

（三）搭建多元化、支撑性的创新创业实战平台

1. 搭建开放多元的创新创业训练平台

依托重点实验室和学科资源，建设多学科集成融合的创新创业教育训练平台，培育学生创新精神、创新意识和创业能力；面向研究生强化“聚智引资”，在校内外建立一批开放性创新创业实践基地。

2. 建立师生高科技科研成果转化对接平台

建设浙江大学紫金众创小镇、浙江大学科技创业实验园等创新创业基地，围绕培育高新技术企业，实现科研成果的转化对接。

3. 设立创新创业基金资助平台

累计设立各类创新创业奖学金20余项700余万元，建立浙江大学良渚育成创业孵化基地，形成1000万元的创业孵化基金和1000平方米的创业孵化场地，举办“资本相亲会”等活动，达成投资意向上亿元。

(四) 打造全球化、国际性的创新创业发展格局

浙江大学深化全球战略布局，实施一系列提升学校国际竞争力的重大举措，深化与世界顶尖大学、学术机构和国际组织的战略合作，搭建高端国际合作平台，构建完善国际化产学研合作网络，加快推进国际化进程。目前已经与海外诸多学校联合设立创新创业联盟、创新创业论坛、创新创业人才培养项目。与斯坦福大学、隆德大学、硅谷孵化器联合成立“浙江大学硅谷创业实验室”；会同新加坡管理大学等发起举办亚洲青年创新创业峰会；每年选拔优秀学生创业团队骨干到美国硅谷、加州大学洛杉矶分校商科中心等开展创新创业交流。浙江大学多方探索，以致力于推动创新创业教育的国际融合与发展，培养具有国际视野和跨文化背景的高级创新创业管理人才。

第五章

高校创新创业教育实践与案例分析

创新创业教育最重要的环节是实践案例教学，本章从课程与实践、团队与项目等方面，提供了高校创新创业教育实践案例。“创业管理”课程案例，提供了以“微创业”为特色的深度实践教学改革案例，应用“行动学习法”和“翻转课堂”方法，实施了学生全覆盖的实践教学模式。“创学汇”大学生创业团队冲突管理案例，基于冲突管理二维模型及冲突管理流程，剖析了大学生创业团队冲突的原因及改进对策，为大学生创业团队的冲突提供了解决方案。“未来合伙人”计划项目以共享价值为核心，联动创业教育的五个课堂的界面思维，形成嵌入式创业生态教育系统，为高校创业实验室与创业生态构建提供了解决方案。

第一节　未来合伙人计划：创业实验室与创业生态构建

一、呼之欲出的中国创业教育生态

构建高校创业教育生态一直被认为是创业教育改革的方向，尽管如此，真正构建创业教育生态的高校并不多，其中的原因大多是高校创业教育生态的主体多，难以协调和归拢。所谓创业教育生态，有的学者将其定义为：在创业教育实施过程中，以高校为主导，以政府和社会为辅助支撑，通过资金流动、实践对接、技术转移及文化建设等方面的相互作用，使得人才、信息、资金等“能量”在高校、政府和社会之间相互循环流动。

究竟该如何协调多方资源形成正向循环和自运行的“能量交换”以及与之对应的知识、资金和信息流，西方学术界和业界多有研究和实践。如美国考夫曼基金会主席卡尔·施拉姆（C J Schramm）先生在《创业力》中提出的创业方盒理论认为：创业型企业、传统企业、高等院校和政府部门彼此开展有效合作，共同构成创业生态系统；又如，百森商学院提出的三螺旋理论认为，相对独立的大学、产业、政府三方在创新过程中相互作用、密切合作，螺旋式咬合在一起，共同构成创业生态系统；郑刚、郭艳婷以斯坦福大学为例，对世界一流大学的创业教育生态系统进行分析，提出一种创业精神通过学科组织和院系、非营利组织、人文艺术等多种创新方式渗透到斯坦福大学的整个体制。

基于创业教育生态构建创业实验室一直也是我国各界呼吁的创业教育模式，然而，究竟如何在中国转型背景下构建创业生态却不太明朗。较为宏观层面的研究，如苏晓华、陈云君、王科发现我国的强制性创业教育制度变迁过程中一直以来缺乏系统的观念，并主张我国创业教育的发展应该以强制性变迁为引导、诱致性变迁为主体；张金兴通过六个不同方向的创业典型提出高校应不断丰富和改善创业教育内容，积极建设具有校本特色的创业教育人才培养模式。这些研究更多仍然是停留在“应该”而不是“如何”构建创业教育生态系统。

较为微观层面的研究，如丁三青提出大学生创业计划竞赛要走出功利化的误区；解构人才的“被格式化”是创新人才培养理念；打破“以赛代学”模式，构建创业教育“立交桥”；王晓红指出，高校创业教育应着重搞好“四个结合”，即与职业生涯规划指导、教学改革、心理健康教育、增强教师自我效能感相结合；郭万牛提出了政府、高校、学生、社会、企业“五位一体”的新型创业教育体系。这些研究为构建高校创业教育模块提供了借鉴意义，但是，如何将这些模块协同起来整合资源却仍然未知。

实际操作中，许多高校紧扣创业生态系统构建的资源要素，尤其是资金，以期撬动其他资源进入。如北京大学学生创新创业成长计划为学生设立200万元的专项资金，用于支持正在创业和将要创业的学生群体，同时成立由企业界校友全额支持的校友创业天使基金，初期募集资金5700余万元，海淀区和中关村政府还配备2000万元。高校创业教育生态构建的试错过程，为确定创业教育模块和模块之间的联动提供了实证依据，但是仍然很少见到创业教育生态系统的实践描述。

综上所述，作为高校创业教育模式实施的核心，高校创业生态系统已经在行动方向上得到了国内外学术界和实践人士的高度认同。然而，对于如何构建高校创业教育生态，则更多的是以“应该”和结果描述，少有“如何”和过程研究，尤其缺少中国大转型背景下的实践案例研究。

二、探索与迭代：构建嵌入式创业生态教育系统

（一）V1.0 创业人才分类培养模式（2011 年）

以高校为核心搭建高校创业教育生态，并不需要完全重构高校教育系统。相反，高校本身已经存在大量的创业教育可激活和连贯的模块，只不过要将这些模块整合到一个相互联动的生态系统当中，本身就是一个艰难的创业过程。2011~2017 年，上海大学悉尼工商学院开展创业教育模式探索，以五个课堂的互动为途径，以发现问题和解决问题为动力，依次经历了四个模式迭代，经历了“要素思维—生态思维—界面思维”三个不同的思维阶段，找出了创业生态“商科学院—技术类院校—转型企业”教学、科研和服务社会三位一体的模式。其中，浸泡式课内外一体化学习模式如图 5-1 所示。

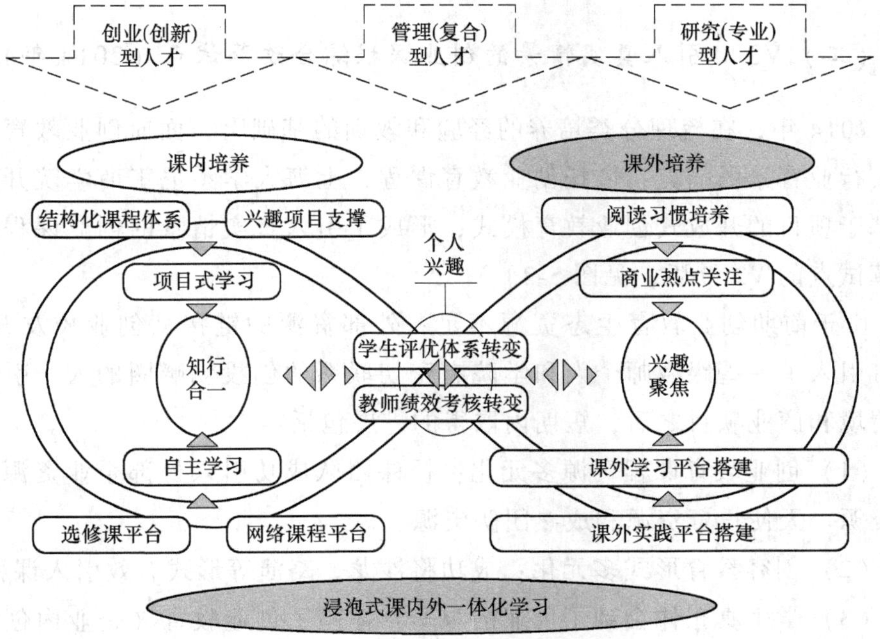

图 5-1　浸泡式课内外一体化学习模式示意

创业教育初尝试源自朴素的想法——因材施教，不同的学生性格特点、兴趣爱好和未来发展的定位大相径庭，分成创新创业型、管理复合型和学术研究型三大类之后，学生在课堂上依然按照统一方式授课，课后按照双向选择确定导师后进入三类不同的项目。以导师确定的项目为核心，学生虽然也能慢慢进入项目式培养模式，但是问题也十分明显：

首先，单一的“学生—老师”互动模式，导致学生的视野不够开阔。学生在初期可以先选 2~3 个导师感受项目和导师差异，此后专注于一个项目。导师和学生关系固定之后，双方的归属感更强，但是也无形中排斥了学生和其他老师之间深度的互动关系；导师和项目形成项目的基础，学生的视野停留在学校，缺乏外部实践的学生仍然没有办法深刻体会到真实创业带来的心理感受，闭门造车式的方式下学生和导师很可能会陷入自娱自乐的境地。

其次，师资来源过于单一，同时带来了师资不足的问题。简单依靠理论导师指导学生，学生多老师少，师资捉襟见肘。相对封闭的模式还导致资源单一，学生除了获得校园资源以外，其他资源的获得，只能依靠自发自觉，而不是靠创业教育系统设计和安排。

（二）V2.0 引入真实情景的创业课程综合改革试点（2014 年）

2014 年，在梳理分类培养的经验和教训的基础上，面向创业教育缺乏真实行业背景的痛点，依托创业教育课程，上海大学悉尼工商学院开始探索基于项目的开放式创业教育模式，形成了引入真实情景的创业课程综合改革试点的 V2.0 版，见图 5-2。

由于前期创业教育生态资源不足，外部资源的链接从创业校友开始，连带引入了一些跟教师个人和学院有密切联系的创投创孵圈的人。引入真实情境和商业项目之后，短期内取得的进展包括：

（1）创业教育课程资源多元化：授课团队成功引入外部企业资源、行业资源、天使投资资源和成熟团队资源。

（2）创客教育形式多元化：成功将沙龙、路演等形式有效引入课程。

（3）学生真正体会到了创业的艰辛：体验了创业教育（企业内创业和企业外创业）的过程。

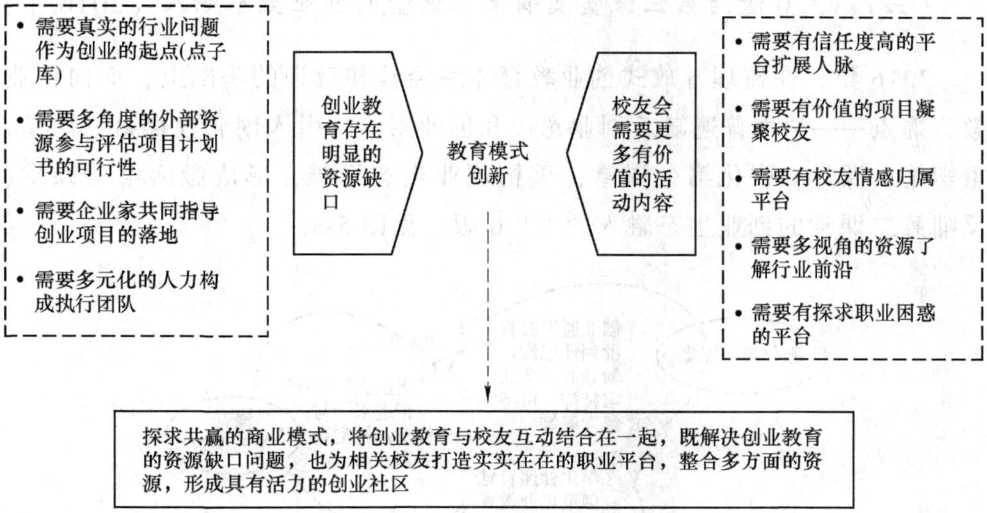

图 5-2　V2.0 引入真实情景的创业课程综合改革试点（2014 年）

（4）凝聚了创业项目的雏形：形成了若干受企业欢迎的“点子”“方案”“商业计划书”和项目。

课程变革的过程十分艰辛，由于早期探索不宜大张旗鼓，所有的资源协调都在小范围内进行，所有的活动安排也没有惊动大量的老师参与。尽管其中的协调和努力耗费了大量的精力，创业教育课程也确实是为学生竭尽全力链接资源。但是，学生的商业项目千差万别，所需要的资源不可能在前期准备妥当，寻找资源的过程对老师和学生都是很大的挑战，即便资源链接完成也无法短期内深度整合到项目里。基于项目的开放式创业教育模式探索遇到了不少问题：

（1）课程压力问题：课程压力大、要求高、节奏强、竞争多，对学生的意志提出了前所未有的挑战。

（2）课程体系兼容性问题：改革后的课程体系与现有体系之间不尽相同，课程资源的协调和管理成本很高。

（3）学生认同度问题：学生需求侧对于创业教育的理念和认同度不足，很难形成在创业意识和创业精神上的共鸣。

（4）可持续性问题：项目和团队在课程结束后持续进行的寥寥无几。

（三）V3.0 激活第三课堂反哺第二课堂的创业生态融入（2016 年）

2016 年，在梳理开放式创业教育体系经验和教训的基础上，面向创业教育痛点——学生普遍缺乏创业意识和创业素养，引入创业教育第三课堂，重塑第二课堂，强化第一课堂，重构创业生态思维，形成激活第三课堂、反哺第二课堂的创业生态融入的 V3.0 版，见图 5-3。

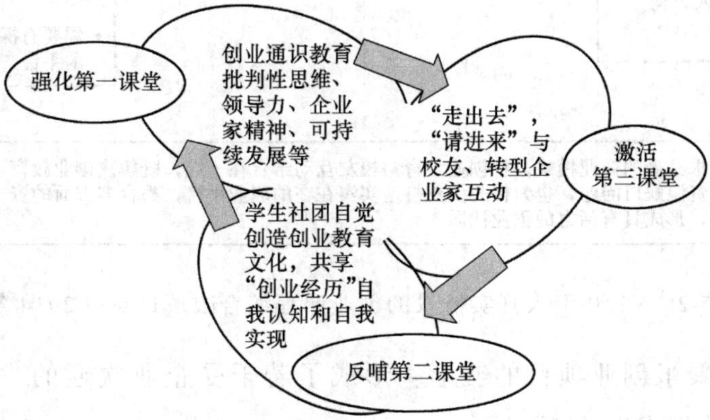

图 5-3　V3.0 激活第三课堂、反哺第二课堂的创业生态融入（2016 年）

（1）引入创业教育第三课堂。在公共基础实践教学和学科专业实践教学基础上，增加创新实践、自主创业实践、暑期社会实践、志愿服务实践的实践内容，让学生能够通过有质量的创业教育实习开阔视野、增强能力、增加信心，在不知不觉中增加创业教育的实践能力，从而达到提升氛围和降低抵触情绪的目的。

（2）重塑第二课堂。创业教育体系的特殊性不仅体现在第一课堂的理论讲解以及导师和学生的项目式学习上，还包括正式的创业相关类社团，这是高年级和低年级之间的学生传帮带的关键因素之一。

（3）系统化第一课堂。第一课堂的学习绝不仅仅只是几门创业课程，而是涵盖全年级和全周期的学习。反过来说，学生在低年级毫无准备的情况下，进入到高年级的创业教育课程，很容易因为压力而产生抵触情绪。因此，嵌入到商学院现有的课程体系，让学生阶梯式由易到难慢慢进入项目，并在毕业前将项目交给低年级的同学运行，实现项目和人才的全周期管理。

尽管嵌入式创业教育体系的设计已经相对成熟，学生的抵触情绪明显下降，对创业的理解明显改善，体验创业项目的积极性显著增加。但是，问题从来没有减少，这时的问题更多出现在创业生态资源不足上。

首先，尽管经过了三年多持续的生态资源积累，已经积累了创业教育实验室所需要的初步资源，大多数学生都能通过“创业教育实验室”获得最小产品阶段所需要的资源，但生态资源不深厚严重影响了项目的质量和发展潜力；其次，资源并没有在多个项目之间形成稳定的“能量”流，导致资源的协调成本高，创业教育生态从先前的非正式探测到了需要系统运作的阶段。

三、价值共创：未来合伙人生态与模块化（2017 年）

2017 年，在承接此前多年经验和教训的基础上，上海大学悉尼工商学院对几次迭代后、涵盖创业教育体系五个课堂设计的“未来合伙人计划”正式命名。联动创业教育的五个课堂的界面和模块思维，形成嵌入式创业生态教育系统，以此展开了“未来合伙人计划”及其生态系统。

创业教育实验室的五个课堂，以及围绕五个课堂形成的科研和服务社会，构成了未来合伙人计划。创业教育实验室的五个课堂，分别形成了五个模块，包括创业大赛学科导入和创业课程（第一课堂）、创业相关社团、社团联盟和沙龙（第二课堂）、创投创孵圈实习和创业者俱乐部（第二课堂和第三课堂）、翻转课堂（第四课堂）以及丝路项目与创业教育（第五课堂）。以上五个课堂高度互动，除了传统的第一课堂以外，每个课堂都采取开放的方式，通过与创业团队或企业配合带入创业教育生态系统资源，见图 5-4。

围绕创业教育实验室和生态系统搭建衍生出创业教育相关研究，借助服务科学和生态系统理论解决创业教育实验室和生态系统搭建过程中的问题，同时也贡献于创业教育生态系统构建理论；围绕早期创业者创业能力培育和创业心理陪伴，融合零距离接触创业者的行动研究法，以案例研究法为探索性研究，以实证建模为大样本验证，为深度探索创业教育和创业者的规律铺垫理论基础，反过来将理论用于实践，推动理论与实践相互促进和融合。

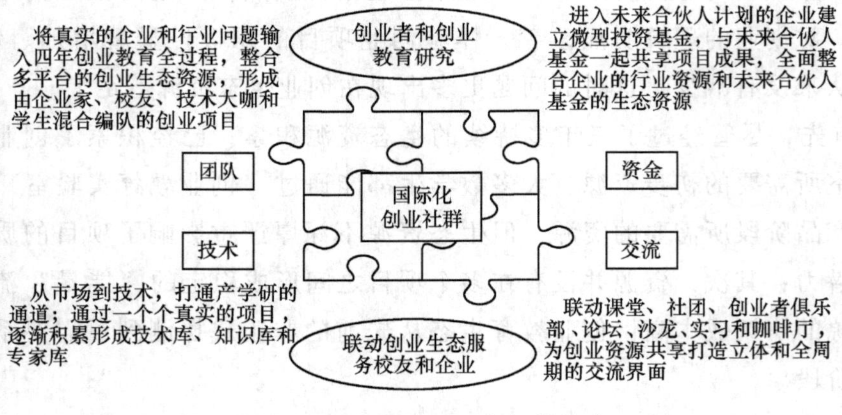

图 5-4 未来合伙人生态与模块化

未来合伙人创业教育实验室依托真实项目，创业教育生态资源构成项目的资源基础。其中，技术和团队主要依托但不限定于高校资源，种子资金和天使市场则主要依托但不限定于转型企业和园区，风险投资基金受好的项目吸引自然进入。为了更好地协调转型企业乃至创业生态系统主体的资源，高校的服务社会功能也找到了落足点。将创业生态系统延展到基于国际项目的创业教育模式，以双方高校的教学、科研和服务社会三位一体的方式融入到跨国创业生态，还能为高校更加深远的服务社会贡献力量见图 5-5。

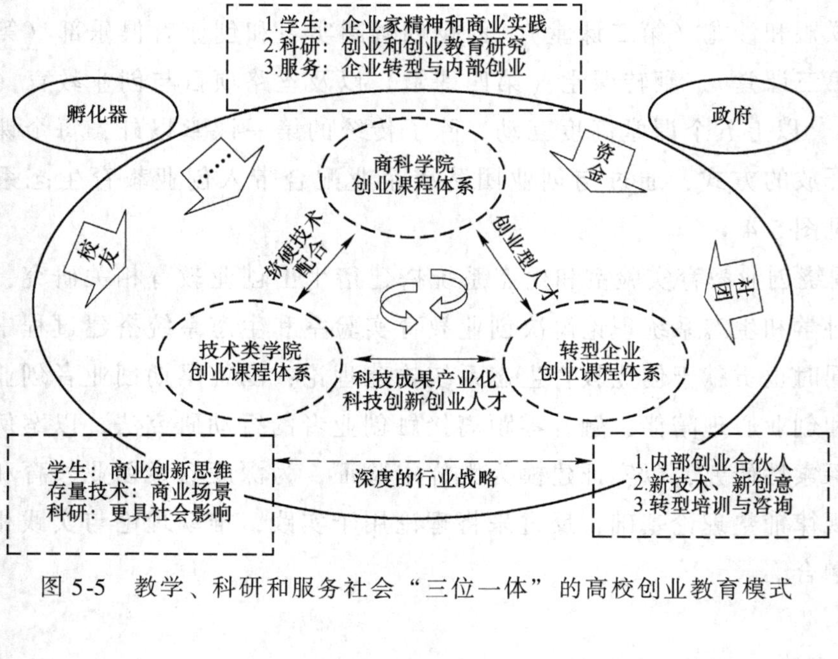

图 5-5 教学、科研和服务社会“三位一体”的高校创业教育模式

第二节　冲突管理："创学汇"大学生创业团队冲突案例

一、"创学汇"大学生创业团队创业历程介绍

（一）"创学汇" 创业团队及项目介绍

"创学汇"大学生创业团队成立于 2015 年 6 月，团队的主要创业项目是"创学汇"APP，该 APP 由团队成员自行设计并研发。"创学汇"APP 是一款致力于解决大学生在日常学习中专业课学习资源分散、难以获得的问题，并以组建各高校"学霸团"的形式为该校同学进行疑难解答的互助式学习型软件。该 APP 曾获得 2016 年全国移动互联网大赛金奖、2016 年"创青春"全国大学生创业大赛（计划类）铜奖、湖南赛区金奖等荣誉。目前，"创学汇"APP 可在搜狗软件市场和腾讯应用宝下载使用。

（二）创立之初

2015 年 6 月，A 同学打算对一款学习类 APP 进行研发，他联系了其他四名以前和他一起参加过创业比赛的同学，五个人一起组成了创业团队。其中，团队中的 B 同学是计算机学院快要毕业的学生，其他四名成员均为大二学生。此时的 APP 尚处于设计阶段，团队成员分别负责 APP 用户界面的设计、编程、资料数据的采集、线上店铺的调研和开发。刚开始，团队虽有分工，但是分工并不明确，团队成员基本都在课余时间进行项目的研究。

（三）创业团队内的核心成员离开

在项目的最初发展阶段，团队中发生过两次让人印象比较深刻的冲突。第一次冲突是由于团队成员对 APP 功能的设计意见不同。B 同学认为 APP 必须要有一个明确的功能，而包括 A 同学在内的其他四名同学，认为这款 APP 应该同时具有多个功能，以达到这些功能相互促进，共同发展的作用。他们为 APP 该具备哪些功能争论了两天。后来，除了 B 同学外的其他

四个人继续按照他们的想法设计具有多个功能的APP。B同学认为既然“道不同，就不相为谋”。另外，此时的B同学已经大学毕业，团队并没有能力支付B同学工资，随后她便退出了队伍。后来事实证明，B同学的意见非常具有建设性，同学们随后将APP功能进行了整改。

第二次冲突是因为A同学想让C同学一起帮忙设计APP的图标，但C同学一直说自己没有时间，没过两天C同学就称自己不想干了而退出了团队。这时，团队中只剩下了三个人。由于APP开发难度太大，除了A同学以外，其他同学几乎都失去了信心，团队中的其他两名同学也陆续离开了团队。随着四名核心成员的全部离去，团队中只剩下A同学一个人了，此时APP的开发研究也基本没什么进展。

（四）团队重组

2015年12月，A同学对APP的开发仍抱有希望，于是他决定重新组建团队，并打算参加学校的创业比赛。A同学找回了原来队伍中的D同学，另外还找来了几个和他参加过同一社团组织的同学，并以团队成员推荐的形式又找来了几个有意向进行创业的同学，总共9人组建了一支创业队伍。其中，团队中只有一名大二成员，其余均为大三学生，团队成员分别来自药科学院、计算机学院、设计学院、经管学院。

（五）省赛获奖

2016年3月，同学们一边进行APP的研发，一边准备学校的创业比赛，可谓任务艰巨。学校为了鼓励大学生创业，特地为大学生创业团队打造了“创业园”，提供免费的办公场所，并给出了免水电、免网费等福利，帮助大学生进行创业项目的孵化。在团队的共同努力下，“创学汇”APP项目顺利入驻了创业园，同学们有了相对独立的办公场所进行项目的研发。此时，“创学汇”APP在校内已经有一定的知名度，下载量持续升高，也有多家商铺入驻。2016年5月，“创学汇”APP项目在湖南省“创青春”大学生创业大赛（计划类）中获得了金奖，并成功进入了国赛，这使团队成员的努力都有了回报。

在这个阶段，团队内发生的主要冲突是E同学和团队成员之间的矛盾。

E同学在团队内负责财务方面的工作，但每次任务安排下去，她都不能很好地完成，这就导致原来属于她的工作都要其他同学帮忙完成。而且，平时在开会的时候，她总是心不在焉，甚至经常提早离场。团队成员私底下经常抱怨E同学的这种行为，对她颇有微词。他们认为E同学什么都没做，却和团队一起分享着荣誉，这很不公平。团队的领导者A同学发觉了这个状况后，和E同学进行了谈话，但E同学还是老样子，没有做出些许改变。久而久之，团队成员和E同学的关系就更加疏远，也习惯了忽略E同学的存在，在安排任务时会自动排除她。

除了E同学和团队成员之间的冲突之外，A同学和D同学也发生过一次冲突。A同学作为团队的负责人，平时埋头苦干，专心研究，为团队做出了许多贡献。他是一个比较倔强的人，如果是他决定的事情，就不会轻易改变。D同学是团队中的老成员，平时话不多，主要负责APP的编程，是一个较为典型的技术型人才。在一次任务分配时，A同学和D同学的意见不一致，双方发生了争执。D同学觉得A同学不尊重自己的意见，言语又伤害了她的自尊心。作为团队的老员工，她感到十分委屈，就和A同学发生了争吵，大家不欢而散。事后，A同学仔细回忆了发生争执的整个过程，发现原来是自己的问题，就赶紧打电话向D同学道歉。D同学接受了道歉，然后他们在电话中对之前的事情重新做了商讨。总之，此次冲突并没有升级，很快就解决了。

（六）合并风波

自从比赛之后，由于市场的不断开拓和任务的逐渐加重，“创学汇”队伍中又增加了两名大二的新同学，他们都是通过团队成员介绍的形式加入到队伍中的，之前无创业经验。2016年6月，湖南粤和教育有限公司旗下的一个大学生品牌想和“创学汇”APP进行合并，共同开发大学生市场。A同学及团队中的其他三名成员和该公司代表进行会面后，对对方开出的条件颇为满意，又考虑到双方有共同的市场，就决定和对方进行合作。团队中的其他成员知道这件事情之后，部分成员持反对意见，并认为A同学不和团队商量就私自决定合作事宜是不明智的。大家又为是否要合作争论了两天。几天之后，A同学和其他两名团队成员再次和粤和教育有限公司的代表见面，双方进行了细谈，最后因为之后发展方向不一致的问题，决定不与对方进行合作。

（七）新老成员交替

2016年6月，由于实习、考研和找工作，团队中的大三成员都纷纷离开队伍。团队中只剩下A同学和其余3名大二成员，A同学也由于准备考研暂时把团队交给团队中的其他人进行管理。团队重新招募成员，再次以成员推荐的形式招募了3名新成员。但是考虑到人手还是较为欠缺，为了将团队进行扩充，提高团队的知名度，团队打算以公开招募的方式网罗校园内的创业型人才。

二、案例研究分析

（一）创业团队访谈结果分析

通过对“创学汇”大学生创业团队成员进行两次访谈后，将访谈内容做了较为全面的整理，得出了以下结论：

任务冲突、关系冲突和目标冲突在“创学汇”大学生创业团队内均有发生。总的来说，该团队发生的冲突以任务冲突和目标冲突为主，团队成员有时会因为任务分配的问题以及对某件事情的观点不一致而产生冲突，但这种冲突能很快被解决，并且对提高团队的决策效率有一定的帮助。团队成员和团队的目标存在着冲突很容易导致团队成员离开团队。另外，任务冲突和关系冲突可以相互转化，“创学汇”大学生创业团队中也存在着双方因为任务冲突矛盾不断深化，最后演变为关系冲突的例子。

该团队中存在着较大的沟通方面的问题。平时，团队成员之间很少进行主动沟通。另外，新老成员之间的交流和沟通也太少，新加入的成员对于项目和分工不太熟悉，在团队中的融入度不高。这样，他们在工作的过程中很容易出现问题，增加了团队中出现冲突的可能性。

团队成员对“冲突”有较为模糊的概念，团队中的大多数人对冲突管理这一方式并不是十分了解。团队成员任务冲突具有破坏性，应该尽量避免冲突。在所有的受访者中，只有一位受访者表示对冲突管理有较为清楚的认识，并认为冲突有两面性，把冲突控制在一定程度内，有利于提高工作效率，产生新的思想，与工作有关的冲突常常能够起到积极的作用。

通过团队成员对团队领导者的评价以及团队领导者的自评，发现团队的领导者A同学并不擅长团队管理，在这方面花的心思很少。对于团队中出现的问题，他也不能在第一时间感知并解决。整个创业团队较为松散，团队凝聚力较差。在这种氛围之下，团队更容易出现冲突。

（二）“创学汇” 大学生创业团队产生冲突的原因分析

1. 核心创业者的领导行为的影响

扬登霍夫（Yanden Hooff K W）和德里德夫（DeRiddef M）的研究表明，团队领导职能的有效发挥对团队形成一种积极向上的氛围有正向的影响，还可以在较早时期遏制恶性冲突的出现，团队领导职能的有效发挥还能够对团队形成良好的互动产生正面作用，能够使得团队保持任务导向而减少情绪冲突发生的可能。团队的领导者如能正确、合理地使用管理职能，公平地分配任务，当团队出现较为严重的冲突时，作为团队的协调人，第一时间感知并使用合适的冲突管理策略进行协调，往往能减轻破坏性冲突对于团队造成的伤害。A同学作为团队的领导者，平时把大多数注意力放在APP研究上，忽视了团队的管理。对于团队内出现的冲突，他能积极地进行协调。但由于A同学是一名来自药学专业的学生，之前缺少创业管理的相关实践和学习，故他在团队管理方面较为薄弱，对冲突管理的认识也不深刻，冲突的协调效果不尽如人意。

2. 对于创业团队成员的选择较为随意

美国学者霍那代（Hornaday）通过对大量文献的研究，总结概括了如创新、承担风险、决策果断、善于与人相处、积极主动、洞察力、合作精神、有魄力和领导能力等42个创业者具备的特征。大学生创业团队在进行团队组建时，一般会选择自己所熟悉的同学、朋友加入创业团队，在团队成员的选择上较为随意，并没有系统地考虑招进来的人是否适合创业、是否具备创业者的特征、个人素质和能力是否达到要求、和创业团队是否匹配等问题。如果选择的成员和团队的匹配度较低，那么在工作的过程中就容易发生摩擦和冲突。“创学汇”大学生创业团队的新成员大多数是团队成员推荐他们所认识的朋友、同学加入到队伍中的，在成员的选择方面欠缺考虑，较为被动和随意，很少考虑招募的队员和团队之间以及和工作岗位之间的匹配性。从案例中，我们可以看到E同学和该团队以及其工作岗位的匹配度不高。另外，该团队成员的离职率较高，团队前后进行过三次重组，这些都和团队在选人方面的随意性有着莫大的联系。

3. 团队内部的沟通存在问题

有效的沟通可以让创业团队成员了解团队的使命愿景，使团队成员在战略目标上达成一致，朝着相同的方向共同努力。史蒂文·麦克沙思（Steven L McShane）和玛丽·麦克沙恩（Mary AnnVon Glinow）就曾指出，在团队中，由于研究任务的相互依赖性，需要有一个良好的沟通机制。很多时候冲突的产生可以归结为缺少有效沟通的机会、能力或者动机。罗宾斯（Stephen P Robbins）和乔斯沃德（Josward）等学者也将冲突原因笼统分为沟通差异、结构差异和人格差异三类。大学生创业团队成员间沟通的欠缺和沟通技巧的缺乏，严重影响了团队内信息的交换与传递，甚至使团队成员对信息有了错误的理解，进而使团队之间产生了矛盾和冲突。此外，沟通对于团队凝聚力的作用也不容小觑，良好的沟通可以鼓舞全体成员的士气，营造一种积极向上的创业氛围，无效的沟通会使创业团队成员士气低落，对创业成功缺乏信心以至于离开创业团队。从B、C同学离开团队，到E同学和团队成员之间的矛盾，再到后来一批大三老成员离开团队，都因团队成员之间沟通不畅、交流较少，使彼此在处事方式和目标方面有所差异。对于这种差异，团队领导者A同学也不会主动去协调和沟通，导致最后大家分道扬镳。

4. 不稳定、不规范的组织结构

大学生创业团队的成员主要由熟悉的朋友、同学等所组成，团队的组成靠相互间的人际关系维持。这种靠关系所维持的组织结构并不是一种相对正规化的组织结构，和正规化的组织结构相比，团队成员进入团队所受到的限制较少，退出团队所需要付出的代价也相对较小，组织结构松散，缺少长期的稳定性。在这样的松散组织结构下，团队成员的权力与责任没有划清界限，团队分工较为模糊，也没有清晰可循的规章制度。长此以往，由于职责不清、无章可循，团队中容易出现冲突。本案例中的“创学汇”大学生创业团队是靠同学、朋友所组建在一起的创业团队，这种松散的组织结构也使该团队遭遇了许多挑战，团队成员进出团队仅凭个人意愿，使得短短两年间该团队多次重组，甚至面临解散的危机。另外，该团队在创立之初，并没有对任务进行清晰的分工，这些都埋下了冲突的“种子”。

5. 团队内缺乏共同目标

巴勒特（P R Barrett）和巴卢翁（D B Balluon）指出，目标的一致性能够激励大学生创业群体愿意为创业共同目标的实现而付出自己的时间、精力与资源。考虑到团队成员加入创业团队的出发点不尽相同，这就需要团队中的核心成员尽量去统一内部成员的意见，以形成一个大家均能接受的可行性目标。团队的共同目标是连接整个团队的基础，是团队凝聚力的重要保障。如果团队成员的个人目标和团队目标不一致，团队中就容易发生冲突。在这里特别需要说明的是，在校大学生创业者和其他创业者相比，将面临“毕业”的挑战。这时，大学生创业者的个人目标和创业团队的目标容易发生冲突。因为许多从大一、大二、大三就开始进行创业活动的同学，可能只是把创业当成在校期间的一种尝试与体验，而并不是未来所要从事的职业。团队中的成员可能会因为考研、考公务员或就业而退出创业团队，从而导致团队的解散。这一方面在“创学汇”大学生创业团队中体现得特别明显。临近毕业，该创业团队中的多名成员因考研、找工作的原因，都选择离开团队。就连团队领导者 A 同学，也因为考研把团队暂时交给了其他人管理。

（三）大学生创业团队冲突管理的改进对策

1. 加强团队学习及创建学习型团队

大学生创业团队的成员在本质上都是学生，在有关创业知识、能力、经验方面还有欠缺。因此，成员们要善于利用空闲时间，可以利用学校开设的创业培训课程，努力学习和创业有关的专业知识，提高自己的专业技能，减少因不理解而产生的冲突。学习对于团队领导者来说尤其重要，领导职能是否有效发挥和团队冲突程度密切相关，领导者要不断学习，增强团队管理能力，既要有大局思维和全局意识，又要照顾到团队中每一位创业成员的情绪，统筹兼顾。

2. 选择合适的创业团队成员

大学生创业团队在招募团队成员时，需要进行招聘需求分析，团队规模的大小、团队中各个岗位的角色分配、所招募人员必须具备的素质、能力等都要提前考虑。在招募时要注意以下两点：首先，千万不能碍于面子，不好意思拒绝同学或者朋友推荐的但与团队不匹配的应聘者。其次，当创业团队人手不够时，不能为了凑人数而随意把自己的同学、朋友等拉进团队之中。“创学汇”团队在之后的招募中，可以重新制定招募计划，确定团队中职位空缺与该职位所需的专业技能以及应聘者未来的发展方向等。然后，在全校公布招聘信息，对对职位感兴趣的同学进行面试，再决定是否招入团队。

3. 建立行之有效的沟通机制

大学生由于在自身经历、性格特点、思维方式、风俗习惯等方面存在差异，故他们会有不同的沟通方式与表达习惯。在沟通时要避免因差异而引发的误解，造成不必要的冲突。另外，相对于他人而言，每个人都有自己所掌握的独特知识，但也有知识的局限性。团队成员要正确认识自我，对于自己不了解的，不能胡诌，以免引起误会。在创业团队中，要树立一种正确的沟通观，因误解而造成的冲突一定要解释清楚，以免引发冲突的升级。对团队领导者而言，积极鼓励团队成员之间主动进行沟通。在解决团队已发生的冲突时，领导者要注意沟通的技巧，巧妙地权衡各方面的利益。

4. 寻求第三方的帮助

当创业团队出现了事关团队“生死存亡”的问题，或是仅凭团队成员能力不能解决的冲突时，抑或是反复出现不可协调的冲突时，团队成员可以寻求“第三方”的帮助。对于大学生创业团队来说，最好的第三方就是学校的老师。为了支持和鼓励大学生的创业创新活动，学校为大学生创业团队配备了创业导师。创业导师无论是创业的知识、创业技能，还是创业经验都比学生丰富得多。经过创业导师的指导与帮助，可以较好、较快地解决团队中存在的问题与冲突。除了创业导师之外，大学生创业团队成员在遇到矛盾与冲突时，还可以咨询校园内其他发展较为成熟的创业团队，这些团队会用丰富的团队经验给予发展中的大学生创业团队解答与帮助。

5. 团队成员共同制定团队规范与团队目标

大学生创业团队要想建立团队规范与行为准则，首先，得明确团队的共同目标。共同目标可以成为团队成员的指路明灯，为大家指明共同努力的方向。当团队成员在一个有意义的共同目标下发生冲突时，冲突将产生积极的作用。另外，团队成员在为共同目标努力时，团队的凝聚力也将加强，这在一定程度上可以减少冲突的产生。其次，团队规范可以明确每一名团队成员的职责，告诉全体成员“什么能做，什么不能做”，可以较好地减少因职责不清而发生的冲突。

6. 实行全面冲突管理

（1）应该积极引导建设性冲突。建设性冲突是冲突各方在达成共同目标的过程中因途径、手段不同而产生的冲突。建设性冲突可以提高团队工作绩效，激发员工的创造力。对于这类冲突，团队领导者要积极进行引导，甚至可以用一些方法来激发冲突的发生。比如，在团队中营造一种民主的氛围，能容忍不同的想法，要鼓励团队成员勇于并且敢于提出意见。另外，在进行决策时，团队领导者要充分考虑到成员们的意见，不能凭“职权”而做出武断的决策。在对重要事项进行决策时，团队内可以通过集体投票的形式彰显队内的民主和公正。

（2）根据情境选择合适的冲突管理对策。对于团队中已出现的矛盾和冲突，首先，团队成员要引起重视，切莫让冲突像“滚雪球”一样越滚越大。其次，团队成员要学会对冲突的原因进行分析，具体问题具体分析，根据情景选择恰当的处理策略。最后，大家还要学会总结与思考，以防下一次又出现同样的问题。

(3) 实行全面冲突管理。传统的冲突管理是一种事后的管理，往往等到冲突爆发并且对团队造成一定损害时才注重对冲突的处理。罗宾斯认为冲突是一种过程。对于冲突的处理要从对冲突的认知环节开始，认清冲突的来源与本质，把握冲突的发展方向，根据诊断结果，选择合适的处理方法，并且事后重视反馈环节。如果大学生创业团队学会进行全面冲突管理，那么将掌握一种有效地解决问题的艺术。

（四）案例小结

国内外的专家学者对团队冲突进行过很多的研究。耶户（Karen A Jehu）在他的研究中把团队冲突分为关系冲突和任务冲突两大类，区分这两种冲突的关键就是看冲突来自任务本身还是来自人际关系。任务冲突是团队成员在进行决策时因任务本身而引起的分歧和摩擦；关系冲突是团队成员由于个人异质性以及人际关系方面的矛盾而产生的。陈春花、杨忠、曹洲涛等学者认为，根据冲突产生的原因的不同，可将冲突分为认知冲突、情感冲突、目标冲突、程序冲突等不同类型。本案例中所研究的“创学汇”大学生创业团队的冲突主要以关系冲突、任务冲突和目标冲突为主。本案例通过对“创学汇”大学生创业团队创业历程中产生的冲突状况研究分析发现，核心创业者领导行为的影响、对于创业团队成员的选择较为随意、团队内部的沟通存在问题，不稳定、不规范的组织结构，团队内缺乏共同目标是创学汇大学生创业团队出现冲突的主要原因。

在冲突管理的策略相关理论研究方面，综观我国国内的冲突管理理论，王琦、杜永怡、席酉民提出用和谐管理理论进行冲突管理，从分析组织所处的内外部环境出发，深入剖析组织冲突产生的动因，分离出引发冲突的物的要素和人的要素，针对物的要素和人的要素，分别在优化工具库（“谐则”）和不确定性削减工具库（“和则”）提取相应的工具，综合运用这些工具进行冲突管理，以使冲突维持在使组织绩效最大化的水平上。本案例针对大学生创业团队冲突管理的现状，提出了加强团队学习及创建学习型团队、选择合适的创业团队成员、建立行之有效的沟通机制、寻求第三方的帮助、团队成员共同制定团队规范与团队目标、实行全面冲突管理这六点建议。

第三节　“微创业”：上海大学深度实践教学改革案例

2013年起，上海大学管理学院孙继伟教授在“创业管理”课程中开创了“微创业”实践教学法，应用“行动学习法”和“翻转课堂”方法，实施了真正的、全覆盖的实践教学模式，收到了良好的效果。本节主要介绍上海大学“创业管理”课程教学改革案例。

一、微创业实践教学法的含义和意义

微创业是指投入资金少、所需时间少（周期短）、实施难度小，即“两少一小”的创业实践项目。微创业实践教学法是指高校创业类课程的教学方法，包括由微创业项目关联起来的课外项目实施和课堂教学两部分。课外项目实施部分全程由学生亲自操作，包括微创业项目的创业构思、团队分工、资金来源、产供销、盈亏结算等各环节，让学生在实际行动中学习创业精神、锻炼创业技能；课堂教学部分在行动学习和翻转课堂方法指导下，把大部分时间交给学生主导，让学生讲述微创业的阶段性计划或成果，授课老师在此基础上对每个小组（项目）进行指导，让学生的每次课外实践都比上次有进步、有创新。

微创业实践教学法既是一种深度的实践教学模式，也是高校创业类课程教学的深度改革。“深度”体现为深度参与的“三全”、深度责权配置的“三自”和深度的课后体会和收获。

“三全”是指：（1）全员。全班学生自由分组，且每人都分到小组，每组都必须实施一个微创业项目，每位组员都有明确的分工，并参与微创业项目的具体操作。（2）全程。创业构思、团队分工、产供销、人财物以及其他具体问题等全程由学生亲自策划和实践。（3）全展示。创业过程和成果以《创业日志》和《创业小结》的形式全部在线上微信公众号发布，并不是从中选优秀小组发布，而是不管好坏，全部发布，以此促进学生重视微创业项目。

“三自”是指：（1）项目选择在小组内充分讨论、头脑风暴的基础上由小组自主决策、自己解决过程中的难题；（2）小组项目所需的启动资金

由组员自筹，以往是组员平均承担所需资金，最近的一个学期加入了“微融资”，即每组都可向授课老师申请融资（比例不超过所需资金的1/3），接近实际创业融资，进一步调动了学生的积极性；（3）由组员对经营成果自负盈亏，如授课老师参与出资，则承担相应比例盈亏。

从“三全”和“三自”可以看出，微创业实践教学法是一种深度的教学改革，这种教学法在上海大学的实践中取得了良好的效果。选修课程的同学不仅从本课程中学到了创业精神和创业技能，而且很多同学在《创业小结》中提到在微创业实践中锻炼了团队合作能力、增强了克服困难的勇气、加深和巩固了理论知识。学生学习本课程后不仅对如何创业有了明确的认识，而且对未成熟企业的管理也有了进一步体会。这不仅对学生直接创业有指导作用，而且可以为学生到创业企业、未成熟企业、创业服务机构、创业投资机构等相关单位就业提供良好的背景知识和一定的实践经验，促进学生就业后“以创业的精神打工”，从而获得更好的职业发展机会。

二、微创业实践教学法的理论基础

微创业实践教学法的主要理论依据是行动学习法。行动学习法是由英国瑞文斯（Reg Revans）教授提出的一种学习和教育理论。在行动学习课程中，每个参与者都要针对一个问题，拟定行动计划，亲自操作实施，学中干、干中学，深化对知识的理解并运用于实践。雷文斯用一个公式 $L = P + Q$ 来说明行动学习法的精髓，这是指学习(L)是通过把掌握相关专业知识(P)与提出问题和解决问题的能力(Q)相结合来完成的。

微创业实践教学法的主要教学方法为“翻转课堂”教学法。翻转课堂是指重新调整课堂内外的时间，将学习的决定权从授课老师转移给学生。在这种教学模式下，课堂内的宝贵时间，学生能够更专注于基于项目的主动学习，共同研究解决课外实践中遇到的挑战以及其他实际面临的问题，从而做到对知识更深层次的理解和运用。

三、微创业实践教学法的实施要点

（一）微创业的项目选择

原则上，微创业的具体项目由组员自主决策、集体决策，在“两少一小”的前提下自主决定经营什么项目，自己分析利弊，小组成员自筹资金，承担一定的经营风险。鉴于大部分学生的实践经验不足，部分学生对“两少一小”的把握难免有失偏颇，因此在每组提出项目计划时，授课老师从所需资金、时间投入量以及项目实施难度方面进行点评，提出修改建议，对于部分实施难度太大的项目建议学员另选其他项目。这样做有助于避免学生因项目选择不当而遭遇失败，导致信心和创业热情受挫。

从上海大学“创业管理”课程往届实例来看，最受学生们青睐的是网络销售、产品代理、创意设计物品销售、二手物品回收、配合节假日或活动的销售等微创业项目。

（二）课程进程把控

授课老师用每节课的一半时间，在课堂上用案例教学的方式分析典型创业案例，并穿插必要的知识要点进行简要讲解。另一半时间让学生自主进行微创业项目的准备、阶段性调整和总结，并要求学生自行安排课外时间，实地开展微创业项目。

值得注意的是，在第一次上课时，授课老师就把微创业任务作为学期实践作业布置下去，要求学生分组亲自进行创业实战操作，并在实践的过程中撰写小组《创业日志》。之后授课老师每周向学生们了解微创业实践项目的进展情况，并进行一对一指导，提出阶段性改进和创新建议，在实践操作中进一步巩固和运用课程上所讲的知识，帮助学生认识自己在哪些方面存在不足并得到深刻启发与体会。

（三）成果评价

微创业作为“创业管理”课程的重要实践环节，是学生学习创业知识、培养创业素质的重要手段，其成绩评定需综合每个小组的微创业项目实施效果、实施过程和报告撰写三个方面，让实施效果好，实施过程准备充分，报告撰写认真、体会深刻的学生得到高分，从而从评价层面引导学生重视微创业项目。

实施效果主要以“投入资金、收入、盈利”作为主要评价指标，对于获得盈利的小组，将盈利和投入资金的比值作为横向比较的主要依据；对于经营亏损的小组，则用收入和投入资金的比值作为主要依据。

实施过程主要是综合评价项目实施过程中的持续改进和梯度创新（即每次课外实践都比上次有进步、有创新，也称“微创新”）情况，以及团队合作情况和问题解决情况等。

报告撰写的主要评价依据是《创业日志》和《创业小结》的要点提炼是否合理、实践体会是否深刻、创业素质提升是否明显，同时还适当考虑主次是否得当、行文和措辞是否合理等。

（四）成果展现和交流

课程临近结束时，授课老师安排每个组在课堂上汇报项目操作过程与成果，并引导小组之间开展经验交流和借鉴学习。

为进一步激发学生的积极性，授课老师将每个小组的《创业日志》和《创业小结》全部在线上微信公众号上发布。授课老师将微信报道分享到高校创业老师的微信群、创业校友群和企业家群里，将收集到的反馈，转达给学习“创业管理”课程的学生，以此进行校内校外互动、微创业体验者（学生）与真正创业者的互动。

四、微创业实践教学法的创新点

（一）教学理念创新

以实践为核心、以学生为中心，通过深度参与的“三全”、深度责权配置的“三自”和深度的课后体会与收获的实践教学来体现这一理念。

（二）教学内容创新

学生分组自选微创业项目、自投资金全程实战操作，授课老师每周对小组进行一对一指导，提出阶段性改进和创新建议，在实践操作中进一步巩固和运用课堂上所讲的知识；在操作过程中每组撰写《创业日志》，项目结束时每人撰写《创业小结》，在课堂上进行汇报，在自媒体上进行分享和传播。

（三）教学方法创新

把行动学习法和翻转课堂方法引入“创业管理”课程，结合微创业项目的特征，创造性应用行动学习法和翻转课堂。

（四）效果评价创新

微创业实践教学采取双向评价体系，一方面是授课老师对学生的评价，采用实施效果、实施过程和报告撰写“三分法”；另一方面是学生及社会对本项目的评价，本课程采用问卷调查的方式开展学生对课程及教师的评价，评价内容包括：课程收获、课程创新性、创业教育必要性、微创业实践教学与微融资、课堂氛围和教师授课以及社会对本项目的评价。

五、微创业实践教学法的实践成效

从 2013 年起，微创业实践教学法已在上海大学本科生“创业管理”课程实施 5 个学期（周期）。《创业日志》及《创业小结》主要发布在“问题管理”微信公众号，已积累 41 组的微创业日志和小结，形成“问题管理”《大学生创业实践系列》。从五届学生的实例来看，90%以上的小组没有亏损，而是盈利，多数小组的盈利为几百元，也有上千元的。当然盈利并不是最重要的，重要的是学生亲自体会创业的过程并取得阶段性成果，盈利虽然不重要，但盈利率较高的事实也有助于打消学生们制定实践计划时害怕亏钱的顾虑，让同学更加积极踊跃地参与到微创业实践中。

（一）创新创业及团队精神的培养

培养了创业创新精神与团队合作精神，锻炼了克服困难与解决问题的能力，巩固了课程的专业知识。学生们的创业实践面临的困难很多、很大，为了完成任务，需要不断开拓创新、解决一个又一个问题，克服一个又一个困难，也需要组员之间协调分歧、配合互补，这些身临其境、印象深刻的经历，让学生们永远铭记在心，所以这一课程在培养创业创新精神与团队合作精神，锻炼克服困难与解决问题的能力方面，效果非常显著。此外，通过亲自策划和实施，也巩固和加深了学生对创业理论和方法的理解，学生对如何创业、创业中如何进行财务预算和财务分析、如何进行团队分工与合作、如何进行融资等关键问题有了深刻的体验和明确的认识。

（二）报刊和自媒体介绍经验、推荐成果

《华东科技》2015年第6期的《争议创业教育，创业教育切忌急功近利》一文报道上海大学“创业管理”课程中应用行动学习法的做法与成果。天津财经大学2017年4月邀请系列课程负责人孙继伟作讲座，介绍微创业实践教学法的经验和操作技巧，并且已在借鉴和推广微创业实践教学法。安徽财经大学《创新创业理论与实践》2017年第2期的《以微创业为特色的〈创业管理〉课程深度实践教学法》一文详细介绍了改革后的这一教学法。往届本科生的“微创业”项目实践成果（《创业日志》及《创业小结》）已汇总成《大学生创业实践》系列文章，在“问题管理”公众号上发布，并由搜狐网转载，获取同行和社会各界人士的好评。

（三）社会各界人士给予高度评价

截至2017年上半年，微信公众号上《大学生创业实践》系列文章已有超过10000的阅读量，社会人士纷纷转发、点赞及评论。例如，中南大学教师陈明淑表示，微创业实践教学解决了高校创业课程如何把创业落到实处的问题，值得学习。广西大学范伟老师说：“我上了多年的创业管理课，孙继伟教授的微创业实践教学法对我启发很大，要学习和借鉴。”李乃崇老师说：“很欣赏这种模式的课程设计，希望孙继伟教授专门开设这种教学法的资质培训班，愿意积极报名学习。”网友孙黎博士说：“微创业实践教学法是让学生在体验后复盘，通过总结让学生相互学习，这种机制可以让学生在经验基础上进一步领会相关知识，是一种高阶学习，值得倡导。”

（四）不适合创业的同学也有收获

通过本课程的学习与实践，学生们进一步认识到自己是否适合创业，对于不适合创业的学生，使其明确步入职场后应“以创业的精神打工”，有助于学生获得更好的职业发展机会。

（五）课程实践转化为创业项目

部分学生通过课程实践项目的锻炼，课程结束后，将课上实践项目转化为后续创业项目。例如，HsinFoto摄影工作室，主要拍摄时尚广告和带个人风格的写真以及肖像；考拉旅行，针对大学生的旅行组织，倡导深入当地的小众的轻旅行，让每一颗年轻躁动的心都可以在路上；迈兹网球俱乐部，由专业运动员以及当代大学生创建，以时尚、高雅、快乐、健康为宗旨，崇尚海派文化，讲究网球礼仪，为青少年提供网球相关的技能培训训练。

第四节　平台孵化创业：中国计量大学专利牵引创新

经过多年探索，中国计量大学创新创业教育获得卓越成效，获得全球首届唯一的“ISO标准化高等教育奖”，“以专利发明为引领的大学生创新教育体系构建与实践”获得浙江省教学成果一等奖，中央电视台新闻频道、中央电视台国际频道、《光明日报》等国际、国家、省级媒体对学校以专利为牵引进行创新创业教育进行了多次重点报道。学校科技园先后被教育部、科技部、杭州市政府认定为国家大学科技园、国家级科技企业孵化器、国家级众创空间、全国高校学生科技创业实习基地等。

2017年，中国计量大学成为全国第二批“创新创业50强高校”，是当年浙江省唯一入选本科高校。根据教育部前期调查反馈数据显示，学校毕业生满意度得分为84.79分，在受调查84所省属本科院校中排名第16位；指导服务进行创业实践效果得分8.59分排名14位，学校其他各项指标均排名在14位至18位之间。2018年，中国计量大学入选首批“浙江省普通高校示范性创业学院”。

一、强化顶层设计，构建创新创业协同育人保障机制

学校高度重视创新创业工作，从顶层设计、制度建设到经费保障，全力培养学生创新精神和创业能力。

（一）顶层设计形成育人共识

学校将加强创新创业教育纳入“十三五”规划，明确提出“实施人才培养质量提升行动计划”“完善创新创业教育体系”“夯实实践育人基础”和培养大学生“创新创业精神和实践能力”，将加强创新创业教育明确列入学校未来五年的工作重点。制定了《创新创业教育改革实施方案》，在人才培养体系创新、课程体系建设、教学改革、教师队伍建设、政策扶持等各方面进行了一系列改革探索。

（二）多方协同完善管理机制

不断完善管理机制，形成创新创业育人合力。2015 年，学校成立大学生创新创业工作领导小组，由校长担任组长，分管本科教学、学生工作的校领导担任副组长，学校办公室、学生处、教务处等 12 个部门为成员单位，多方联动，共谋创新创业教育事业。

成立创业学院，由分管本科教学的副校长担任创业学院院长，教务处、学生处、研究生部、科技园分管领导担任副院长，统筹现有资源，构建创新创业教育和实践训练体系、培育创新创业项目，全面推进创新创业实践育人工作。

（三）统筹协调提供资源保障

资金保障方面，设立学生创新实践活动专项经费，每年用于学生创新实践经费超过 1000 万元，其中用于创业指导服务工作达 200 多万元。近三年，学校用于扶持大学生创业的其他经费（不包含创业指导服务工作经费）达 700 多万元。此外，学校鼓励二级学院加大对创业教育经费的投入，设立以赞助企业冠名的大学生创业基金；人员保障方面，现有创业指导专职教师队伍近 20 人，满足学校创业工作顺利开展；场地保障方面，

学校科技园现有三个园区，孵化场地面积达到2万多平方米，累计孵化企业300多家。

二、以学生为中心，完善创新创业人才培养体系

学校根据不同年级学生发展特点和创新创业教育自身规律，构建了阶梯式创新创业人才培养体系、配套以递进式课程体系、教学管理和师资队伍。

（一）以专利为牵引，建设阶梯式创新创业人才培养体系

在“从帮助学生迈出创新第一步到使创新成为一种习惯”的创新创业教育理念指导下，利用不同专利对创新能力要求的层次差异，从专利发明教育入手，系统设计了从易到难、从创新到创业的创新创业教育活动体系（见图5-6），体系贯穿大学四年并延伸至学生毕业。科技园建有专利转化办公室，帮助学生顺利转化科技成果。近年来，共转化专利68项，其中发明专利22项、实用新型专利39项、软件著作权1件。创业成功毕业生，饮水思源积极反哺学校创新创业教育，通过讲座、研讨为低中年级学生传递鲜活的创新创业案例、传播创新创业精神；为高年级学生提供创业机会和创业指导。同时，学校在经费、师资、管理等方面为学校创新创业教育体系的顺利运行提供制度保障；通过国际创新创业训练营、创客空间进校园等各类活动营造创新创业氛围，在潜移默化中提高学生创新创业意识。

（二）遵循育人规律，构建递进式创新创业教育课程体系

系统修订本科生培养方案指导意见，设立必修创新创业学分模块，构建“基础课程-竞赛指导-集中实践”递进式的课程体系（见图5-7），具体为：（1）探索混合式教学，拓展创新创业教育基础课程库。目前共有创新创业类课程39门，总计56.5学分1025学时。其中，全校性创新创业通识类课程22门，9门课程实现线上线下混合式教学。在专业平台层面，根据专业特点开设若干创业教育选修课。（2）根据学校“一专一赛”的大学生科技创新竞赛格局，开发包括《发明专利申请》在内的竞赛指导课程13门，总计29.5学分。（3）在集中实践环节，开设为期2周的“创新创业

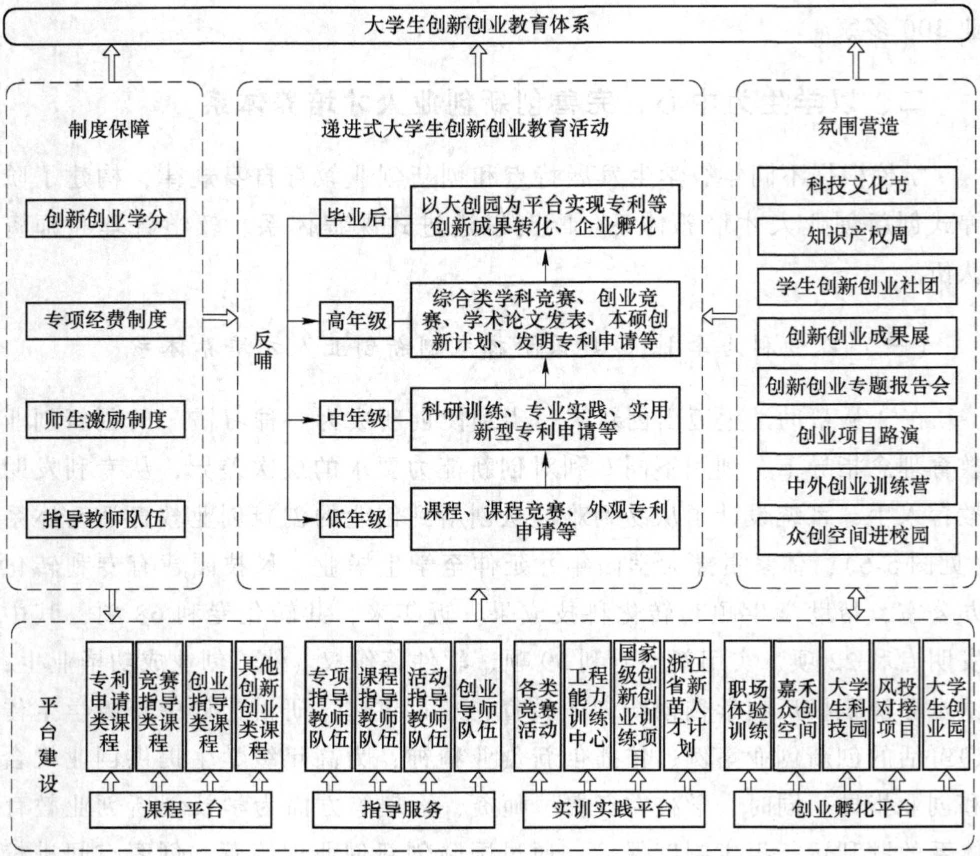

图 5-6 大学生创新创业教育体系示意

实践”周，1.5 学分。（4）组织教师编写了创新创业教材 10 本，打造学校特色创新创业教材体系。

（三）与专业教育深度融合，探索多样化创新创业人才培养机制

学校将创新创业教育与专业教育深度融合，探索创新创业人才培养新模式。包括：（1）“企业冠名班”模式：2007 年与海克斯康测量技术（青岛）有限公司合作，开办“海克斯康班”，至今共 8 届，受益学生 253 人，此合作项目入选教育部 2011 年校企合作十大推荐案例；2010 年与广州广电计量测试股份有限公司合作成立了“广电质量班”，至今共 6 届，受益学生超过 100 人；与国际知名几何量仪器生产企业——东京精密株式会社

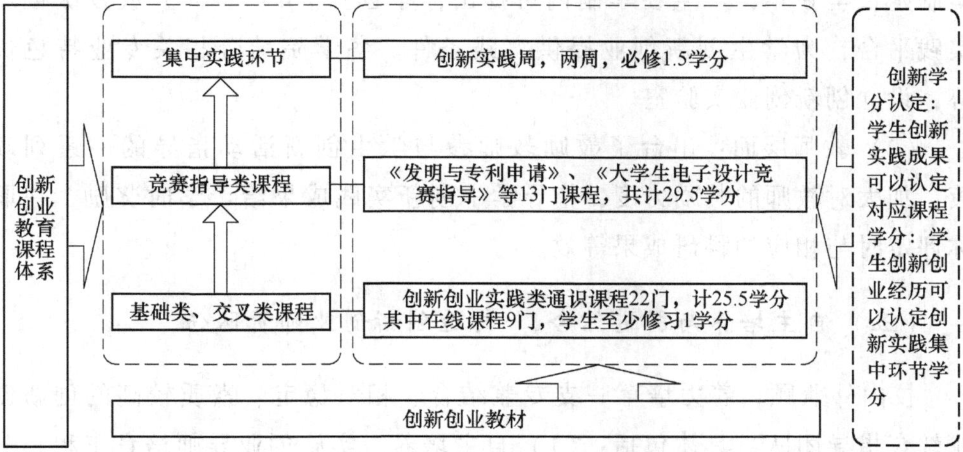

图 5-7 递进式创新创业教育课程体系示意

签订合作协议，举办 6 期培训，受益学生 400 多人。（2）“个性化”培养模式：推行“本硕创新”计划，学生提前进入硕士阶段学习模式；量新学院实行“一人一培养计划”，全面探索创新人才的全程个性化培养模式。（3）依托“竞赛”模式：以竞赛为载体培养学生创新创业能力进行了多样化探索。如工程训练中心与五大学院合作，通过“海选创班，参加竞赛，后续跟进”的方式探索了高水平电子设计创新人才培养实践；理学院以数学建模为载体探索了数学应用与创新能力培养方法等。（4）“创业实践班”模式：2015 年组建大学生跨境电商创业实践班，培养创业人才。

（四）完善教学管理，支持、规范创新创业人才培养

从教师和学生两个层面完善教学管理制度，支持学校创新创业人才培养。

（1）学生层面：1）探索灵活的创新学分认定制度：出台了《本科生创新创业实践成果认定为毕业设计（论文）的指导意见》《本科实践教学活动学分认定细则》和《本科生创新实践活动实施办法》，规定学生创新实践成果可以认定对应课程学分或毕业设计；创新创业经历可以认定创新集中实践环节学分，近三年创新学分认定课程达到 600 多门。2）设立“研究与创新”奖学金，发放研究与创新奖学金万元。3）设立弹性学制，

学制延长至6年，学生在学制内可提出休学创业。4）全面开放校级创新实践平台，为学生创新创业提供实践条件。各学院结合相关专业特色优势，设立创新创业实验室。

（2）教师层面：出台了鼓励教师参与学生创新活动指导的一系列政策，加大对教师的奖励力度，指导学生创新实践成果给予学时奖励，在职称评定时与相应的科研成果等效。

（五）自主培养与引进结合，打造创新创业师资队伍

校内外兼顾，着力培育一支专兼结合、相对稳定、素质较高的创新创业教育指导团队。具体包括：（1）自主培养。实施创业导师培育工程，分批组织教师参加创业导师培训；每年选送一定数量教师赴国内外考察学习。2016年，学校老师成功入选科技部2015年创新创业人才计划。学校大学科技园专职管理人员中，已有近10人取得科技企业孵化器从业人员证书。（2）引进结合。积极聘请知名校友、风险投资人、企业家等优秀创新创业人才来校参与创新创业讲座、创业论坛等，从中寻找、遴选、选聘创业导师。学校已签约的创业导师中，校外导师占总人数的73.3%。（3）国际合作，提升创业导师指导能力。借鉴中德大学生创业教育项目等国际创业合作项目提升学校创业导师的国际视野和指导能力。

三、坚持实践育人，努力构建大学生创新创业实践实训体系

学校长期致力于为学生搭建各类创新创业实践平台，丰富大学生创业实践载体。

（一）构建四年一贯的创新创业实践实训教学体系

根据人才培养总目标，学校逐步建成了以学生“实践和创新能力”培养为目标，以提升学生解决问题能力为基础，以“实验教学—课程设计—专业实习和实践（行业企业学习）—毕业设计（论文）”为主线，以学生课外科技活动、社会实践、社团活动等第二课堂活动为辅助的在校生实践教学体系，并将实践教学活动贯穿到学生培养的全过程见图5-8。

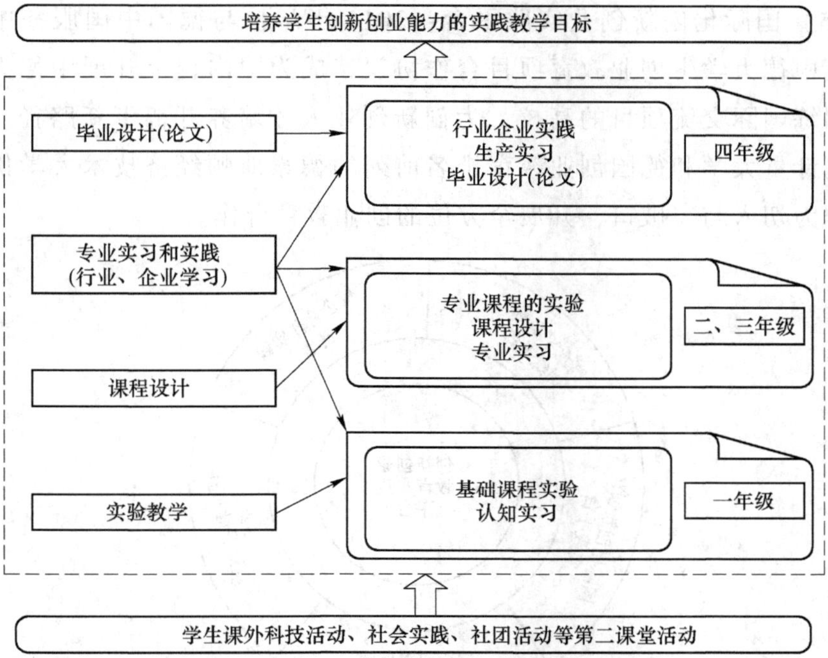

图 5-8　创新创业实践实训教学体系示意

（二）搭建集约式、国际化的创新创业教育实践平台

努力开展“产、学、研、政和国际”合作，争取、构建和拓展学生创新创业实践载体，形成了五位一体的创新创业教育实践平台（见图 5-9）。具体包括：（1）学生实验训练平台：建设有省级以上实验教学示范中心 10 多个，教学实验室近 300 个；（2）政、校、企合作教育实践基地：现有企合作签约实践教育基地 300 多个，可容纳学生近万人。其中，创业孵化基地（包括创业孵化基地、创业实训基地、创业实践平台）30 多个；与省市、区政府以及众创空间建立就业创业合作基地近 40 多个；（3）多维的科技项目、竞赛培育平台：从学科竞赛到综合科研项目立项，学校现有几十种类型的课外科技活动项目；（4）集约式国家级科技园区：科技园着力打造集管理、咨询、政策支持、资源共享及整合等多种优势于一体的集约式创新创业基地。学校大学科技园被评为国家级大学科技园，国家级

优秀科技企业孵化器，国家级众创空间和国家高校学生科技创业实习基地。(5) 国际化创新创业实践平台：2015 年学校与德国中国服务中心协会签订中德大学生创业教育项目合作协议，成为国内首个开展中德大学生创业训练国际交流项目的高校，为创新创业人才培养开辟了新路径。双方以中国计量大学和德国创业教育排名前列的德累斯顿经济技术大学伙伴院校合作为切入与突破口，开展全方位的创业教育合作。

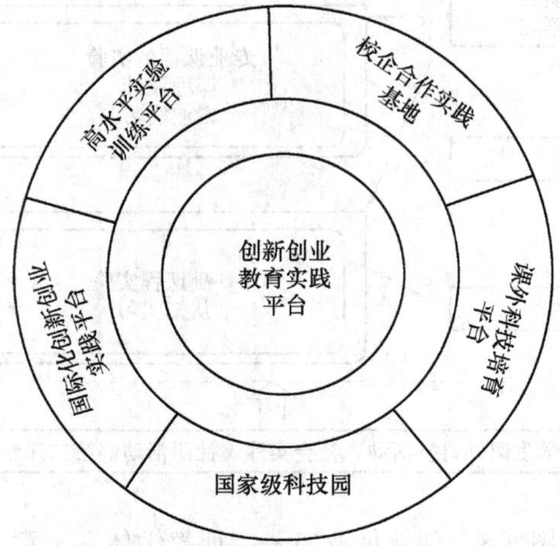

图 5-9　五位一体的创新创业教育实践平台

四、适应新形势，构建创新创业指导服务体系

加强创新创业指导和帮扶，多措并举，更好地促进创新创业从想法到“落地”。

(一) 稳步推进就业创业工作信息化建设

学校构建了覆盖职前教育、创新创业、师资培训、就业分析、招聘信息服务、就业工作管理等模块的就业创业服务一体化平台，目前“计量就业”微信公众号上线引起师生高度关注，“计量智慧就业创业服务平台”已经顺利实施。

(二) 构建制度化、常态化的创新创业竞赛组织机制

在组织上，学校推出了“大挑”年做“小挑”，“小挑”年做“大

挑”，全年贯穿不间断的挑战杯项目孕育、选拔和完善机制；同时，广泛动员，深入挖掘，支持、鼓励教师参与指导学生参加各类创新创业竞赛，进一步扩大竞赛的群众基础。每年参加创新活动的学生人次高达当年招生数的 80%，每年获得省级三等奖以上的学生数占当年招生数的 1/3。

（三）积极探索有效的大学生创业辅导机制

探索形成了“三驾马车并驾齐驱”的创业指导模式，分别为（1）导师指导制，即创业导师不参与学生企业，但对学生企业不定期开展创业诊断和创业指导；（2）导师帮扶制，即教师企业和学生企业结对子，开展一对一的帮扶行动；（3）师生股份合作制，即引入了以学生创业为主、教师作为股东的初创企业组织架构。多模式创业组合形成了立体化创业帮扶体系，搭建起师生创新创业服务平台。

（四）积极搭建市、区、校联动的就业创业服务机制

学校分别与宁波市人力资源和社会保障局、杭州市就业管理服务局、湖州市等签订联动协议，为大学生就业、创业搭建平台。

五、创新创业工作成效显著

（一）毕业生就业质量不断提升

学校初次就业率和就业质量一直来居省属同类型高校前列。根据浙江省教育评估院公布的浙江省高校毕业生职业发展状况及人才培养质量显示，学校排名逐年上升。其中，薪酬水平是反映毕业生就业质量的重要指标之一。学校 2014 届毕业生的平均月收入是 4105.75 元，高出全省本科院校的平均月收入 487.39 元，共有 10 个专业月收入为全省本科同专业最高。省教育评估院调查结果显示学校 2015 届毕业生就业质量排名全省同类高校第四。

学校创新创业氛围浓郁，自主及参与创业学生人数逐年增加（见图 5-10）。其中，获得国家级、省级表彰的毕业创业典型人数也逐年增加。

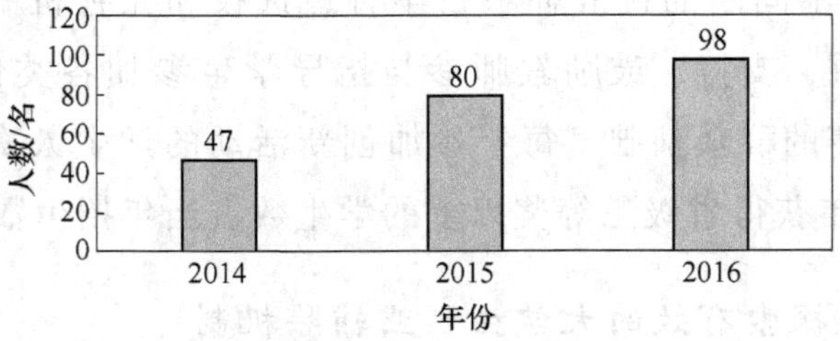

图 5-10 近三年学校自主或参与创业学生人数

（二）大学生创新创业成果丰富

近五年，学校学生在各类学科竞赛中获国家奖 278 项、省奖 2200 余项。其中“挑战杯”全国一等奖 3 项，数学建模竞赛全国一等奖 19 项，数学建模总成绩连续三年排序全国参赛高校前列，2018 年获本科组最高奖 Matlab 创新奖。学校在 2014～2018 年全国高校学科竞赛评估中排名 64 位，2018 年排名浙江省属高校第 5 位。近五年，学生以独立发明人申请并获授权各类专利 3100 余项，其中发明专利 53 项；获全国大学生艺术展演一等奖 7 项、省一等奖 28 项。

学生以独立发明人身份获得授权的专利数量从 2006 年的 2 项提高到 2013 年的 814 项，累计达 2852 项，位居浙江省高校第一，全国高校前列；累计 148 项学生专利为浙江苏泊尔股份有限公司、杭州鸿雁电器有限公司等知名企业采用。由于学生专利工作突出，学校近年来获得国家专利工作和知识产权事业贡献奖、专利管理工作现金奖等多项荣誉，先后获批杭州市、浙江省、国家知识产权人才培养基地。

（三）创新创业项目蓬勃发展

最近几年，学校涌现出许多创新创业典型：如校园吉尼斯“专利之最”获得者李群星同学，大学四年中共申请专利 142 项，授权发明专利 15 项、实用新型专利有 90 项。毛登科同学在爆胎常引发交通事故事件的启发下，申报实用新型专利获得授权，其热心创造发明、积极申请专利的事迹多次被权威媒体进行专题报道。

陈加男同学创立的广州佰腾电子有限公司获得 100 万风投，其产品在多个省市级食品药监部门食品安全招标采购中中标，G20 峰会期间，公司产品被官方选定为峰会食品安全检测用具，保障 G20 期间的食品安全，为来自全世界的宾朋保驾护航。郑永明同学利用原校航模队的知识经验创立了以农用无人机及飞行控制系统研发和生产为主的无人机企业——杭州启飞智能科技有限公司。创业成功后饮水思源，反哺母校，设立 25 万“启飞奖学金”用于奖励母校在校大学生的科技创新活动。2014 年和 2016 年获得过国家“互联网+”创业大赛银奖的创业项目“杭州仁特儿文化艺术策划有限公司”成功落地，并取得了较好的经济效益。“杭州仁特儿文化艺术策划有限公司”现分别在杭州、湖州等城市拥有 6 处经营门店，是目前国内唯一一家完成 4D 庆典技术在年会中应用的综合性文化公司。

第五节　中国计量大学学校创新创业工作特色

中国计量大学是我国质检行业唯一的本科高校，学校立足经济发展要求把“培养富有创新、创业精神和实践能力的高素质人才”作为人才培养的总目标。大学生创新创业精神和实践能力主要在实践中感悟得以提升，创新创业实践平台在创新创业教育中至关重要。大学科技园蕴含了丰富的创新创业教育资源，是高校创新创业教育丰富的案例、资金、机会宝库和人才集散地。学校依托大学科技园，发现、挖掘丰富的创业教育实践资源，搭建创新创业实践平台，服务于本校创新创业教育，并借力中德创业教育合作项目，推进创新创业教育国际化合作，助力大学生创业更好的从想法到现实的落地，是学校“实践育人”人才培养模式的一项重要内容。

一、以国家级大学科技园为依托，打造集约化创新创业实践平台

大学科技园蕴含了丰富的创新创业教育资源，学校依托科技园，挖掘和形成创业教育导师库并探索特色创业指导模式、搭建了创业教育实践平台、打造了创业教育文化平台和信息平台，通过这些资源的挖掘、整合和利用，有力提高了学生创新创业意识和实践能力（见图 5-11）。截至目前，科技园累计孵化企业 300 多家，其中大学生创业企业成功率 60% 以上。学

校大学科技园先后被教育部、科技部、杭州市政府认定为国家大学科技园、国家级科技企业孵化器、国家级众创空间、国家高校学生科技创业实习基地、杭州市大学生创业园等。

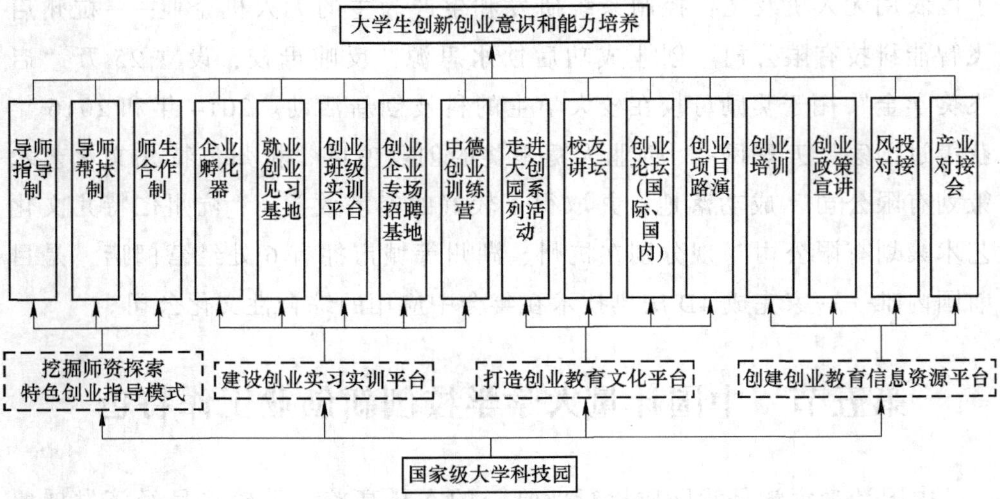

图 5-11 依托科技园的创新创业资源、平台挖掘、整合

（一）依托科技园挖掘、培养创业教育师资，探索特色创业指导模式

大学科技园为大学生创新创业建立了创业导师库，一方面从园外引进知名企业的创业成功人士，同时把学校里科研和创业成功教师作为导师，积极开展创业结对帮扶，积极鼓励大学生主动邀请老师作为股东直接纳入创业企业股东。目前共聘请创业导师 31 人。

创业导师带动学生创业是学校科技园的重要特色，形成了“三驾马车并驾齐驱”的创业指导模式，分别为（1）导师指导制，即创业导师不参与学生企业，但对学生企业不定期开展创业诊断和创业指导；（2）导师帮扶制，即教师企业和学生企业结对子，开展一对一的帮扶行动；（3）师生合作制，即引入了以学生创业为主、教师作为股东的初创企业组织架构。多模式组合形成了立体化创业帮扶体系，搭建起师生创新创业服务平台。

（二）依托科技园建设创业实习实训平台

中国计量大学科技园现有三个园区，孵化场地面积 2 万多平方米，累计孵化企业300多家，历年累计毕业企业100多家，其中包含大学生创业企业170多家，具有教师带动学生创业的特色服务平台。目前在孵企业100多家，浙江省科技型企业70多家；“雏鹰计划”企业20多家，青蓝计划企业30多家，国家级高新技术企业近10家，市级高新技术企业40多家。其中学校师生在孵企业80多家，占比约7成。

此外，学校在园区建立“共青团青年就业创业见习基地”，组织开展大学生创业实践和交流活动，全年组织大学生见习、实训活动，每期2~3个月，每年提供不少于30个见习岗位；将科技园作为学校跨境电商创业班的班级实训平台；依托科技园开展中德创业训练营，拓展学生创业国际视野；借助科技园举办了3场创业企业专场招聘会，共有60余家企业参与招聘，提供岗位800余个，吸引了近千名学生参与，促进了创业企业吸纳人才。

（三）依托科技园打造创业教育文化平台

学校依托科技园，开展了一系列创业讲坛、交流、训练营等活动，如组织“天使有约”路演活动、学校师生代表“走进大创园”“校友讲坛”“中德创新创业论坛”“浙商，创新创业论坛”等，打造了浓郁的创业文化，浸染学生形成创新创业意识。

（四）依托科技园创建创业教育信息资源平台

依托科技园，学校每年组织各类创业培训，为大学生提供最接地气的创业政策信息，如小额担保贷款贴息政策宣讲会、增值税发票系统升级版培训会等。同时还邀请企业老总为学生进行创业政策宣讲，如2016年邀请了杭州欣卓科技有限公司总经理王铁苗先生为学生进行创业政策宣讲。除了政策信息，科技园还为学生提供资金、机会信息，如组织的各类银企对接交流会、产业对接会等。

二、以中德创业教育合作为突破，搭建国际化创新创业实践平台

为更好的推进学校创新创业教育工作，拓宽学生在创新创业领域的国际化视野，2015年5月，学校与德意志联邦共和国中国服务中心协会签署了合作开展中德大学生创业教育项目的协议，双方在六个方面开展大学生

创新创业教育全方位合作。见图 5-12。

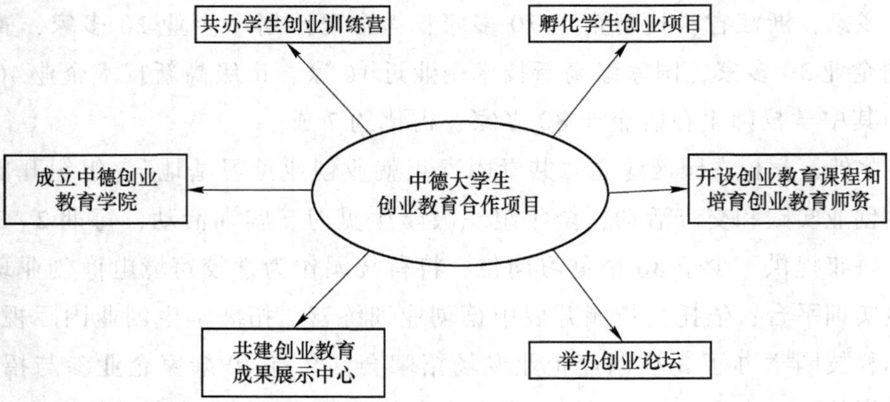

图 5-12 中德创业教育项目合作内容

（一）举办中德创业训练营，搭建中德创新创业学习合作桥梁

首期中德大学生创业训练营的 15 位师生于 2016 年 3 月圆满完成了历时 14 天的德国创业教育培训，受益匪浅。12 位学生回国后全部入驻学校大学科技园创业。创业训练营得到了德方高校校长、教授和德累斯顿市领导的高度评价。

训练营课程既有理论授课、互动讨论还有实践参观。内容涉及创业计划书撰写、创业项目模拟运营、创业项目路演，创业团队建设等。师生们先后考察了德累斯顿市市政府、HTW 大学生创意工坊，德累斯顿市众创空间等。德意志联邦共和国中国服务中心协会主席耀于杰（Yao Yujie）先生说，“中国计量大学中德创业训练营是在中国政府积极倡导‘大众创业，万众创新’下的第一个中德大学联合举办的国际大学生创业培训计划，同时也是中德政府签署的 2016 年中德青年交流年的一个积极活动项目。”截至目前，中德大学生创业训练营已经连续成功举办 4 期。

（二）举办中德创业创新论坛，分享中德学生创新创业教育经验

中德创新创业论坛致力于为中德两国创新创业专家、学者、企业家、高校学生和有志于创新创业者搭建合作交流分享平台，通过分享和借鉴中

德两国创新创业及相关指导服务最新理论成果与实践经验。首届中德大学生创业论坛于 2015 年 7 月成功举办，浙江省教育厅相关领导、全国高校毕业生就业专家等出席论坛并讲话，5 位中德专家作了报告。论坛上，中德两国专家与在场听众共同分享了德国工业 4.0 和中德两国创新创业教育的最新理论成果和实践经验。截至目前，中德创新创业论坛已经连续成功举办 4 届。

中德创新创业论坛的顺利举行，极大地激发了师生创新创业热情。学校将以此为契机，届时举办中德青年创客论坛积极响应“大众创业、万众创新”的号召。

（三）以中德创业合作为突破，开启学校创新创业教育国际化进程

学校作为国内首个开展中德大学生创业训练国际交流项目的高校，为学生提供了一个良好的国际创业学习交流平台，为学校创新创业人才培养开辟了新的路径。德国先进的创业教育理念和完善的创业教育体系为大学生创新创业教育提供了很好的借鉴作用。大学生创新创业精神和实践能力主要在实践中感悟提升。创业有成功有失败，但创新创业精神将是他们一辈子都受用的宝贵财富。学校坚持把创新创业文化特别是创客文化作为高校校园文化建设的重要内容，努力营造敢为人先、敢冒风险、宽容失败的氛围和环境。

同时，以中德创业合作为突破，开启创新创业教育国际化进程。现在，学校还积极与美国代顿大学等开展创新创业合作，邀请美国代顿大学创业学院来校进行创业学公开讲座，合作开展大学生创业竞赛活动。2017 年 1 月，学校李沂科、占晓武同学获得美国代顿大学 2016～2017 年度创业大赛中国越南赛区复赛桂冠。该创业大赛已连续举办十多年，在世界上同类比赛中有较强影响力（全美排名 15 位左右）。

学校将依托大学科技园继续深入挖掘、整合和丰富创新创业教育资源和机会，提高学校创新创业教育实效；着眼国际、立足国情，在中德创业教育合作的基础上，横向拓展、纵向深化创新创业教育国际联盟，争取更多国家、地区和机构的合作，丰富创新创业教育实践平台，拓展学生创新创业国际视野，培养学生创新创业意识和能力。

第六章

构建有利于创新型企业家发展的外部制度环境

第一节　新时代“呼唤”创新型企业家

一、企业家是引领创新的第一动力

随着我国从高速增长阶段转向高质量发展阶段，创新作为新发展理念的重要组成部分，其重要性更加突出。党的十九大报告对创新给予了两大明确定位：第一，“创新是引领发展的第一动力”；第二，“创新是建设现代经济体系的战略支撑”。而创新的核心在于人，正如习近平总书记指出的，“人才资源是第一资源，也是创新活动中最为活跃、最为积极的因素”。如果说创新是引领发展的第一动力，那么企业家就是引领创新的第一动力。

创新与科技不同，其本质上是一个经济概念。按照创新经济学鼻祖熊彼特的理论，企业家精神是推动创新的最关键力量，也是人类社会经济发展的根本动力。他列举了企业家创新的五种方式：“通过利用一种新发明；或者更一般地利用一种未经试验的技术可能性；来生产新商品或者用新方法生产老商品；通过开辟原料供应新来源或产品的新销路；通过改组工业结构等手段来改良或彻底改革生产模式。”美国麻省理工学院的创新公开课对创新也有一个定义：“创新=创造×商业化”，这表明没有商业化应用价值的科技成果不能称之为创新。而这种商业化价值的实现恰恰根植于市场机制，需要依靠创新型企业家的智慧和贡献。创新型企业家不仅擅长将新的发明创造或者创意思路转变为经济效益，而且还可以通对研究开发活动的持续投入产生新技术，甚至参与一部分带有公共产品性质的基础研究并创造出科学成果。也就是说，企业家既能发现并实现科技成果的价值，又能够有组织地研发新技术，使原本被视为“外生”的科学发展和技术成果成为一个市场经济体系的“内生”产物，实现“科技-商业化-科技”的良性循环，推动经济社会不断向更高阶段迈进。

二、新时代的企业家亟需“转型升级”为创新型企业家

在当前新的历史发展时期，无论是从需求还是供给角度分析，我国企业家群体都应该向成为创新型企业家的方向努力奋进，这是新时代的必然要求，也是关系到企业家自身未来能否持续发展的重要抉择。

从我国发展的内在需求来看，随着人均国民收入和人民生活水平的不断提升，消费者需求特征正在从大规模、同质化走向高质量、个性化。如果说改革开放初中期企业家主要是为了满足人们生活衣食住行的基本需求，那么到了今天的新时代，企业家则需要更多的创新精神，需要更注重于提供满足人民美好生活需要的多样化、高质量产品和服务，新时代对现代创新型企业家的需求也必然比市场化改革初期更加迫切。但是从目前的供给结构来看，一方面许多支柱产业仍然存在“大而不强”的问题，大量的企业家还在从事低成本、大批量、低附加值产品的生产销售；另一方面，有很多明星企业家产生于房地产、金融等虚拟经济领域，存在套取“政策红利”的行为，而且加剧了脱实向虚的态势，不利于实体经济发展。政府部门正在通过不断深化供给侧结构性改革，提高生产要素的配置效率，使更多的人力物力资源从低效率的产业和区域撤出来，投向更高效率的产业和区域。在这种大背景下，需要一大批创新型企业家涌现出来，通过创新提高生产要素的产出效率，使同样多的资本和劳动投入在新技术的作用下提升产出水平。既要培育新技术、新业态，更要通过技术进步推动传统产业升级，提供满足人民更高需求的高质量产品和服务。

从国际技术和产业变革的外部机遇来看，当前的世界正处于下一次技术和产业革命的孕育期，新一代信息技术、人工智能、生物医药、新能源等各领域新技术不断涌现。如果说新科技成果的出现带来了改变人类生活的潜在可能性，那么像马斯克（Elon Musk）、乔布斯（Steve Jobs）这种创新型企业家的出现才真正为人类生存和生活方式带来了根本变化。我国政

府为了实现引领型发展的目标不断加强基础研究能力，力图集中力量突破一些制约长远发展的关键性、战略性重大技术，而且在新技术领域反应迅速，正在加大投入力度，这对增强我国各产业的源头技术供给和原始创新能力至关重要。新技术的蓬勃发展和政府部门对科技领域的持续投入为广大中国企业家的转型提供了难得的历史机遇。传统产业的企业家一定要抓住机会，通过向新技术领域投资以及不断地学习新事物，逐步实现自身从传统企业家向创新型企业家的转变。

第二节 创新型企业家的涵义与主要特征

一、创新型企业家的经济学涵义

（一）区分生产性企业家和非生产性企业家

著名经济学家鲍莫尔（William Jack Baumol）创造性地提出了企业家行为和才能的分类和配置理论，他将企业家行为分为生产性行为、非生产性行为以及破坏性行为。以此类推，企业家也可以分为生产性企业家和非生产性企业家。生产性企业家是指那些通过组织生产或商业性活动，为社会创造新价值、新财富的企业家，而非生产性企业家则是通过寻租甚至偷盗掠夺等方式获得收益的企业家。前者无疑是经济活动的主导者和社会进步的推动者，而后者则往往利用权利或制度漏洞等不合理方式分享前者所创造的社会财富。鲍莫尔进一步指出，一个良好的社会和经济制度环境会激励企业家群体将更多的才能用于生产性活动，这有利于经济社会的健康发展；而扭曲的制度环境则会滋生更多的非生产性寻租行为，是对企业家才能的一种浪费和逆向激励。

（二）套利型企业家和创新型企业家的特征与作用

史库森（M Skousen）进一步把企业家分为两种类型，一是套利型企业家，他们通过将生产资源或产品在不同行业、不同区域之间转移而获利，促使市场从不均衡走向均衡状态；二是创新型企业家，他们致力于创新活动，通过开发新技术或新产品拓展出新市场，打破旧的市场和产品生产过程。对于这两种企业家特性的分析分别起源于马歇尔（Alfred Marshall）、柯兹纳（M Kirzner）与熊彼特，它们对企业家在经济运行中所起的作用有着迥然不同的看法。

柯兹纳秉承了马歇尔的思想传统，认为企业家的主要功能是使一个不均衡的市场逐步恢复均衡，典型做法包括将资金从亏损或是低利润的行业投向高利润的领域，将产品从低价格区域卖到高价格区域等。由此分析，他认为企业家的功能是促使经济在市场机制作用下最终达到帕累托最优的福利最大化状态。而熊彼特则主要强调了企业家对已经稳定的市场均衡的破坏作用，企业家通过自己的创造性经济活动，创造了全新的产品、市场或组织模式，对传统市场进行了“创造性的破坏”，激发了经济变革，从而推动了经济的快速增长。他们所描绘的就是史库森提出的两种不同类型的企业家，即创新型企业家和套利型企业家。这两种不同类型的企业家分别承担了创造性破坏和恢复均衡的职责，他们的活动共同构成了一个完整的经济运行过程。美国学者拜格慕（G Bygmve）将这两种企业家精神结合起来，把企业家通过创新打破市场均衡、然后又通过套利促进市场均衡的循环往复过程定义为企业家过程，形成了对企业家精神的全面理解。

由此可见，从经济发展的历史长河来看，尽管套利型企业家和创新型企业家的作用都不可忽视，但是起到决定性作用的还是创新型企业家。其原因在于，经济增长的过程从长期来看，终究还是一个人类不断推动技术进步、提高自然资源利用效率的结果。

二、创新型企业家的定义与主要特征

（一）创新型企业家的定义

结合上述分析，创新型企业家可以定义为：主导或组织研发及应用新技术、开发新产品、创新生产或商业模式、开拓新市场等活动，创埠市场价值的企业控制者和决策者。这一定义至少包含三个要素：一是要直接组织和引领企业的创造性活动，开展多种形式的创新；二是要创造市场价值，正如熊彼特所强调的，创新并不等于发明，科技成果只有应用于经济活动并成功时才能算是创新；三是企业家必须是企业的真正控制者和决策者，对企业创新活动有完全的主导权和决定权，往往是一个企业的绝对或相对控股者。高层管理人员只有在因某些特殊原因成为企业实际控制人的情况下才能成为创新型企业家，否则只能是受企业家委托的管理代理人或者创新战略的具体执行者。

（二）创新型企业家的人力资本特征

创新型企业家身上往往会有一些与众不同的特质，这就是他们区别于普通企业家、科学家和工程师的典型人力资本特征。由于文化和制度的差异，我们和美国等发达国家对创新型企业家特质的认知也存在许多不同之处。

美国管理学家杰弗里·戴尔（Jeffrey H. Dyer）和克里斯滕森（Brendt Christensen）等认为，创新型企业家包含五个方面的特征。一是善于联系，能够成功地将看似无关的问题或来自不同领域的想法整合起来，产生新思路、新创意。二是善于提问，创新型企业家常常不断提出各种挑战常识的问题，正如管理学大师彼得·德鲁克（Peter F. Drucker）所强调的："在应对既重要又困难的工作时，关键是要找出正确的问题，因为这类工作没有永远正确的做法。"三是善于观察，创新型企业家对公众习以为常的普遍现象往往有独特的视角，通过细致入微的观察看到一些潜在的市场机会。四是勇于试验，敢于创新的企业家把整个世界都当作自己的实验室，并通过互动式试验观察市场反应，不断优化新创意和新产品。五是建立交流网络，创新型企业家并不是要建立一个人际关系网来获得各种资源，而是经常与各种不同背景的人士进行交流探讨，激发灵感，验证一些新想法、新观点，以此来拓宽自己的知识领域。

我们国内对创新型企业家的认知与上述看法有着较大差异。根据重庆大学贸易与行政学院组织的一次调查问卷结果，我国公众认为："创新的、勤奋的"是创新型企业家的根本特质；"坚持不懈的、开拓进取的"是创新型企业家追求成功所具备的基本特质；"睿智的、思维敏捷的"是创新型企业家的重要能力；"有魅力的"是创新型企业家的积极品质；"果断的"是创新型企业家的典型行为风格。相对而言，戴尔和克里斯滕森的观点更接近创新型企业家的本质特征，当然这与美国一直处于国际科技和创新的前沿有很大关系。作为一个追赶型的后发国家，我国的创新企业家的确更加需要勤奋、果断和坚持不懈等个性特征。

三、市场机制和文化氛围是培育创新型企业家的关键

创新型企业家群体不是靠自上而下的指令培养出来的，而是在相对自由灵活的市场机制和创新文化共同构成的“土壤”中滋养而生的。当然，政府可以通过优化法律制度和社会环境，对创新型企业家成长发挥积极作用。

创新型企业家是伴随着历史上几次科技和产业革命而产生的一个群体，而这些科技革命无一不是来源于市场经济国家。正如熊彼特和鲍莫尔等经济学家所指出的，市场机制的最根本特征不在于通过均衡实现静态的福利最大化，而是通过激发创新来极大地促进经济快速增长。在这个过程中，创新型企业家作为创新活动的引领者和推动者，发挥了不可替代的关键作用。同时，一个不断创新的经济体也会在长期积淀中形成敢于挑战、包容失败的创新文化，这种文化氛围会影响一代又一代的企业家，甚至形成一种创新的意识形态和世界观，使创新型企业家层出不穷，为经济社会发展提供动力之源。

第三节　我国创新型企业家群体的发展现状分析

一、我国已经形成了一个颇具规模的创新型企业家群体

总体而言，创新型企业和创新型企业家都是一个相对概念，而不是绝对概念。因此，目前关于创新型企业家还没有统一的认识和标准，世界各国也没有对创新型企业家数量的统计或调查数据。一个相对简洁的办法是从创新型企业的数量来大致推断创新型企业家群体数量，尽管现行评价标准下的创新型企业未必一定存在创新型企业家。例如，从研发数据来看，许多国有企业都被列为创新型试点企业或者高新技术企业，但是这些企业的领导人并不都是创新型企业家，其中一些人甚至都不能算是企业家。

不仅是创新型企业家，即使是创新型企业也没有统一的认定标准。一

个可以参照的广义口径是存在创新活动的企业。根据2014年全国企业创新调查结果，2013~2014年间，在我国64.6万家规模以上企业中，有26.6万家企业开展了创新活动，占41.3%；其中，实现产品创新、工艺创新、组织创新和营销创新的企业所占比重分别为18.7%、20%、27.9%和25.8%。分行业看，工业和服务业企业中有创新活动的企业分别为17.7万家和8.4万家，所占比重分别为46.8%和32.6%。另一个更狭义的口径是高新技术企业，根据科技部火炬中心的数据，截至2016年底，全国高新技术企业已突破10万家，达到10.4万家。

根据这些数据来判断，我国已经形成了一个颇具规模的创新型企业家群体。而且，其中的一些领头羊企业已经成长为大型的跨国公司，不但企业业务不断向国际拓展，而且其背后的企业家们也已经具有非常大的国际影响力，经营理念和创新经验得到了诸多国际同行和媒体的肯定。当然，我国企业的整体创新能力与发达国家还存在很大的差距，这其实也反映出我国创新型企业家群体的差距。这个差距不在于数量，而在于质量。

二、我国创新型企业家的典型类型

创新本身就意味着“百花齐放、百家争鸣”，没有统一的模式。同样的，我们也很难找到两个一模一样的创新型企业家。我国市场规模巨大，不同区域发展特点各异，资源优势和商业文化也有许多不同之处。在改革开放40年的市场经济实践中，涌现出各具特色的创新型企业家。这些企业家各有其亮点，可以按照创新链条的不同环节，分为技术创新型企业家、管理创新型企业家和商业模式创新型企业家。

一是技术创新型企业家。这一类企业家的特点是将核心和关键技术视为企业安身立命之本，在研究开发上敢于投入，尤其是敢于对未来可能带来经济效益的新技术进行预先研究，对技术发展趋势具有前瞻性的敏锐眼光。技术创新型企业家的典型代表人物是华为技术公司（简称华为）的任正非。华为一直坚持10%以上的研究开发投入强度，强调“狼性文化”，在依靠成熟技术盈利的同时不断寻找下一代技术带来的新“机会窗”。从起步时的交换机，到后来的3G、4G以至于5G通信技术和设备，以及市场占有率不断提升的手机，再到面向未来布局的人工智能，华为不仅满足于制造硬件，而且参与了很多国际标准的制定，在国内企业中绝无仅有。华为的 PCT 国际专利申请量不仅在国内领先，而且在国际上也名列前茅。任正非作为华为的掌舵者，其敏锐和执着是企业成功的最关键因素。

二是管理创新型企业家。这一类企业家的特点是善于通过创新管理模式来提升企业效率，这往往意味着要不断革新内部组织模式，避免大企业病的产生和蔓延，保持企业的活力和员工的积极主动性。管理创新型企业家的典型代表人物是青岛海尔股份有限公司（简称海尔）的张瑞敏。海尔的管理和战略创新有目共睹，从 20 世纪 80 年代的质量管理和“名牌战略”，到 20 世纪 90 年代的多元化战略、国际化战略，一直到互联网时代的“人单合一双赢”模式，张瑞敏把一个资不抵债、濒临倒闭的集体小厂发展为年营业额逾千亿元的全球化公司，以卓有成效的管理为管理界输出了一个又一个创新的商业模式和经典管理案例，创造了富有中国特色的海尔管理文化。“海尔文化激活休克鱼”案例已经被写入哈佛商学院案例库，张瑞敏也成为第一位登上哈佛讲坛的中国企业家。2015 年 11 月，张瑞敏应邀到伦敦参加全球最具影响力的“50 大管理思想家”颁奖典礼，被授予“最佳理念实践奖”，是唯一一位且第一位获得此奖项的中国企业家。

三是商业模式创新型企业家。这一类企业家充分利用了我国人口众多、市场庞大的优势，引入互联网、云计算、大数据等新技术，对效率较低的传统商业模式进行了“创造性破坏”，并创造出新的商业模式，典型代表是阿里巴巴网络技术有限公司（以下简称阿里巴巴）的马云。在马云的领导下，阿里巴巴成功地将互联网与商贸服务业结合起来，利用国内劳动力成本低、市场潜力大的本地化优势，引领了中国电子商务以及相关产业的蓬勃发展，先后将业务拓展到金融服务（蚂蚁金服）、物流服务（菜鸟网络）、大数据和云计算服务（阿里云）、广告服务、跨境贸易服务等领域，而且以电商扶贫方式在全国发展了若干“淘宝村”，使许多农民通过互联网平台脱贫致富。2017 年，我国网络零售额已经达到 7.18 万亿元；其中实物商品网上零售额达到 5.48 万亿元，占社会消费品零售总额的比重已达 15%；移动支付的使用率也远高于美国等发达国家。尽管还存在一些非议或争议，但马云作为一个典型的创新型企业家功不可没。

除了这些已经成功的创新型企业家，我国还有在“大众创业、万众创新”大潮中涌现出来的大批创业者。2017年，我国新登记市场主体达到新高点，全国新设市场主体1924.9万户，同比增长16.6%，平均每天新设5.27万户，高于2016年的4.51万户；全年新设企业607.4万户，平均每天新设1.66万户，高于2016年的1.51万户。在这些新企业中，与创新有关的领域占比越来越高，海外留学归来的高学历创业者也越来越多。假以时日，这一批充满激情的创业者很有可能成长为未来中国创新型企业家的主力军。

三、创新型企业培育政策呈现“地强央弱”格局

在中央政府层面，目前还没有形成专门针对创新型企业家培养培育的政策体系，但是在相关的政策文件中已经明确了这一导向。2017年9月发布的《中共中央国务院关于营造企业家健康成长环境弘扬优秀企业家精神更好发挥企业家作用的意见》明确提出了三个方面的政策方向：一是要依法保护企业家创新权益，探索在现有法律法规框架下以知识产权的市场价值为参照确定损害赔偿额度，探索建立非诉行政强制执行绿色通道，研究制定商业模式、文化创意等创新成果的知识产权保护办法。二是支持企业家创新发展，激发企业家创新活力和创造潜能，依法保护企业家拓展创新空间，发挥企业家在推动科技成果转化中的重要作用。吸收更多企业家参与科技创新政策制定等工作，引导金融机构为企业家创新创业提供资金支持。三是加强企业家队伍建设，鼓励支持更多具有创新创业能力的人才脱颖而出，发挥优秀企业家示范带动作用并以适当方式予以表彰和宣传，加强企业家教育培训。不过，这个政策文件并没有明确提出创新型企业家这一概念，而是相对全面地支持企业家精神培养和队伍建设。而且，上述几方面与创新型企业家密切相关的政策也缺乏后续的实施细则和可操作措施。

相比之下，一些地方政府在几年前就已经明确提出要重点培养创新型企业家，而且陆续制定出台了一批实施细则。例如，早在2012年，湖南省《中长期科技人才发展规划（2011~2020）》就在国内率先提出实施“创新型企业家培育计划”，计划每年择优扶持一批优秀科技人才创办、领办科技型企业，培育一批创新型企业家。之后，四川、安徽合肥、江苏南

京和徐州等地先后制订了各具特色《创新型企业家培养计划》。典型政策措施包括：一是组织开展培训。由政府部门组织培养对象到国内知名高校和大企业进行专题培训，或者政府购买中介机构服务，由中介机构负责进行培训。二是给予实践锻炼机会。组织培养对象到政府机构、社会组织和大企业挂职锻炼，在实践中学习企业管理、技术创新等实用知识。三是直接或间接给予资助。如南京市提出，培育对象所在企业可获得50万元奖励，还可根据培育对象实际需求，给予三年累计不超过2000万元贷款总额的贴息。四川提出，对培养对象申请政府科技项目给予同等条件下的优先支持。四是做好人才服务，包括协助办理人才居住证、落实子女教育入学等。

总体而言，创新型企业培育政策体系呈现出“地强央弱”格局。地方政府、尤其是中西部省份在制定创新型企业家培养计划方面更加积极，但是政策手段比较单一，存在“拔苗助长”的倾向，对与创新型企业家息息相关的营商环境、法律环境等方面重视得还不够。东部省份由于市场机制相对比较完善，创新型企业家成长环境明显优于中西部，因此专门针对创新型企业家培育的政策反而较少一些。

第四节 影响创新型企业家发展的主要问题

培养创新型企业家至少包含两个必要条件：一是要培育企业家精神，二是要鼓励创新。从我国当前的发展阶段和现实情况来看，这两方面都还存在诸多问题。中国企业家调查系统组织实施的“中国企业经营者问卷跟踪调查（2015）”结果显示，当前我国企业在创新方面面临的问题主要包括：创新人才短缺、创新资金来源单一、创新绩效不佳、创新环境不完善、企业家创新动力不足等。从创新环境看，企业家认为缺乏鼓励创新的社会环境、创新风险与收益不对称、知识产权保障不力等是阻碍创新的主要因素。

除了要素和资源不足之外，影响创新型企业家发展的主要问题可以归结为两类。一是市场机制的不完善，包括竞争的公平性、管制的合理性、法律环境，以及政商关系等，这一点是基础性制度问题。二是缺乏支持创新型企业家的政策手段和崇尚创新型企业家的社会环境。具体而言，包括以下几个方面。

一、扭曲的市场资源配置使企业家更倾向于套利而不是创新

在改革开放和市场经济发展初期，存在大量的市场空白和不恰当的价格管制等问题，催生了一大批套利型企业家，这本身有其合理性，也符合经济发展规律。经过近40年的发展，市场自身发展存在的套利机会已经大大减少，本应孕育出更多的创新型企业家。然而，由于改革不到位、政府过度干预等原因，“畸形”的套利机会仍大量存在，金融、房地产、能源等行业的高利润吸引了大量的资本投入，大大提高了创新型企业家的机会成本，成为影响创新的“三座大山”。2015年我国房地产业、煤炭工业、石油化工工业的利润率分别为15%、9.6%和7.5%，上市银行的净利润率基本都在30%左右，而高技术产业利润率只有6.4%。在这种扭曲的市场资源配置情况下，许多企业家从制造业转向了虚拟经济领域。

近几年来，随着合理整顿金融秩序和抑制房地产泡沫等重大政策措施的实施，以及多种因素造成的能源价格走低，再加上简政放权改革的持续推进和“双创”的蓬勃发展，市场资源扭曲配置的问题得到了一定缓解，但是要彻底解决尚需进一步深化改革。

二、企业家创新权益不能完全保障

一方面，是知识产权保护力度仍不足。知识产权是创新活动收益的主要体现形式之一，对创新型企业家发展至关重要。近年来，我国知识产权战略稳步实施，专利数量大幅增长至世界第一位，但是知识产权保护仍然是个突出问题。调研中企业反映，尽管知识产权法律、政策和执法环境都取得了重大进展，但是对知识产权侵权还没有提供足够的保护，尤其跨区域的监管和执法仍是难点。

另一方面，某些不正当竞争行为在一定程度上影响了企业家创新创业积极性。率先成功实现商业模式创新的企业常常会面临一些虚假宣传、恶意诋毁、扰乱市场正常竞争秩序的行为，有的大企业还利用自身的市场和信息优势对创新型中小企业进行打压，这些行为都不利于创新型企业的成

长与发展。

三、创新型企业家在政策制定中作用发挥不足

一是参政议政的机会尚有待进一步增加。近几年，我国非公企业建立党组织的越来越多，非公企业党组织应建已建率达99.9%。许多互联网创业企业都已经开始建立党组织。但是，民营创新型企业家在党的代表大会中所占比例不多。在党的十九大的2287名代表中，有148位企业负责人代表，其中121位来自央企、中央金融系统、地方国有企业和集体所有制企业，只有27位来自各省份的民营企业。

二是企业家在创新政策制定过程中的参与度仍不够。各部门创新政策的制定仍以政府官员以及相关研究机构为主导，企业家更多的是政策的接受者，在政策制定过程中缺少话语权。

四、国家层面对创新型企业家人才缺乏系统性培养和鼓励政策

许多政府领导人曾经明确表示，“要像尊重科学家一样尊重企业家”，但是从国家层面的各类人才计划和政策来看，与创新人才相关的政策还是主要集中在科研人才上，比如众所周知的“千人计划”、长江学者等，对创新型企业家还没有力度较大、针对性较强的政策。

在实际调研中，民营企业家反映，与政府官员、高校科研院所人员和国有企业管理者等“体制内”人员相比，民营企业家在交流、培训、学习等人才政策方面仍缺乏公平机会。尽管一些商业性的社会培训机构可以在一定程度上弥补这一问题，但是社会机构的培训还是主要集中在企业管理等微观领域，有关思想政治、国家大政方针的内容不多，也缺乏权威性，与国家级的一些政府培训机构无法相比。

五、缺乏崇尚创新型企业家的文化与社会氛围

我国传统文化中对企业家一直是比较轻视的，“士农工商”中工商都排在后面，创新人才更是被视为沉溺于“奇淫技巧”之辈而不受重视。即便是在科技发展日新月异的今天，我们也仍然缺乏崇尚创新型企业家的文化氛围。正如我国国有企业中为数不多的具备企业家精神的中粮集团董事

长宁高宁所指出的：“中国文化中充满了做买卖的文化，搞企业就是搞买卖，买卖是一买一卖，充满了很强的贸易炒卖心理，没有长远的产业心态，没有技术创新、产品至上的心态。”在这一点上，我们与美国的差距要大于科技实力之间的差距。

此外，创新型企业家也需要整个社会和新闻媒体的宣传和肯定。我们习惯于宣传不追求物质生活，尤其是放弃了海外高薪回国报效的科技人员，这一点没有错。但是，改变了老百姓生活品质和生存方式的创新型企业家同样值得进行宣传和表彰。

第五节　建立有利于创新型企业家发展的市场环境和政策机制

正如前面所言，市场机制是培育创新型企业家的关键和基础，一个一般均衡的市场意味着企业家几乎没有套利空间，只有依靠创新才能获得“超额利润”。因此，培育创新型企业家的根本在于完善自由竞争的市场机制。此外，在市场发育不完善的特殊时期，可以结合我国经济社会发展的实际情况，实施一些阶段性的扶持政策，为创新型企业家发展提供助力和动力。

一、建立更加有利于创新型企业家成长的市场环境

2018年正值中国改革40周年，必须要继续坚定不移地深化改革，尤其是深化市场导向的供给侧结构性改革，主要改革对象应集中于低效率、高利润的行业或企业，使更多的要素资源投入到高效率部门或企业，使更多的企业家发挥生产性才能，而不是依靠政府“关系”进行非生产性活动而获利。

具体而言，一是要继续实施稳定房地产市场、整顿金融领域秩序等大政方针，营造公平竞争的市场环境，形成对创新活动的市场内在激励机制，降低创新型企业家的机会成本；二是坚定不移地推进国有资本运营管理体制改革和国有企业的混合所有制改革，给创新型企业家更大的竞争空间，使他们能够通过参股和参与管理等方式获得帮助提高国有资本效率的

机会。

二、落实保护企业家创新权益的政策

一是要落实《中共中央国务院关于营造企业家健康成长环境弘扬优秀企业家精神更好发挥企业家作用的意见》的有关政策，制定实施细则，尽快在现有法律法规框架下提高以知识产权的损害赔偿额度，加快建立非诉行政强制执行绿色通道。在此基础上，建立跨省份的知识产权法院，集中审理不同省市区之间的知识产权纠纷和诉讼，发挥司法体系在知识产权保护体系中的基础性作用。

二是要保护正常的市场竞争秩序，对各种扰乱市场竞争秩序的行为，尤其是针对创新型中小型企业的不正当竞争行为，必须通过行政或司法渠道依法严处。

三、增加创新型企业家的参政议政机会

近日发生的民营科技企业的企业家以公开信方式举报政府官员的事件，凸显出企业家在政府面前的弱势和不平等的话语权。解决方式之一就是给予创新型企业家更多的参政议政机会。

一是在国家重要会议中适度增加民营企业家，尤其是创新型企业家的代表名额。创新型企业家不同于套利型资本家，他们代表了经济和科技发展的未来方向，是社会发展的动力之一。给他们参政议政的机会也有利于使我们的大政方针永远跟得上时代的脚步。

二是在创新政策制定中给予企业家更多的话语权。邀请创新型企业家更多地参与政策咨询和讨论过程，重点选择企业家作为征求意见的对象。当然也要注意不能以企业利益为导向制定国家政策。

四、将“培育创新型企业家”作为人才政策重点之一

建议将“培育创新型企业家”纳入中组部和人社部人才规划和政策体系，作为未来一段时期一项重点实施的政策内容。

一是组织实施“国内创新型企业家培养计划”。重点针对科技型中小企业的企业家，开设专门培训计划和培训班，为企业家讲授国家发展大计

和经济社会政策等内容；以政府购买服务等方式，借助非营利机构组织企业家出国交流，学习发达国家创新型企业的管理经验。定期组织“创新型企业家”评奖，奖励突出的中青年企业家。

二是优化“海归”及外籍创新型企业家服务体系。在《国务院侨办重点华侨华人创业团队支持办法》的基础上，进一步打造服务的“绿色通道”，建立专业的服务机构，帮助来华投资或创业的企业家了解和申报优惠政策，并协助办理移民、“绿卡”、保险、子女教育等一系列事务。

五、逐步形成崇尚创新型企业家的文化氛围

首先，正面宣传创新创业文化，并逐渐渗透到学校教育中。典型的创新文化包括：一是崇尚“近乎疯狂”的梦想。乔布斯最有名的一句话是：“只有那些狂妄地认为他们可以改变整个世界的人，才真正有可能改变这个世界。”这就像谷歌宣称要让世界上所有信息都触手可及，而马斯克则想把人类生活拓展到其他星球。二是敢于挑战的精神。鼓励学生提出问题、甚至是质疑老师。在硅谷的成功发展史上，最有名的人物就是所谓的“八叛逆”，这八位天才受当时诺贝尔物理学奖得主肖克利（Shockley，William Bradford）的感召来到硅谷研究晶体管的应用，但是当他们感觉到恩师在管理、商业化以及性格方面的缺陷后，选择了集体离开，后来一起创立了著名的仙童半导体公司，进而又衍生出英特尔公司等著名企业，造就了硅谷的繁荣。三是对失败的包容甚至是推崇。在创新者看来，最可耻的不是失败，而是不敢去尝试。硅谷的投资家们有一个流行的看法：失败三次以上的创业者最值得投资。四是开放并充满好奇心的社会心态。一个创新的社会应该抱有随时接受新思想、新事物的开放心态。

其次，引导媒体多宣传创新型企业家。在《人民日报》、中央电视台、新华社等主流媒体设置宣传创新型企业家的专栏或专题报道，对国内遵纪守法、开拓进取的典型创新型企业家进行正面宣传，引导全社会尊重创新型企业家、学习创新精神。

第七章

创新创业教育必须重点介绍的内容

第一节　与创业相关的法律常识

创业案例

华为技术有限公司（以下简称华为）进军美国，就是一场经典的“虎口夺食”战。当年，华为一进入美国市场，在数据通信领域处于绝对领导地位的思科公司就开始阻击。2003年1月23日，思科系统公司（以下简称思科）正式起诉华为以及华为美国分公司，理由是华为对自己公司的产品进行了仿制，侵犯其知识产权。面对思科的打压，任正非一边在美国聘请律师应诉，一边着手结盟思科在美国的死对头美国3Com公司（以下简称3Com公司）。2003年3月，华为和当时已进入衰退期的3Com公司宣布成立合资公司“华为三康”，3Com公司的CEO专程作证——华为没有侵犯思科的知识产权。

任正非在诉讼最关键时刻抛出的合纵连横奇招，瞬间令思科的围剿土崩瓦解。最终，双方达成和解，从此，华为在美国的扩张，没有了拦路虎。

一、初创企业所涉及的相关法律问题

市场经济为人们充分发挥个人参与经济活动的主观能动性提供了可能，创业也成为一种常态。但是，由于微观经济体为了各自的利益而各行其是，因此难免会对其他方的利益造成损害和影响，从而产生冲突，影响经济健康运行。因此，国家为了使经济有序健康发展，必然要通过法制手

段，规范企业和个人行为，法律也由此成为创业过程中必备的知识。创业者要学会一些法律常识，自觉提高合法创业的意识。只有懂法、守法，并依据法律保护自己的合法权益，才能确保创业行动稳健与长久。

对于规模较小的初切公司或小微企业，首先要解决的是生存问题，每一分钱的支出都要精打细算。这一阶段，没有必要聘请一位专职法务人员，而是要把有限的资金用于研发、运营、营销和生产等更需要资金的地方，如果遇到涉及诉讼或公司治理等专业问题时，可向专业律师咨询。目前，互联网已经与律师行业有了结合，像广州易法客网络技术有限公司可以提供撰写合同、审合同、法律咨询等一站式服务，每项服务收费也是公开透明，根据法律服务项目不同，收取几百元到 5000 元服务费。这对初创企业来说，比较经济实惠。

在初创期，由于创业团队大都是关系密切的亲朋好友，往往不好意思谈及权力、利益和责任分配等问题，而且初创企业往往会面临很多困难，大家更注重开拓业务而不重视内部构建，这就容易造成后期发展的隐患。因此，在公司正式注册之前，一定要签订“合伙协议”，创业者可以就各自占多少股权比例、各自承担的债务比例、各自的工作内容、如何引入新的创业伙伴和退出机制等问题都做出明确约定。通过合伙协议或公司章程等制度性文件来明确各个创业者之间的权利义务划分。这些制度性文件能够有效地避免和解决以后利益分配不公平、债务承担不公平的问题。一旦发生法律纠纷，这是保护所有人合法权益的有力武器，也是未来公司运营的基石，在制定协议环节建议咨询专业律师。

根据规定，创业者创办企业并从事经营活动，首先要到工商行政管理部门办理登记手续，领取营业执照，如果从事特定行业的经营活动，还须事先取得相关主管部门的批准文件，即要经过前置审批。企业设立后，还需要到税务部门进行税务登记，需要配备会计人员处理财务，因此也要了解相关的税法和财务制度。

不同创业组织形态的创业者承担债务的法律责任也不同。作为个体工商户、个人合伙、个人独资企业的创业者，对该组织形式的债务承担无限责任或者无限连带责任。2006 年 8 月 27 日修订通过的新《中华人民共和国合伙企业法》（以下简称《合伙企业法》）规定，普通合伙企业的合伙人、有限合伙企业的普通合伙人对合伙企业债务承担无限连带责任，而有限合伙企业的有限合伙人则以其认缴的出资额为限对合伙企业债务承担有限责任；《中华人民共和国公司法》（以下简称《公司法》）规定，有限责任公司的股东是以其认缴的出资额为限对公司债务承担有限责任的。

根据我国的政策法规，个体工商户是生产资料属于私人所有，雇工在8人以下，主要以个人劳动为基础，劳动所得归个体劳动者自己支配的一种经济形式。其特点是，创业者本人亲自从事经营活动，而且是承担创业风险与收益唯一者。此外，根据相关规定，个体工商户创业并不强制要求一定要有固定的经营场所，从而一方面降低了其创业初期的成本，另一方面也给个体工商户创业提供了灵活性和更多的选择性。

个人独资企业则是依据《中华人民共和国个人独资企业法》（以下简称《个人独资企业法》）成立和规范运行的，由一个自然人投资，财产为投资人个人所有，投资人以其个人财产对企业债务承担无限责任的营利性经济组织。需要注意的：个人独资企业的投资人可以自行管理企业事务，也可以委托或者聘用其他具有民事行为能力的人负责企业事务的管理。

在创建个人独资企业时，需要注意三点：一是个人独资企业不具备法人资格，这是因为企业本身没有独立的财产所有权，投资者是以其个人财产对企业的债务承担无限责任；二是个人独资企业需要有合法的企业名称，并享有企业名称专用权，其企业名称也可以依法转让，但在登记时，名称中不可使用“公司”字样；三是与个体工商户不同的是，个人独资企业建立的基本条件是必须要有固定的生产经营场所和必要的生产经营条件。

当新创企业发展到一定规模，或者是创业者有较多的创业资源，特别是具备优势互补的志同道合者希望共同创业时，为了发挥多方专长与优势、分担创业风险，可以考虑选择创建合伙制企业的组织形式。如果选择的是个人合伙、普通合伙企业等组织形式，部分创业者可能无法控制该组织的债务规模，则创业者应当通过合伙协议、规章制度、参加保险等法律措施对组织的债务规模进行约束，对相关的风险进行控制和规避。

根据我国的政策法规，合伙制企业是指由两个以上合伙人订立合伙协议，共同出资，合伙经营，共享收益，共担风险，并对合伙企业债务承担无限连带责任的经营性组织。创业者可约定采取货币、实物、土地使用权、知识产权或其他财务权利出资，甚至可以用劳务出资。

由前述内容可知，个人独资企业、个体工商户及合伙企业都要对其债务承担无限连带责任。有时，这些创业者辛辛苦苦挣了一些钱，可能因为一次生意失败，就会把原来所赚的钱全赔进去，甚至还可能把自己个人的全部财产也赔进去。因此，对有一定财产实力，而且能证明自己的财产可独立于公司财产，比较好的组织形式选择就是建立有限责任公司，从而使之成为债务人规避债务的合法形式，如果出现公司债务，只需承担有限责任（以出资额为限）即可。

如果选择的是有限责任公司，则公司合伙人、股东由于对组织债务承担的是有限责任，则这些创业者就没有了承担无限责任的风险。为了避免在创业过程中出现合伙人之间、股东之间发生各种各样的冲突，合伙人或股东之间在正式合作之前最好要签订一份合同。

根据《公司法》的条文，有限责任公司是指由2人以上50人以下创业者共同出资设立，创业者以其出资额为限对公司承担责任，公司以其全部资产对公司承担责任的法人组织。根据规定，股东可以货币出资，也可以实物、知识产权、土地使用权等可用货币估价并能依法转让的非货币作价出资，货币出资额不得低于注册资本的30%。需要注意的是，有限责任公司需要双重纳税，即公司盈利既要上缴公司所得税，创业者作为股东还要上缴个人所得税。根据规定，一般的有限公司需要成立董事会，同时设一个董事长；小公司由于股东较少，没必要设立董事会，也就没有董事长，只有执行董事。

我国新修改的《公司法》规定了一人有限责任公司，自然人和法人都可以出资设立一人有限责任公司。一人公司作为公司的一种，是企业法人在公司成立时取得法人资格。一人公司的投资人（股东）仅以出资额为限对公司负责，即负有限责任。

因此，创业者在创建不同的企业组织形态时，要认真了解相关的法律规定并避免可能的风险。如果选择的是个体工商户、个人独资企业等组织形式，由于对债务要承担无限责任或者无限连带责任，因此应尽量控制新创企业的资产负债率。

此外，还要重视劳资问题。没有规范的公司制度，往往容易引发劳资纠纷。初创企业大都机构简单，没有充足的资金，没有规范的管理制度，这些都决定了初创企业首先面临的不是赚钱的问题，而是能否活下来和活多长的问题。创业者的注意力一般会集中在减少成本、创造利润上。而制定《中华人民共和国劳动合同法》（以下简称《劳动合同法》）的本意是为了保护员工的利益，这正好与创业初期企业降低成本的需求相矛盾。在当下员工依法维权意识不断增强的情形下，如果新创企业处理不好劳资关系，致使员工的权益得不到保障，甚至受损害，其结果是不仅留不住员工，还会因违反《劳动合同法》而受到相关法律的处罚。

二、创业市场准入涉及的相关法律问题

市场准入制度是国家对市场主体资格的确立、审核和确认的法律制度，包括市场主体资格的实体条件和取得主体资格的程序条件，其表现是国家通过立法，规定市场主体资格的条件及取得程序，并通过审批和登记程序执行，即政府或其授权机构规定公民和法人进入市场从事商品生产、经营活动所必须满足的条件和必须遵守的制度与规范的总称。市场准入方式有三种：禁止进入、许可进入和限制进入。

市场准入的形式包括许可、批准、注册、登记、核准、资质认定、发放许可证等。食品质量安全市场准入制度就是如此。为保证食品的质量安全，具备规定条件的生产者才允许进行生产经营活动，具备规定条件的食品才允许生产销售。因此，实行食品质量安全市场准入制度是一种政府行为，是一项行政许可制度。

为保证经济正常有序地运行，在一些领域进行创业，还必须要得到政府部门的许可。如凡是对环境有不良影响的各种规划、开发、建设项目、排污设施或经营活动，其建设者或经营者，需要先提出申请，经主管部门审查批准，颁发许可证后才能从事该项活动，这种制度多以某种凭证即许可证形式进行，故称“许可证制度”，也称“许可制度”。它一般包括许可证申请、审核、批准、监督、中止、吊销以及作废等一系列管理活动过程，根据管理对象的不同要求，可分为规划、开发、生产销售和排污许可证等类型。

许可证制度可保证对环境有影响的管理对象遵守国家管理环境的有关规定，从而将其对环境的影响限制在国家允许范围内。实践表明，它是国家强化环境管理的一种行之有效的方法。其实，创业者可以充分利用市场准入和市场许可制度，利用自己独特的优势，获得政策的保护，从而形成进入壁垒，为自己创业避开竞争奠定基础。

三、经济交往过程中所涉及的法律问题

新创企业进入成长期后，开始有了稳定的客户，企业经营活动逐渐步入正轨。企业经营必然涉及市场主体间的各种交易行为，如销售时和消费者形成法律关系；进货时和供货商形成法律关系等。这些法律关系通常是通过合同的形式确定下来的，无论是合同的签订、合同的履行，还是违约责任的承担，都与《中华人民共和国合同法》（以下简称《合同法》）关系密切，相关的法律规定还有《中华人民共和国产品质量法》（以下简称《质量法》）《中华人民共和国票据法》（以下简称《反不正当法》）《中华人民共和国反不正当竞争法》等。这就需要新创企业协调好对外的商业关系，处理好合同相关事务。比如，需要和经销商签订“产品销售合同”或“买卖合同”，服务业需要和客户签订“服务合同”或者“咨询合同”。在自有资金不足的情况下，公司向银行申请贷款需要签订“贷款合同”，或者从股东处贷款需要签订“股东贷款协议”等。此外，公司还可能会引入新的投资者，甚至是VC/PE这样的专业投资者。如果只是一般的投资者，那么只需要签订“股权转让协议”即可。但如果是VC/PE，风险投资（以下简称VC）和私募股权投资（以下简称PE）需要签订一系列复杂的“投资协议”并重新调整公司的架构，这时候就需要专业律师来协助公司处理专项法律服务。

在签订合同的过程中，为保证合同有效性，通常要确定以下四个方面的问题。

（一）合同主体是否具有法人资格

创业者签合同前要弄清对方有无签合同的合法权利，如果对方连签合同的权利都没有，签好的合同也等于废纸一张。创业者在审查对方是否具

备法人资格时，应注意审查合同签订人的代理人资格及其代理权限。其中：（1）盗用、冒用单位名义签订合同的，其所签订的合同无效；（2）超越代理权限的，其越权部分无效；（3）代理人以被代理人的名义同自己或者同自己所代理的其他人签订的合同无效；（4）合同签订人既无委托书，也无委托单位能够说明情况的介绍信，应视为无代理资格。

（二）合同内容是否合法

只有内容合法的合同，才能在双方发生纠纷时起到保护当事人权益的作用。如果合同内容不规范或不合法、合同条款不严谨，一旦发生纠纷，麻烦会更大。审查合同时首先要看合同标的是否属于法律、政策禁止生产经营的范围。其次是审查合同中有关标的的数量、质量、价格和违约责任等规定是否违反国家计划、法规和政策。再次是审查合同的内容是否违反国家利益或社会公共利益，有无违反法律的行为。最后是审查合同的内容是否超越批准的经营范围。

（三）合同当事人的意思表示是否真实

根据规定，要审查当事人在签订合同过程中的意思表示是否真实，有无违反平等互利、协商一致、等价有偿的情况。

（四）合同是否履行了法定的审批手续

法律、法规规定必须经过主管部门审核批准才能生效的合同，如果没有履行法定的审批手续，则不具有法律约束力。合同的法律约束力应是法律赋予合同对当事人的强制力，即当事人如违反合同约定的内容，即产生相应的法律后果，包括承担相应的法律责任。约束力是当事人必须为之或不得为之的强制状态，约束力或来源于法律，或来源于道德规范，或来源于人们的自觉意识。当然，源于法律的法律约束力，对人们的行为具有最强约束力。

经济交往过程应用法律时，应该遵循“事先”和“及时”两条原则。“事先原则”是说，在进行经营活动时，比如最常见的签订合同，最起码要了解《合同法》（以下简称《合同法》）的有关内容；同时，要向多位专业人士进行咨询，以求获得最完整的解读分析。在出现了法律问题或经济纠纷时，首先要冷静，在完全了解法律的规定之前，不要用法律以外的方式解决，以免错上加错。“及时原则”是指，出现了问题后，不要认为自己是弱者，而忽略了自己事先应有的防范和事后应当采取的及时补救措施。

四、创业过程中与知识产权相关的法律问题

知识产权在商业竞争中的作用十分重要。创业过程中，特别是利用高科技成果创业，往往会遇到知识产权问题。有的创业者拥有自己的知识产权，也可能会利用他人的知识产权，创业既不能侵犯别人的知识产权，又要建立自己的知识产权保护体系，要注意合理利用现有知识产权给自己的创业提供技术开发的思路和可行性支持，同时又要保证不侵犯他人的专利权。应该在法律允许的范围内使用他人的知识产权，应了解著作权、商标、域名、专利、技术秘密等各自的保护方法。

知识产权是关于人类在社会实践中创造的智力劳动成果的专有权力。随着科技的发展，为了更好地保护产权人的利益，知识产权保护制度应运而生并不断完善。目前我国已经建立了一个比较完备的知识产权法律保护体系。主要包括《中华人民共和国商标法》（以下简称《商标法》）《中华人民共和国著作权法》（以下简称《著作权法》）《中华人民共和国专利法》（以下简称《专利法》）等法律法规。

（一）专利权与专利保护

专利权是指将一项发明创造向国家专利局提出专利申请，经法审查合格后，专利申请人被授予在规定时间内对该项发明创造享有的专有权。根据《专利法》，发明创造有三种类型：发明、实用新型和外观设计。《专利法》所称的“发明”，是运用自然规律或本质去解决具体问题的技术方案，包括对产品、方法或者其改进所提出的新的技术方案。《专利法》所称“实用新型”，是指对产品的形状、构造或者其结合所提出的实用的新技术方案。一般涉及产品结构的改进，尤其是小改进，选择实用新型。它与发明的不同之处之于：第一：实用新型只限于具有一定形状的产品，不能是

一种方法也不能是没有固定形状的产品；第二：对实用新型的创造性要求不太高，而实用性较强。《专利法》所称“外观设计”是指对产品的形状、图案或者其结合，以及色彩与形状、图案的结合所做出的富有美感并适于工业应用的新设计。

对于发明专利的保护客体，可以是一种方法或者是一种产品，包括只有方法的发明专利申请、只有产品的发明专利申请和产品及其生产方法、产品及其使用方法等发明专利申请；对于实用新型专利申请的保护客体，由于对所保护的客体限制为有形的产品或者由多个产品连接在一起组成的系统，只能对看得见、摸得着的有形产品进行保护；对于外观设计专利保护客体则与发明专利和实用新型专利的区别较大，它只能对看得见、摸得着的有形产品的形状、图案或色彩及其组合进行保护。

在技术发展日新月异的今天，几乎没有一项技术能够独领风骚数十年，一项新技术出现，其他竞争者马上就可以复制。因此，在一般情况下，专利申请越快越好。一方面使技术尽快到法律保护，另一方面也能增加公司的无形资产。

以某创业者开发软件为例，创业者一般先有个思路，但自己不会软件编程，于是请外人或其他公司帮助软件开发。软件开发完成后，承接开发业务的软件编程单位或个人如果缺乏商业道德，很容易剽窃这一成果。他们会通过直接申请知识产权保护的形式，把真正的原创者剥离在知识产权之外。由于软件产品并不具备传统意义上看得见、摸得着的有形产品的特质，如果只是机械地沿袭《专利法》，无论该软件产品中阐明的内涵具有怎样的新颖性、创造性和实用性，都无法用专利申请对其进行保护。而由于软件著作权相关规定只是保护所谓的源程序代码，无法延伸到该软件产品的原创思想，显然这是很不公平的。其实，每一个软件产品在编程过程中，都有其相应的思想、算法和流程，往往只有根据该设计思路和算法流程，最终才得以技术实现。因此，这些设计思路应该属于发明专利保护的客体，至少是其中的重要组成部分，而不是简单归类为实用型专利。

比如国内某高校支付了一笔费用，向A公司采购一款教学软件。由于当时公司根本没有能满足学校要求的这款软件，学校只好委托该公司根据学校设计方案进一步开发。根据双方协商，软件所要实现的主要教学功能和操作流程均由该高校的教师团队提供方案，然后由 A 公司进行软件编程和技术实现。在开发过程中，学校教师分别提出了相关功能模块设计方案并一直与 A 公司保持密切合作。但由于学校没有知识产权保护经验和意识，没有在此之前通过签订合同的形式，明确知识产权的相关事项，从而造成在产品开发结束并投入使用后，A 公司很快就把学校甩到一边，单独申请了该软件的完全自主知识产权，并进行了商业化运作。A 公司老总对此振振有词："知识产权只保护源程序，不保护思想。"结果，学校为此出钱、出力、出思想、出方案，但知识产权及其成果却与自己无关。

基于以上案例，如果需要通过外包进行软件产品开发，特别是对于具有较好商业前景的软件产品，为了确保自己拥有相关知识产权，通常可采取两种方法：一是直接签订外包协议和保密协议，明确提出受托方只是接受委托开发，知识产权归属委托方，一旦开发验收结束，受托方应将全部与知识产权相关的材料和软件源程序交给委托方，并承诺不得转让他人或谋利；二是如果合作开发，也要通过协议形式，明确双方的权利和义务，写清双方知识产权所占比重，如果等到事后再提出此事，维权的难度就非常大。

（二）专利的有效保护

专利的有效保护依赖于专利的有效性。发明的审查制度比较严谨，获得授权的发明其有效性多是有保障的。但我国的实用新型专利仅经过形式审查就进行授权，简单地说类似于登记程序，只要是申请文件的形式符合规定就先予以授权登记公告，并不代表该专利具有新颖性和创造性，这点需要注意。如何保护实用新型呢？申请人首先应当在实用新型授权后向知识产权局申请做出《实用新型新颖性检索报告》，报告会对该实用新型的新颖性和创造性做出结论，可以理解为实用新型专利的实质审查程序。在维权诉讼中，主管部门或法院都会要求以此报告为重要依据来审理。

个人发明专利的产业转化一般有两种途径：一种是等待企业来对专利项目进行考察，然后对专利使用权进行购买，从而利用新技术进行生产；另一种就是专利持有人利用专利技术自己投资创业。

（三）专利的变更/转让

专利申请提交后或专利权授予后，专利申请人或专利权人可以对专利申请或专利的申请人地址，发明人姓名，联系人姓名、地址、联系电话，代理机构名称、地址，代理人姓名、电话等著录事项进行变更，专利申请人或专利权人也可以将其专利申请权或专利权进行转移，即变更申请人姓名。专利的变更/转让，需要到国家知识产权局办理，依据不同情况提交著录项目变更申报书及不同种类的相关证明文件，如果变更手续错误，审查员将发出视为未提出通知书，变更/转让失败；如果变更手续正确，审查员将发出手续合格通知书，完成变更/转让。

比如某人发明的一套臭氧消毒装置，具有高温消毒装置所没有的广泛适应性，对于家庭或餐饮场所非常有价值，已经取得专利权很长时间了，但是一直没有企业对此感兴趣。造成这个现象的原因是专利供求双方信息沟通不畅，个人专利持有人没有一个能和企业交流的平台。如果企业能够及时地了解最新的发明专利项目情况，把适合自己生产的技术使用权购买过来，那么不但使专利有了用武之地，许多企业可能就不至于亏损了。

五、专利的申请

创业者如果开发出自己的独特产品，最好及时申请专利，因为申请专利具有如下好处：

（1）垄断权：专利权人可以防止商业对手的竞争，可以取得更高的利润回报。

（2）赚取特许费：一项专利，即使市场没有即时的需要，那么日后也很可能会有商家察觉到该专利的用途，并愿意支付专利使用费。美国施乐公司发明了图形用户界面，但未申请专利，其后微软公司及美国苹果电脑公司（以下简称苹果公司）利用图形用户界面作为其个人电脑操作系统的基础，从而抢占了市场先机。初步估计，施乐公司为此白白损失了近10亿美元的特许费；而国际商业机器公司（International Business Machines Corporation，以下简称IBM）则及时将自己开发的产品申报专利，并通过转让自己的专利在2001年获得17亿美元的专利特许收入。

（3）作为防卫手段：如发明人未能在第一时间申请专利，竞争对手便会捷足先登。届时，发明人研发的一切努力将会付诸东流，且发明人本人甚至还无权使用自己的科研成果。

（4）有助于开发国外市场：目前世界上已有170多个国家和地区建立并实行了专利制度，不少国外买家，尤其美国买家会要求当地制造商或卖家证明其拥有产品的知识产权，以保障本身不至于卷入侵权诉讼，这样才愿意进行交易。

（5）以小胜大，增强企业竞争力：专利对大、中、小型企业及新型企业都同等重要，在竞争激烈的市场中，小型企业完全可以利用专利与大型企业用巨资打造起来的主导产品竞争。

（6）增加企业的价值：投资机构在选择目标企业时，非常看重目标企业的专利技术，若该公司拥有若干有价值的专利，则公司的估值将可大幅度提高。1997年，微软公司以25亿美元收购一家拥有不足6000用户的小公司，收购价是业内平均价格的40倍，微软公司愿意以这一股价支付，就是因为该公司持有35项通过互联网传送电视节目内容的重要专利。

（7）有利于企业进行科学正确的决策：通过专利分析，企业可以了解科技动态、行业动态、市场走向、新产品趋势，进而预测、制定本企业的近、中、远发展规划，确定企业发展哪些产品以占据市场，保持企业的领先地位，扩大市场占有份额。

目前，国内外大多采用著作权对计算机软件进行保护，我国特别从著作权中分支出《计算机软件著作权登记办法》对自主知识产权的软件来进行重点保护，采用软件登记这种版权保护方式有许多优点：

（1）通过登记的软件会将权利人、开发时间、完成时间、名称及内容进行公告，发生纠纷时有一个明确的依据，能多明确软件的归属，避免了因人员跳槽而引起的不必要的权属纠纷，也可以说软件登记是提出软件权利纠纷行政处理或法律诉讼的前提。

（2）授权快，两个月左右就可拿到证书，版权保护的时间长，保护期50年。

（3）经过登记的软件不公开软件程序，只有在发生侵权时，才会作为侵权认定的依据，保密性极好。

（4）保护范围较广，能作为侵权认定的有效依据。

（5）费用较低，且只需一次性付费，不必缴年费。

第二节 新创企业财务基础知识

创业案例

2007年年初，任正非致信IBM公司CEO彭明盛，希望IBM公司派出财务人员，帮助华为实现财务管理模式的转型。当然，华为将支付巨额费用。

为什么要雇IBM公司的财务人员？因为任正非注意到，虽然华为销售收入保持高速增长，净利润却逐年下降，他甚至不知道一个单子接下来是否能赚钱。尽管从2000年开始华为公司的财务部门已经参与成本核算，但是公司还是缺乏前瞻性的预算管理——中国绝大部分企业很难做到这点，但这却是跨国企业擅长的。

不久，华为公司正式启动了集成财务转型（IFS）项目。与此同时，IBM正式把华为公司升级为事业部客户——在其全球几十家事业部客户中，华为是唯一一家中国企业。单纯从这层意义上来说，任正非的眼光超出其他国内企业。

IFS项目给华为培养了数千名合格的财务总监，他们把规范的财务流程植入到华为公司的运营流程，实现了收入与利润的平衡发展，这也是近几年华为虽然营收增长放缓，但利润的增长仍然不错的重要原因。

一、新创企业进行财务管理的必要性

在创业初期，财务管理往往不太规范。创业者早期大都只重视进出账管理，而对财务数据分析和管理几乎不懂。实际上，在任何一家新创企业中，财务管理都是一项重要的工作。好的财务管理能够及时地为创业者提供它所需要的财务信息，从而帮助创业者优化战略决策，正确分析经营状

况，从而有助于更快实现创造价值的目标。初创企业由于财务管理方面不成熟而导致经营失败的案例不胜枚举，有的初创企业过分强调市场占有率，在一定时间内还获得了相当可观的利润，但是因为缺少成本核算和预算，财务管理制度不严谨、不科学，为企业埋下了严重的隐患，当市场规模扩大时反而使企业陷入财务危机，导致创业失败。

新创企业之所以要重视财务管理，主要有以下原因：

(1) 企业的经营活动脱离不了资产，如长期资产，它包括：建筑物、用于生产的设备和各种设施等；短期资产包括：产成品存货、原材料存货、现金和应收账款。为获得长期资产和原材料，企业可从创业启动资金和自身经营所得中提取资金用于再投资，也可以从金融市场上以一定的价格发行股票、债券或向金融机构借贷获取资金等。企业的财务管理人员在筹集资金的过程中要运用财务管理能力，设计最优的筹资方案，使企业筹资的成本最小，所筹集的资本能发挥最大的效益，从而使企业的价值达到最大。

(2) 企业资本和资产的有效运用与所投资的项目，包括实物资产、技术和人力资源的投入和产出是否经济、合理，投资收益是否高于成本，风险如何补偿等问题有关。企业的投资决策正确与否，直接影响其未来的净现金流量，也影响其资产的增值。因此，投资决策也是财务管理中需要考虑的重要问题。

(3) 企业的一切财务活动与其外部环境息息相关。国家的经济发展周期、政府财政政策的宽松和紧缩对企业的财务管理策略有很大影响。与企业筹资直接有关的金融市场及利率是企业财务必须熟悉和重点研究的领域。财务管理就是寻求在一定的外部环境下，使企业资金运用尽可能有效的方法，这就需要在企业的需求与收益、成本及风险之间进行衡量，做出最终能使股东财富达到最大的决策。

(4) 财务管理是企业内部管理的中枢。企业的生产、经营、进、销、调、存每一环节都离不开财务，企业的经济核算、财务监督，更是企业经济活动的有效管理方法。财务管理是一切管理活动的共同基础，它在企业管理中处于中心地位。

二、新创企业的财务管理问题和困境

财务管理是指关于资产的购置（投资），资本的融通（筹资）和经营中现金流量（营运资金），以及利润分配的管理。新创企业典型的管理模式是所有权与经营权的高度统一，企业的投资者同时也是经营者，这种模式势必给企业的财务管理带来负面影响。新创企业中相当一部分属于个体、私营性质，在这些企业中，企业领导者集权现象严重，并且对于财务管理的理论方法缺乏应有的认识和研究，致使其职责不分，越权行事，造成财务管理混乱，财务监控不严，会计信息失真等。企业没有足够的人力资源来建立内部审计部门，即使有也很难保证内部审计的独立性。另一方面，企业管理者的管理能力和管理素质差，管理思想落后。

在创业初期，企业财务方面通常会存在很多薄弱环节，有很多不规范的地方。而创业者也往往对财务管理存在一些偏见，如认为创业初期没什么财务好管理的，有一个会计、一个出纳就可以了，只要收些钱、记流水账即可；还有创业者认为财务管理的重要性只有在公司做大后才可体现，创业初期不必浪费人力物力健全财务制度。此外，在创业过程中，很多创业者在公司财务管理方面也会发生以下情况：

（1）不了解创业企业的基本财务管理过程，不看账目，无法对财务数字进行分析。

（2）没有事前的财务预算、事中的财务控制以及事后财务审核的意识，只知道事后算账。

（3）不懂三大报表（损益表、资产负债表、现金流量表）所反映的业务实质，既不知道创业企业都掌控了哪些资源，也不了解企业掌控的资源哪些产生了经济效益，哪些是在浪费企业的资金，更不知道运营、筹资和投资等活动中的现金流状况以及存在的问题。

其实，对于初创企业来说，无论是企业所需资金的筹集和配置，还是经营成本控制，都是非常重要的。即便是公司规模很小，完善的管理制度也是不可或缺的。任何企业的发展都有一个生命周期，包括若干个不同的发展阶段，每个发展阶段都有区别于其他阶段的特点，这些特点决定了初创阶段的财务管理与其他阶段不同。

随着新创企业经营活动的展开，一些与财务相关的问题就会出现。比如，企业是盈利还是亏损？成本细分都有哪些？企业目前还有多少现金？这些现金能否用来偿还债务或投入新的项目？企业资产的使用效率如何？企业是否需要筹集资金来支持未来经营发展？等等。总之，大多数新创企业都要面临四个主要的财务指标：盈利性、流动性、资产使用效率和稳定性。

三、资产管理与配置

创业者要明确经营计划需要，合理配置流动资产和长期资产，以此确定长、短期资金来源配比关系。流动资产一般以流动负债作为资金来源，而长期资产来源则应为长期资本，这就是公司理财中的资本匹配原则。一般来讲，企业的资金形式主要包括固定资金、流动资金和发展资金。

（1）固定资金是企业用来购买办公设备、生产设备和交通工具等固定资产的资金，这些资产的购买是企业长期发展所必需的；但是这些生产必需设备和场所的购买一般会涉及较大资金需求，而且期限较长。中小企业由于财力薄弱应尽可能减少这方面的投资，通过一些成本较少、占用资金量小的方式来满足生产需要，比如初创的中小企业可以通过租赁的方式来解决生产设备和办公场所的需求。

（2）流动资金是用来支持企业在短期内正常运营所需的资金，因此也称营运资金，比如办公费、职员工资、差旅费等。结算方式和季节对流动资金的影响较大，为此中小企业管理人员一定要精打细算，尽可能使流动资金的占用最少。

四、现金流和成本

（一）现金流管理

现金流包括现金在企业的流入和流出。创业者，尤其是对财务比较陌生的创业者经常会将利润当作现金流入，将成本当作现金流出。这种看法是不正确的，甚至时常会误导创业者的决策。现金流入在绝大多数情况下不等于利润，成本的支出也绝不是现金流出的全部。由于赊销的存在，许多企业的现金流入会小于企业的利润。对于创业者来说，一个很重要的财务问题就是充分理解现金流和利润之间的关系，关注库存与现金周转，降低流通时产生的不必要成本。

由于会计准则按照权责发生制确认收入，受到企业销售政策的影响，企业在账目上记录的销售收入很可能不会产生现金流，比如赊销；而其他业务收入也未必会在确认收入的当期产生现金流，比如利息收入一般是年度或季度付息，这就导致了企业的名义收入大于现金流入。与此同时，企业的采购可能采取预付款形式，在成本还未在会计中确认时，现金流出已经产生；有些营业外支出已经发生并产生现金流出，但由于原始凭证尚未取得而未入账，这会使企业的支出小于现金的流出。将上述二者合并我们会发现一个很严重的问题：企业当期可以在会计账上盈利很多，但实际的现金流可能是零甚至是负的。

（二）成本

成本的概念也不是像许多人想的那样，仅限于购买原材料和支付水电费、人工费等日常支出这么简单。真正的成本应该是与公司原材料采购、生产加工及存货管理相联系的，加上人工费、水电费等日常开支，同时应将企业购买的设备、厂房，专利、软件等资产成本按照一定比例，分期摊销至成本中，这样核算出的成本才准确真实。

以生产成本为例，通常包括：

（1）直接材料，一般指构成产品实体或有助于产品形成的各种原材料及材料。如企业生产过程中实际消耗的原材料、辅助材料、备品备件、外购半成品、燃料、动力、包装物等。

（2）直接工资，一般指生产人员的工资、奖金、津贴、补贴及福利等。

（3）制造费用，一般指企业各个生产车间为组织和管理生产所发生的各项费用。如管理人员工资、生产单位用房建筑物和机器设备的折旧费、修理费、运输费、试验费、劳保费、保险费等。

此外，还有期间费用，是指在会计期间内为企业提供一定生产条件，以保持产品产销能力所发生的费用，如管理费用、财务费用、销售费用等。期间费用全部由当期产品销售利润项目扣除，而不计入产品成本。

五、创业者要学会读懂三大财务报表和财务分析

损益表、资产负债表、现金流量表，这些表如同行军打仗的地图。没有地图，就会迷失方向，创业者若不懂得这三张表，就失去了控制力，不能知己不知彼，必败无疑。三大会计报表是对企业业务开展情况的高度概括和总结，是创业者在短时间内了解企业经营状况的必由之路。其作用如下：

（1）有助于了解本企业的经营状况。

（2）有助于了解竞争对手的经营状况。

（3）有助于了解合作方的财务状况。

比如说，有些新创企业通常会向某大企业供货，但往往并不能马上拿到货款，可能要等上30天或更长时间。而在这期间，企业可能还有许多要做的事需要开支，比如购买零部件、原材料、给员工发工资、补偿日常开支和运费等。因此，作为创业者必须要清楚地了解：

（1）已经筹了多少资金？用在了什么地方？

（2）经营过程中都有哪些开支？有哪些收入？

（3）有哪些应收账款还没有收到？哪些应付账款还没有支付？

（4）公司经营是否在盈利？

（5）还有多少现金可以使用？

企业的规模不管多小都必须有财务制度或者会计操作准则，有规范可依据。从财务管理的角度，首先需要按照基本财务账本进行记录，然后根据财务数字做出报表。作为初创业的管理者，应该明白财务三大报表的含义。三大报表是个整体，单独看都无法看到完整的企业经营结果。为了评估企业是否实现各项财务目标，需要对财务报表进行分析，只有这样，才能及时发现问题，控制成本，使利润最大化。

（一）资产负债表

通过资产负债表可看出企业掌控的资源和经济实力。表格的右边表示“负债”，反映的是企业的钱从哪里来？如长短期负债、资本金、股东权益

等，也包括经营利润或投资收益等；左边则是“资产”，表示企业把这些资金投入到哪些资产上了？如现金、债券、原材料、商品、在建工程、长期投资等。

资产负债表通常可为创业者提供以下主要信息：

（1）企业资产及分布状况。

（2）企业负债及分布情况。

（3）企业净资产（所有者权益）金额。

（4）企业长、短期偿还能力。

（5）与利润表结合可以计算企业资金周转情况及资金创收情况。

（6）企业未来的财务形势和趋向，主要是根据本年数据与上年数据比较来判断。

（二）损益表

也称利润表：反映1月1日~31日的经营成果，通过利润表可进行企业盈利能力分析、企业长期偿债能力分析以及投资效益分析。损益表由两部分组成：一部分报告资金的流入（即销售产品或服务后顾客支付现金或承诺在将来偿付，计为应收账款）——现金或应收账款，也称为收入；另一部分报告的是为获得收入所需的资金流出（也称为费用）。收入超过费用的部分就是利润（即收益）。收入总额超过费用总额的净值称为净收益。管理者和其他利益相关者需要经常了解企业的收益情况。因此，一般是一个月编制一份损益表，有时一周甚至一天。

损益表通常可提供以下主要信息：

（1）企业各项收入情况。

（2）企业成本费用情况。

（3）主营业务税金及附加。

（4）企业实现税前利润。

（5）企业上交所得税。

（6）企业实现税后利润。

（7）与资产负债表结合可得出资金周转和创利指标。如将净利润与资产总额进行比较，可计算出资产收益率。

需要说明的是，尽管利润很重要，但以损失其后续发展的投入为代价，反而得不偿失。比如，有的新创公司为了获得股东的欢心或融资时获得较高估值，往往会把利润表做得更漂亮些。常用的方法是：一方面砍掉或压缩应有的费用，压低相关人员的薪酬；另一方面砍掉或压缩研发费用。虽然从账面上看确实是降低了成本，提高了利润，但新创公司却因此而没有了发展后劲。压低相关人员的薪酬，会导致管理团队中缺乏高素质人才，甚至难以留住人才；砍掉或压缩研发费用必会导致产品或服务档次低、更新换代慢、缺乏竞争力等。因此，为了公司的长久发展，有些必要的再投入支出应该是随着收益的增加而增加的。

（三）现金流量表

反映的是营运、理财、投资等三种活动的现金流入和流出状况，是企业在一定会计期间（一般指一月、一季、一年）的现金流入和流出的财政报告，为我们提供的是一家公司经营是否健康的证据，可看出企业未来存活的可能性。对创业者来说，现金流量表最重要，其高流动性使之能任意转换为其他任何类型的资产。只有纸面利润而没有实际现金流入，事业很快就会萎缩。结合现金流量表和利润表，做出的财务分析才有价值。创业者要特别关注有关现金流的问题，要注意库存与现金周转，降低流通时产生的不必要成本。因为公司业务涉及异地的交易往来、现金往来，所以有关现金往来、交易凭证等票据就必须保存完整且与所记录的账簿一致。

现金流量表通常可提供如下信息：

（1）提供企业现金流量信息。

（2）可以分析企业应收账款和存货的质量。

（3）可反映企业经营、理财、投资等三种活动的现金流入和流出状况。

（4）可预测企业未来的发展状况。

（5）现金流量结构百分比分析（比如：经营、投资、筹资等引起的现金流入与流出所占比例）。

（6）现金流量变动趋势分析。

（7）现金流量财务比率分析（比如：现金净流人占净利润的比率，如果小于 1，说明存在尚未实现的现金）。

在新创公司成立之初，应该设立好公司的资本结构，做好现金流的预警分析，在达到某一预警指标时，及时采取措施，防止出现资金链断裂的情况。一家健康的新创公司，一定要有良性循环的现金流量。

特别要提醒的是，应收账款与现金流是负相关关系，也就是说如果新创公司的应收账款增加，就会带来现金流量的减少，反之亦然。真实的利润率代表着公司的发展，而现金流则代表着新创公司当下的运营能力。没有现金流谈利润没有意义。有了足够的现金，才能有机会获得远比账面利润多得多的利润。

其实，现金流表示公司账户里的现金量变化，利润只是财务报表上的数字而已。比如一笔生意下来，合同金额是 1000 万元，所有成本总计 800 万元，利润则是 200 万元。可这 200 万元利润要变成现金，必须要等到客户将款全部打到公司账户里才成为可能。也许两年后会有坏账的风险等。因此，新创公司要重视应收账款的管理，尽量采用现销，避免用赊销的办法。另外，在商业活动过程中，要特别关注客户的资质和信用情况，以防现金流管理出现问题。

六、财务管理过程

对于一家企业来说，财务管理分为财务预测、财务分析和财务控制三个方面。

（一）财务预测

新创企业进行经营决策时，必然要涉及成本费用、收益以及资金需要量等问题，而这些大多需要通过财务预测进行估算。财务预测就是依据目前的财务收支情况，通过合理地预计企业的未来发展，结合市场环境的变化来预计未来某一期间的财务情况。例如以当前企业的收入和支出为依据，分别乘上一个合理的系数，来推算未来某一期间的相关数据。值得提醒的一点是，与收入和支出相乘的系数一定不相同，而且尽管随着企业的规模不断扩大，单位固定成本会略有下降。但是随着企业的发展，管理费用和相关沟通成本也会大幅增长。所以在预测未来支出时尽量将支出做得大一些，这样才有利于创业者进行可行性分析。财务预测的目的正是为了让企业者对企业今后发展中会出现的相关财务风险进行事前准备，防患于未然。

合理的财务预测会帮助创业者制订和运行各种计划，有助于公司的成功。为此，可以参考以下做法。

1. 成本预测

从成本开始预测，而不是收入。在创业阶段，预测成本比预测收入容易得多。比如固定成本通常一目了然。而一般管理费用包括：租金、公共费用支出（水电煤气费）、电话费/通讯费、会计费、法律/保险/许可费、邮费、技术、广告/营销、工资等；可变成本则包括：已销售商品成本、材料和供应、包装等；还有直接人工成本。

2. 收入预测

包括营业收入和企业收益预测等方面。多数创业者常常在保守的现实和积极的理想状态间预测未来收入，对未来良好的收入预期会让创业者动力十足，也有助于鼓舞他人。

3. 资金需求量预测

一般而言，资金需求量的预测往往是借助于财务报表预测来进行的。要想知道公司未来的经营成果和资金需求量，首先要进行销售的预测，然后估计需要的资产。因为，资产通常是销售量的函数，根据预计销售量和资产销售函数，可以预测所需资产的总量；再根据销售额估计收入和费用，并确定净利润；根据预计资产总量，减去已有的资金来源、负债和内部的留存收益，得出应追加的资金需要量，以此为基础进一步确定所需的外部融资数额。

（二）财务分析

财务分析是对企业一定期间内发生的财务数据进行管理层面的分析，例如制造成本/销售收入、管理费用/销售收入、毛利润/销售收入、工资/管理费用、应收账款/销售收入、存货/销售收入等。财务分析能够帮助新创企业找到竞争劣势，如单位成本过高、管理效率较低、应收账款期限太长、存货周转速度过慢等。通过财务分析，我们能够从定性及定量的角度发现企业的问题。

通过三大财务报表可以判断新创企业的财务状况和经营成果。对企业自身而言，可以通过财务报表将过去与当前的经营情况加以对比。这些对比不仅有助于创业者制订未来的发展计划，而且有助于其认清企业经营中的优势与劣势。

（三）财务控制

财务控制是指对企业的资金投入及收益过程和结果进行衡量与校正，目的是确保企业目标以及为达到此目标所制订的财务计划得以实现。创业者创业之初肯定在管理和控制方面存在诸多不足，但有些机制一定要尽早建立，良好的财务控制能够为企业构建一面防火墙，能使创业者的努力不被内部的机制缺陷所影响，主要包括：预算控制、成本控制、实物资产控制、风险控制等。

财务控制是一个动态的控制过程，要确保财务预算制度的贯彻落实，就必须对预算的执行情况进行跟踪监控，及时发现问题，及时调整执行偏差。为此，必须建立一个反应灵敏的信息反馈系统。这一系统不仅能自下而上反馈财务预算的执行情况，也能自上而下传递调整预算偏差的要求。同时，这一系统既要求信息传递及时、快捷，也要求确保信息真实、可靠，并配备相应的信息审查人员，制定相应的责任制。

（四）其他财务管理活动

1. 银行账户的管理

企业一般应设立一个基本账户、一个一般账户、若干的特殊用途账户（如基础建设、项目研发），不同账号的性质用途不同，能够让管理者更好地掌握企业的资金流动。

2. 现金的管理

现金的保管和记账一定是两个人分别负责，而现金的提取和使用应该由财务负责人审核批准，金额较大的甚至要公司负责人批准，现金每日下班前进行盘点。

3. 费用报销控制

费用报销申请应由相关部门负责人批准，财务人员将报销申请交给复核人员复核，金额较大的由财务或公司负责人审批。

4. 存货和资产管理

存货和资产的采购申请、审批、资金发放、验收入库及库存管理应由不同部门的人员分别负责和监控，存货库房有专人看管并记录相关产品的出入库情况。

5. 账务往来管理

具体需要注意的项目包括：（1）原始资料保持完整；（2）与客户的账要搞清楚，特别是明细账，收款要及时，月底应该要对账；（3）开发新客户要注意进行信用评估；（4）自己要核对银行对账单；（5）股东一起编制各月预算；（6）每个月向合伙人报告现金状况及财务报表；（7）外地销售的出差费用要及时报账，有关出差费用要先确定限额及报账方法。

第三节 新创企业的发展

创业案例

华为创始人任正非说："十年来我天天思考的都是失败，对成功视而不见，也没有什么荣誉感、自豪感，只有危机感。也许正因为这样我们才存活了十年。我们要一起想怎样才能活下去，才能活得久一些。失败这一天一定会到来，大家要准备迎接，这是我不变的看法，也是历史规律。"

任正非是一个危机意识极强的企业家，当华为度过了死亡风险极高的创业期，进入快速发展轨道的时候，他已经敏感地意识到了华为的不足。

1997年圣诞节，任正非走访了美国IBM等一批著名高科技公司，所见所闻让他大为震撼——他第一次那么近距离、那么清晰地看到了华为与这些国际巨头的差距。任正非回到华为后不久，一场持续五年的变革大幕开启，华为进入了全面学习西方经验、反思自身，提升内部管理的阶段。这个“削足适履”的痛苦过程为华为国际化做了充分准备。

1999年，华为员工达到15000人，销售额首次突破百亿，达120亿元。已经在国内市场站稳脚跟的华为，先后在印度班加罗尔和美国达拉斯设立了研发中心，以跟踪世界先进技术走向。这一年，华为海外销售额仅0.53亿美元，但已经开始建立庞大的营销和服务网络。这意味着，华为要在国际市场大施拳脚了。但是，技术还没有绝对领先，品牌知名度亦不如那些百年老店，资本没有国际同行那么雄厚，华为的竞争法宝在哪里？

任正非很早就认识到了服务问题。他很早就提醒华为人：“中国的技术人员重功能开发，轻技术服务，导致维护专家的成长缓慢，严重地制约了人才的均衡成长，外国公司一般都十分重视服务。没有良好的服务队伍，就是有销路也不敢大销售，没有好的服务网络就会垮下来。”

相对于欧洲老牌电信设备提供商来说，华为的快速反应是优势之一。华为负责海外市场的副总裁邓涛以自己的亲身经历说，欧洲企业普遍反应较慢，用户提出一个修改建议，他们往往要一年甚至一年半才能改进。而中国企业，只要用户有需求，总是能加班加点，快速反应。一个要一年才改进，另一个只要一个月就能改进，优势自然体现出来了。

一、初创期的经营管理

将企业做大做强，是新创企业在发展进程中面临的重要课题。根据企业的成长周期理论，一个组织的成长大体上分为四个阶段：初创期、成长期、稳定期、衰退期。对于事业型创业者来讲，当公司已经脱离了最初的创业阶段，具备了足够的实力和强大的创收与盈利能力，甚至在很多领域处于领先或领导地位时，就不应该有见好就收、不思进取的思想，而应该向更高的方向努力，向更大的格局发展，不断创新产品或服务。在企业的不同成长阶段，其所适合的管理风格也不尽相同。

对于初创者来说，第一阶段的首要任务就是开拓产品市场，实现企业盈利，完成资金积累。有了市场，企业才能创收。但在我国，大多数的初创企业在这个阶段就会失败。此时，创业者自身缺乏经验积累，无法制定出明确的目标及创业重点。企业创建初期的通病都是太相信奇迹，总是期望突然间能创造出一个非常好的产品，然后赚大钱，而轻视企业从小到大、由弱到强的发展规律，轻视制度建设，轻视员工的创造力。尽管企业的失败有种种原因，甚至不乏政策风险、国内外竞争压力等宏观因素，但从企业本身考虑，最重要的一条就是：缺乏应时而变、引导潮流的发展战略。

一家刚刚创立的企业无疑要考虑如何生存的问题，即如何赢得时间和市场的问题。公司处于创业初期，由于各种资源非常有限，这时应谨慎选择那些能够被市场接受、能带来短期回报的产品或服务。比如，对已经具有一定市场认可度的产品进行改良或优化，使其能更好地满足用户需求，通常就成为最现实的选择。但是，这一阶段企业规模小、尚未定型、低速发展、缺乏目标与标准等。因此，此阶段成功的关键是创造真正符合市场需要的产品和服务，主要任务就是为产品和服务确立适当的市场定位，确保产品和服务能满足市场的需求。这就要求新创企业的创业者重视培养核心竞争能力，而且这种能力必须通过不断创新，在顺应市场的变化过程中逐渐强大起来。

企业一旦建立并开始运营，创业者的工作重点就要转移到经营企业上，角色应向管理者转变。经营企业主要有三项任务：一是企业的日常运营管理；二是员工管理；三是促进企业成长。在企业的日常运营管理方面，创业者主要做的事情包括：做出决策，制定行动方案，分析企业的内部环境和外部环境，考核并评估执行情况，审时度势及时调整。在员工管理方面，创业者主要应做的事是：筛选和录用员工，鉴定、培训和激励员工，处理各种矛盾，尽量做到人尽其才，做一个有影响力的领导者。在促进企业成长方面，创业者主要做的事情是：制定适当的成长策略，处理危机，寻求企业增长方式，不断明确和提升企业的价值，提高自己的竞争力。

在这一阶段，第一项重要任务就是尽快建立健全良好的商业模式。优质的商业模式是创业团队的智慧结晶，更是创业实践的高度浓缩。初步创业阶段，尤其是第一次创业者，要构建一套科学而可行的商业模式，也是不太现实的，所以，在创业起步阶段，最好是“站在巨人的肩膀”上（如加盟等）去实施自己的创业计划。因为这个“巨人”在创业实践过程中历经市场锤炼已形成了一套成熟的、经得起考验的商业模式，从而降低了创业风险，可实现稳健而快速的发展。

这一阶段的第二项重要任务是价值创造。价值创造是指企业生产、供应满足目标客户需要的产品或服务的一系列业务活动及其成本结构。要做到这一点，则需要建构能实现客户价值的活动流程——价值链。价值链是企业用来进行设计、生产、营销、交货及维护其产品的各种活动的集合。价值链定位在价值创造中扮演着关键角色，企业如果想要分享价值链中的主要利润，必须要掌握其中对于创造价值有重大贡献的关键流程与资源。价值创造模式创新的最典型企业是华特迪士尼制作公司（以下简称迪士尼）。在迪士尼的整体收入中，最初来自迪士尼的动画制作，除了票房，通过发行、销售拷贝和录像带，迪士尼赚到了“第一桶金”。接着是主题公园创收构成其第二轮收入，世界各地的迪士尼乐园，吸引大量游客游玩消费。最后是品牌产品和连锁经营带来的收入。迪士尼在美国本土和全球各地授权建立了大量的迪士尼专卖商店，通过销售各种玩具、食品、礼品等得到第三轮收入。其相关消费品主要包括迪士尼动画形象专有权的使用与出让、品牌产品的生产和销售，以及相关书刊、音乐乃至游戏产品的出版发行等。

初创期的第三项重要任务就是尽快创立竞争优势。新创企业一般是通过三种方式来创立竞争优势的，即：成本领先、产品差异化和重点集中策略。同成本领先策略紧密相关的主要有三个方面的内容，即价值链、战略定位和成本动因。

（1）价值链。价值链包括企业自身价值链、竞争对手价值链和行业价值链三个方面。通过对企业自身价值链的分析，可以确认企业的价值创造活动有哪些，处于什么样的分布状态，以及在整个行业价值链中的位置，并将本企业价值创造活动的所耗成本与其对产品价值的贡献进行比较，确定其发生的合理性，进而决定对其的取舍；通过对竞争对手价值链的分析，能够发现价值链的合理程度，谁拥有多大的竞争优势或劣势，是哪些价值活动或成本因素导致了这种状况的出现。而利用行业价值链分析，企业可以决定是否需要实施纵向整合战略。总之，价值链分析所得出的信息对制定战略以消除成本劣势和创造成本优势起着非常重要的作用。

（2）战略定位。企业战略应该很好地同其竞争环境协调起来，这也是企业战略管理的基本原则。一个行业的竞争环境是决定企业战略的重要因素，企业的战略定位必须同行业中各竞争要素的特点及其组合相匹配，如价格、产品质量、性能、特色和服务等。如果竞争环境发生了变化，企业应该做出积极的反应，采取恰当的战略行动，捍卫其竞争地位。在确定了企业的战略定位以后，实际上也就确定了企业资源的配置方式及相应的管理运行机制。因此只有通过战略定位分析，将成本管理同具体的战略相结合，才能体现出战略成本管理应有的管理效果。

（3）成本动因。为了进一步明确成本管理的重点，还需要找出成本的驱动因素，以便对症下药，保证成本管理战略的有效性。而成本动因分析恰恰可以满足战略成本管理的这一要求，能够将影响企业成本的因素很好地揭示出来，同时指出企业应采取什么方法来控制这些因素，以更好地为战略成本管理服务，实现战略成本管理的目标。结构性成本动因分析要求从战略成本管理的视角来选择企业的规模、业务范围、经验、技术、多样性和厂址等，它针对的是如何通过企业基础经济结构的合理安排，从而形成企业的竞争优势。执行性成本动因分析要求从战略成本管理的视野来强化企业的劳动力参与、全面质量管理、生产能力利用、工厂布局的效率、产品外观等方面的作业程序安排，为战略成本管理目标的实现提供效率保证。

在企业开始运转阶段，有一些可以降低成本的方法：

（1）与其他公司共用办公室或经营场所。

（2）下班后使用其他公司的设备、车间、场地，这样可以降低运营成本。

（3）尽可能采购二手办公和生产设备，特别是在别人经营不善或破产时。

（4）使用兼职专业人员，如工程师、技术员打字员等，从而避开一些必须支付的费用和税款。

（5）开始时尽量使用兼职推销员或代理机构销售产品，而不是聘用全职销售人员队伍。

（6）将产品外包给其他企业生产，这样做可以避免许多麻烦，关系比较简单，通过合同的方式明确双方的权利义务，而且价格也便宜。

（7）充分利用设备供应商。设备供应商希望能出售自己的产品，因此为使新创企业购买设备，常常允许延期付款。

（8）向供应商融资，指的是企业合理制定应收账款政策，通过充分利用供应商应付账款的付款期，来达到资金周转的目的。

实际上，做企业像做人一样，不是为了百米赛跑，而是一场马拉松比赛。由于新创企业还处于萌芽状况，未来的发展态势并不明朗，企业对员工的有形吸引力不高。因此，创业者应当采取以亲和型为主的管理风格，将更多的精力集中于与员工建立良好的关系，培养家庭般的组织氛围，加强组织的无形吸引力上。此外，由于新企业缺乏经验，创业者应当鼓励员工采取灵活自主的开拓行为，进行多方面的尝试，以探索出组织未来的发展方向。

二、新创企业成长期的经营管理

经过了初创期的磨合与摸索，新创企业通常会逐渐找到适合自己的核心产品或服务，企业也开始进入成长期。在这个阶段，企业有了一定的营业额和规模，也有了较规范的管理层。但是很多管理的事务还需要老板的参与，经营权和所有权还没有分开，这时也可能会碰到管理危机和发展瓶颈。据统计，在我国有67%的企业在这个阶段会倒闭。如果经营有方，企业的发展方向就能基本确定，标准也能逐渐建立起来。创业者在这一阶段的主要任务就是实现业务的扩大化和规模化。因此，企业的管理者应当采取以教导型为主的管理风格，给予员工长期的工作目标及相应标准，并增强对新员工的培养力度，使之能快速适应企业发展的需要。

随着组织成长步入加速期，企业的产品和服务进一步获得足够的市场认可度，甚至可能吸引到风险投资或银行的大笔投资，企业规模急速扩张，新员工数量剧增，未来发展态势良好。在这一阶段，新创企业通常会引起主流社会的关注，可能还会在这个行业呼风唤雨，甚至可能会淘汰竞争对手，成为行业领军企业。但人性的趋利本性和市场的逐利本能往往容易使企业把“做大”的深远考虑暂时搁置或压抑，从而让企业变得短视，过于看重短期利益，如快速成长超过了极限，急剧扩张导致企业管理体系跟不上，出现频繁的人员流动，广告营销费用过高，投资决策不理性等，这些都可能会随时击倒企业。

在此阶段，新创企业应该逐渐完善相关管理制度，确保企业稳步发展，包括以下几个方面。

1. 确定管理幅度

即在一个组织结构中，确定管理人员所能直接管理或控制的下属数目。管理幅度决定着组织要设置多少层次，配备多少管理人员。在其他条件相同时，管理幅度越宽，组织效率越高。但如果控制幅度过大，也可能会降低组织的有效性。管理幅度过小，也会产生问题：一方面会导致管理层次增多，管理成本会大大增加；另一方面，会使组织的垂直沟通更加复杂。

2. 适当集权和分权

即明确权力（主要是决策权）在领导和下属之间的分配格局，它反映了某种类型的领导体制和组织体制。集权式组织的优点主要有：一是易于协调各职能间的决策；二是有利于对沟通进行规范；三是能与企业的目标达成一致；四是危急情况下能快速决策；五是有助于实现规模经济。集权式组织的缺点主要有：一是高管层可能不会重视个别部门的不同要求；二是由于决策时需要通过集权职能的所有层级向上汇报，因此决策时间过长；三是对级别较低的管理者而言，其职业发展有限。

3. 实行正规化管理

这是指组织中的工作实行标准化的程度。如果一种工作的正规化程度较高，就意味着做这项工作的人对工作内容、工作时间、工作手段没有多大自主权。在高度正规化的组织中，有明确的工作说明书，有繁杂的组织规章制度，对于工作过程有详尽的规定。工作标准化程度越高，工作效率通常也高，管理成本越低。但是，员工决定自己工作方式的权力也就越小。工作标准化不仅减少了员工选择工作行为的可能性，而且使员工无需考虑其他行为选择。

4. 落实部门化

这是指根据组织中管理人员为完成规定的任务有权管辖而建立的特定部门。一旦通过工作专门化完成任务细分之后，就需要按照类别对它们进行分组以便协调工作。部门化通过把专业技术、工作接近的人分配到同一个部门中，来实现规模经济。部门化方法也可根据地域来进行部门划分。例如，就营销工作来说，根据地域，可分为东、西、南、北四个区域，分片负责；根据产品类别，可分为A、B、C等不同产品业务，由不同营销团队分别负责。

三、企业发展进入稳定期的经营管理

经历了前几轮大潮，能留下的企业已经是久经沙场的高手了。到这个时候，扩大规模已经成为企业稳定持久发展的本能要求，企业也有实力去吞并小公司或者引入大量投资实现规模扩张。在新创企业具备了规模稳定、方向稳定、发展稳定等特征后，组织将进入一个相对稳定的时期，不稳定的因素减少了，由多年经验积累而成的业务规则与业务标准已经自成体系。同时企业经过前期的成长，达到了前所未有的规模，员工的数量远远超出了企业管理者能有效控制的范围。此阶段企业的主要任务是持续创新，而多数企业在这阶段淡出就是因为没有将创新坚持下去。

这时的企业管理者应当采取以权威型为主的管理风格，依据企业的发展方向，在企业中建立自上而下的标准体系，并向员工解释企业采取方针标准背后的原因以寻求员工的认同，在员工心目中树立权威形象，利用自身的影响力去引导员工。通过正规化的管理，企业扩大发展规模，使经营权和所有权分离。董事会负责战略决策和设定企业经营目标，管理层负责达成目标。在这个阶段，老板可以考虑将一部分股份分给核心员工，以免核心员工离开而产生新的竞争对手，否则就会出现财聚人散的现象。有了正规化的管理，企业可通过精细化的管理来降低企业的运营成本，提高企业利润。在这个阶段，老板应该善于寻找新的业务和利润增长点。企业的战略定成败，系统决定规模，细节决定企业的利润。

在此阶段，可能还会出现公司发展停滞不前的状况，如决策的形成过于缓慢，失去发展的良好时机；组织中沟通不畅导致难以协调人事纠纷；组织的机能不能得到正常的发挥，人员情绪低落，贪图安逸；工作效率低，人浮于事严重，人员素质不足以适应形势变化；组织缺少创新，奖惩不分明，吃“大锅饭”，内部纪律涣散，甚至出现任人唯亲，违反财务纪律，生产部门安全问题多，废品多等，这些都说明企业出现了问题，必须要引起警惕并及时进行组织变革。

组织变革可以大致分成三类：

(1) 适应性变革。这是指引入已经经过试点的比较熟悉的管理实践，属于复杂性程度较低、确定性较高的变革，适应性变革对员工的影响较少，潜在的阻力较小。

(2) 创新性变革。这是指引入全新的管理实践，例如，实施“弹性工时制”或股份制，这种变革往往具有较高的复杂性和不确定性，因而容易引起员工的思想波动和担忧。

(3) 激进性变革。这是指实行大规模、高压力的变革和管理实践，这种变革具有高度的复杂性和不确定性，变革的代价也很大。

四、企业进入衰退期的经营管理

企业进入衰退期的特征就是出现了业务规模萎缩、业绩下滑等现象。衰退期的主要特征是产品老化，这个时候产品的销售量是下降的，企业的利润也很低甚至是负的，它的购买者也只是少数的忠实用户，市场竞争在这个时候也减弱了。此时，组织的成长环境开始恶化，组织业务进入萎缩衰退状况，企业急需变革。企业员工由于已经意识到危机的到来，因而人心惶惶，极大地影响了组织的凝聚力。在这一阶段，对大多数企业来说，应当机立断，弃旧图新，及时实现产品的更新换代。企业的管理者应当采取以民主型为主的管理风格，让员工充分地了解企业的发展态势，并征求员工的意见，让员工参与企业的决策，激发员工的主人翁精神，发挥群策群力的效应，并鼓励员工对以往的陈规旧习进行改革，从而避免较大的动荡与损失，并从中谋取生路，以备东山再起。

一项研究显示，美国硅谷初期创业的半导体公司，约有八成曾任职于美国电话电报公司（American Telephone & Telegraph Company，以下简称AT&T公司）。其中光是由贝尔实验室科学家威廉·肖克利（William shockely）所领导的团队成员，就在硅谷创立了三十多家新公司。AT&T公司因为步入成长瓶颈期，所推动的几次重大新事业开发与并购案，均以失败落幕，损失超过数百亿美元。公司的发展逐渐进入衰退期，最后倒闭。在企业进入衰退期时，很多优秀员工纷纷离职，而就是这些从AT&T离职的员工，先后创立了遍布全球的新公司，成为引领美国高科技产业发展的主要动力。

为什么AT&T公司无法充分发挥员工的才干？为何要让如此宝贵的内部创新与创业精神流失？显然，员工之所以离职创业，必定是因为在企业内部无法实现其理想，无法获得所需要的资源支持，当然也包括欠缺一套激励机制。企业如果不与具有伟大抱负的员工分享创新与创业的利益，那么他们必然会离职，最后反而会增加企业在市场上的竞争对手。

如果企业在进入衰退期时能及时建立起一种机制，形成公司与员工合伙推动新事业开发的模式，母公司提供新事业开发所需要的资源与网络关系，支持员工实现创新创业的愿望，让有能力的人才借助原有公司的力量，发挥自己的才干。这样不仅可以使公司尽快走出衰退期，而且也有利于保持公司基业长青。显然，这才是一种双赢的选择。

第四节　商业计划书的撰写

创业案例　　投资人眼中的商业计划书

说实话，大部分商业计划书都没有给潜在投资人留下什么印象，甚至都没有被完整看过。这些商业计划书都有明显不足，即便是一份只有两页的执行摘要。这主要是因为创业者在写的时候，还没做出什么实质性的工作。

为什么大部分商业计划书不管用？通过多年与创业者和创业企业的合作，从成千上万的商业计划书中，我尝试去寻找它们缺乏吸引力的共同特征。结果是，有五种常见类型的商业计划书会很快被扔进垃圾桶，不会被多看一眼。

（1）创业者很迷恋他的技术优势。计划书一开始不是指出要解决的潜在客户将面临的问题，而是详细地解释他的技术原理、为什么会领先、为何比目前的其他方案更好。

这种商业计划书通常只有那些已经对特定的技术领域很熟悉的人才看

得懂，但遗憾的是，经验老到的投资人知道，更好的技术并非总能在商业上获得成功。

这种自以为是的商业计划书给投资者传达了一个清晰的信号：创业者把优先次序搞混了，比伟大的技术或创意更重要的是能够解决客户的问题或麻烦。

(2) 在商业计划书中，创业者通过大量的二手数据，想展示出一个巨大的、高速发展的潜在市场。然后，创业者会假定公司将获得一定的市场份额——比如1%、10%、30%等。他们会在商业计划书中这么写："由于市场中存在大量客户，我们很容易就能获得足够的客户。我们只需要很小的份额就能成为一家很棒的公司。"这样的计划书表明创业者并不确定自己的初始市场定位。

这种商业计划书给出的一个信号就是创业者缺乏跟潜在客户之间的沟通。跟客户沟通是很辛苦的事情，但是这不仅有利于商业计划书的写作，对于公司的业务本身也有很大好处。这种沟通可以发现客户的真实需求，有利于公司对产品进行有针对性的调整。

(3) 盲目预测利润。这种商业计划书通常有一个详细的Excel表格，说明这些数字是怎么来的。老练的投资人不仅会把你的Excel表格撕得粉碎，还会用一堆问题考验你：收入模式是大量小额交易还是少量大额交易？净利率是依靠高毛利来抵消高额研发成本还是低毛利低成本运营？需要大量固定资产投资吗？运营资金周转是否有利（可以预收吗）？需要维持库存和应收账款并占压现金吗（生产和分销业务）？上面这些因素的某些组合会有吸引力，但有些组合则从一开始就有缺陷。

(4) 我们的团队很牛。投资人不会被顶级文凭、过去大公司的工作经历所蒙蔽，他们首要关注的是某个行业面临的主要挑战，以及你的团队是否有能力应付这样的挑战。

每个行业都有关键的成功因素，概括地说，通常都会有两三条，如果处理好这些，其他因素影响不大。比如，对于零售行业来说，位置就是一个关键的成功因素。在商业计划书中，确定行业的关键成功因素，并展示出团队成员的专业能力和经验跟这些因素是匹配的，这样就很有可能吸引投资人的注意，至少也会让他们多看几眼。

(5) 什么都很好。那些最常见的和最先被扔进垃圾桶的商业计划书中，创业者写的全是好话，找不到自己的公司和业务的任何问题。投资人知道，大部分的商业机会，即便是很好的机会，也有一些缺点。通常，公司成立之前，客户是否愿意购买产品或者是否愿意承受设定的价格都不清楚。另外，在现在全球经济产能过剩的背景下，大部分行业并不是机会无限。

为了帮助创业者避免这些陷阱，我也找到了成功的商业计划书的三个关键因素：对问题和解决方案的清晰表述；一堆充分和过硬的证明；如实披露风险、不足和可能有偏差的假设条件。

一、商业计划书的用场

商业计划书（BP）是确保新创公司良性运行的基础，它不但是创业的蓝图，而且是创业者向外筹资的重要依据和窗口。通过它与外界沟通，有助于将人才和资金吸引到你的新创企业中。商业计划书也是一种内部控制机制，利用这一机制，可以检查实际经营的情况并及时纠偏。商业计划书也应该是定期更新的计划，此外，它还是连接企业愿景目标与当前使用创业资源情形之间的桥梁。由此可见，拟写一份成功的商业计划书，是所有创业者所面临的极大挑战。

商业计划书是给投资人看的，更是给自己看的，通过商业计划书梳理自己公司的发展状态、发展战略和资本部署是非常必要的；好的商业计划书可以帮你提炼和梳理创业思路，指导你分析市场和用户、找到好的定位和切入点、明确产品逻辑和业务走向、规划发展路径，搭建团队，定制资金规划。

虽有一腔热血却缺乏深度的思考，创业是不太容易成功的。落实到纸面上，将迫使创业者检查自己的运作构思是否可行；帮助创业者改正不切实际的想法，减小试错的代价；能够让创业者重视核心问题，如市场竞争，解决方案等。

一份只有15~20页、简明扼要、引人入胜的商业计划书比200页的冗长的计划书将增加数十倍的阅读次数。只要有可能，创业者就要尽可能提供适合阅读对象的认知、兴趣和需求的材料。如果能再附上反映市场数据和财务图表的内容，则更容易增强说服力。

商业计划书一般用于下列情形：

(1) 吸引投资者，从而有机会获得外部融资。商业计划书是创业者提供给投资者的第一份材料，也是创业者与投资者接触的起点。资本有逐利的特性，因此，要引起投资者的兴趣，商业计划书必须要能说明新创企业将要运营的商业模式是如何盈利的。具体来说，要回答以下四个问题：企业做什么？如何盈利？赚多少钱？为什么能赚这么多钱？创业者在编写商业计划书时要尽量详尽地解答上述问题，切忌空泛。

当创业者需要向投资人提出项目融资请求时，无论是种子轮、天使轮，还是A轮、B轮等，通常都被要求向投资方提供商业计划书。因此，商业计划书的质量对创业者的融资至关重要。比如，创业投资公司在评估创业企业的投资申请时，首先评估的资料就是商业计划书。一般来说，只有内容翔实、数据丰富、体系完整、装订精致的商业计划书才有可能吸引投资商。那些既不能给投资者带来充分的信息，也不能引起投资者兴趣的商业计划书，其最终结果只能是被扔掉。

(2) 作为企业发展的行动纲领，为制订日常运营计划打好基础。创业者需要通过商业计划书，很明确地规划出创业的构想与策略、产品市场需求的规模与成长潜力、财务计划以及投资回收年限等，同时创业者也要证明他对市场、财务的分析预测，是有具体事实根据的。

(3) 为应对风险而提供的一个事先制订的应变计划。创业者在一系列纠偏过程中使用商业计划书，不断更新计划、修改计划。

(4) 通过定期检查与改进，创建一种管理计划机制。用计划书的形式有助于新的管理人员尽快融入角色，这样不仅让他们能通过商业计划书理解创业者的奋斗目标，而且还知道如何实现目标，计划已经达到了什么程度，随之将会发生什么情况等。

(5) 让部门负责人、员工、律师、银行家、顾客、供应商和投资者了解新创企业未来的发展。

(6) 商业计划书的重要作用之一是通过提供给投资方，让其了解新创企业未来的发展和价值，从而获得投资方的关注和资金支持。写好商业计划书后，在正式提交给投资方之前，通常要求投资方签订一份保密承诺。基本格式为：

保密承诺

本商业计划书内容涉及本公司商业秘密，仅对有投资意向的投资者公开。本公司要求投资公司项目经理收到本商业计划书时做出以下承诺：

妥善保管本商业计划书，未经本公司同意，不得向第三方公开本商业计划书涉及的本公司的商业秘密。

项目经理签字：

在此基础上，就可以向投资方提交商业计划书并正式与之就投资等事宜做进一步沟通。

二、商业计划书的初步编写

在创业初期，为获得投资者的资金支持，或者是在某些场合进行项目路演推介时（此时一般要求采用 PPT 形式），创业者通常都被要求递交一份简明扼要的商业计划书，重点描述企业将要开展的业务。请注意：最好由创业者亲自撰写商业计划书。当然，也可请专业人士协助完成。由于创业者对创业项目了然于胸，且知道商业计划书中的主要内容，因此，在与投资人商讨特定内容时就不会不知所措了。

创业者通常不太在意细节，总认为自己的创业项目很完美，理想化成分较多。而投资者的思维通常比较挑剔，在众多创业成功要素中，如果发现某个点或某几个点不成立，一般就不会认可创业成功的可能性，因一个点不成立而放弃投资是多数投资者的做法。

要写好这样的商业计划书非常需要写作功力，它的好坏直接关系到能否在几分钟之内引起投资者的兴趣。因此，撰写这样的商业计划书时应注意突出重点、文字要简洁精炼，最好在 20 页以内，尽可能配有图片。

（1）在编写初步的商业计划书时，最好只用一句话把项目名称（包括项目提供的产品或服务）表达清楚，然后列出项目所要面对的目标客户，再用一句话或通过关键词的形式列出目标客户的痛点，特别是把最重要的痛点写出来。这样做是为了让投资方了解你的项目主要用于解决目标客户的什么问题，从而更好地关注你的项目是否有对应的功能，是否可以解决这些痛点。好的商业计划书一开始就应明确公司的产品或服务要解决客户的什么问题——真正麻烦或引人关注的问题，并有市场研究、消费者购买意向等材料证明这种问题是真实存在的。

（2）要比较详细地介绍你的项目。如你的项目形式是产品还是服务，通常要求有项目图片（如网页、APP 界面等），以说明实际应用的情形和效果。此时，还需要简要描述一下项目的核心功能是什么，主要解决什么问题，填补了什么市场空白，特别要说明你提供的产品或服务能解决客户的什么痛点，从而让客户甘心情愿地购买你的产品或服务。注意一定要把产品或服务功能的特点写清楚，让投资方明白你特有的功能是否具有明显的竞争优势。

（3）用很简短的文字（包括具体数字）描述创业项目未来的市场规模和发展潜力。创业者要给投资人讲清楚自己想要做的事情有多大，未来能涉及多少人，为什么你的解决方案能解决客户的痛点问题，为什么客户选择你的产品或服务而不是选择其他类似产品或服务，目前日常业务量已经有多少、用户多少、到底靠什么产品来实现这样的数据等。这些都一定要有数据支撑。

（4）写出在该领域都有哪些竞争者。这些竞争者与你的项目相比，他们的优势、劣势以及你们之间的差距在哪里，最好能写出目前竞争对手解决客户相关痛点问题的主要方法及失败或不理想的原因。这一环节很重要，投资方可据此判断你们的创业团队是否对竞争有着清醒的认识。肤浅的竞品分析很容易令投资人质疑你们团队的专业水平和能力。

（5）简单介绍你的创业团队，包括团队总人数，特别要列出创业团队的核心成员（最好附上本人的照片），说明这些成员是全职或是兼职，尤其要通过对团队核心成员职业经历的介绍（如名校、名企、职场经历等），突出团队的竞争力。

（6）编写创业项目当前的进展情况。一般是通过关键词的形式，如果是处于开发阶段，就要写出项目的预测开发周期；如果项目已经正式发布，就要写出项目进入市场的措施和进度等；如果已进入市场并有销售业绩，就要写出具体数据，如用户量、活跃度、交易额、客户扩展速度等。如果已有（试）运营综合数据，就要以图表的形式展示。

三、正式商业计划书的编写

如果投资者对你的创业项目感兴趣，通常会让你把商业计划书再做进一步具体化和完善处理，以便投资机构的决策委员会就是否对项目投资进行分析和决策。因此，在正式商业计划书的编写上，需要下更多的工夫。一般来说，商业计划书由以下几部分组成：

（一）摘要（也称执行摘要）

商业计划书中的摘要部分十分重要，因为它是投资者首先要看的内容。它必须能让投资者从看第一眼就有兴趣并渴望得到更多的信息。这些内容都是关键点，它将给读者留下长久的印象。通常，摘要部分要简短而精练（一页或两页）。它讲述了商机条件是什么以及为什么存在这样的条件；为什么你对此商机有兴趣；谁来把商机付诸实施以及为什么这些人可以这样做；开发此商机的战略以及公司如何进入市场并进行市场渗透等。

此外，在摘要部分，你还要清楚地表达需要强调的主要观点或利益，大概描述一下关键事实、条件、竞争者的痛点（服务质量差等）、行业趋势及其他可以定义商机的证据和逻辑推理，适当说明在产品与服务进入市场并扩展到其他细分市场（如国际市场）后企业的发展和扩张计划。

别忘记还需要有一个对公司基本情况的简介，如主要产品和业务的范围及突出特色、目标市场与潜力、销售计划、财务计划、资金需求状况等。

创业者最好在完成计划书其他全部内容的编写后再撰写摘要部分，因为这样可以比较容易提炼计划书中各组成部分的精华内容。因此，在草拟其他部分时，很有必要从每一部分中提出一两句关键语句或一些关键事实和数字作为摘要内容的组成部分。

（二）产品/服务介绍

在商业计划书中，应提供所有与企业的产品或服务有关的细节，包括企业所实施的所有调查结论，包括：产品正处于什么样的发展阶段？它的独特性怎样？企业分销产品的方法是什么？谁会使用企业的产品，为什么？产品的生产成本是多少？售价是多少？企业发展新的现代化产品的计划是什么？把投资者拉到企业的产品或服务中来，这样投资者就会和创业者一样对产品有兴趣。通常，产品介绍应包括以下内容：产品的概念、性能及特性，主要产品介绍，产品的市场竞争力，产品的研究和开发过程，发展新产品的计划和成本分析，产品的市场前景预测，产品的品牌和专利。

需要说明的是，产品/服务介绍部分必须要清晰地回答以下问题：

（1）你提供的是什么样的产品或服务？功能是什么？产品或服务能解决什么问题？顾客能从产品或服务中获得什么好处？

（2）与竞争对手相比，自己提供的产品或服务有哪些优缺点？特有的功能是什么？顾客为什么会选择本企业的产品或服务？

（3）企业采取了何种保护措施，申请专利、许可证，还是与已申请专利的厂家达成了哪些协议？

（4）为什么企业的产品或服务的定价可以产生足够的利润？为什么用户会大批量地购买企业的产品或服务？

（5）企业采用何种方式去改进产品或服务的质量、性能，企业对发展新产品或服务有哪些计划等。

（三）市场分析

商业计划书要提供新创企业对目标市场的深入分析和理解。一般从三个角度提供数据：一是宏观的；二是微观的；三是具体新创企业的目标市场。从宏观角度讲，要细致分析经济、地理、职业等因素对消费者选择购买本企业产品这一行为的影响，以及各个因素所起的作用。但由于投资者对宏观领域的信息一般也比较了解，因此，创业者不必在此费时编写太多的内容。

进行市场分析，首先要对需求进行预测：市场是否存在对这种产品的需求？需求程度是否可以给企业带来所期望的利益？新的市场规模有多大？需求发展的未来趋向及其状态如何？影响需求的因素都有哪些？其次，市场预测还要对市场竞争的情况、企业所面对的竞争格局进行分析：市场中主要的竞争者有哪些？是否存在有利于本企业产品的市场空当？本企业预计的市场占有率是多少？本企业进入市场会引起竞争者怎样的反应？这些反应对企业会有什么影响？等等。

在商业计划书中，市场分析应包括以下内容：市场现状综述、竞争厂商概览、目标顾客和目标市场、本企业产品的市场地位。市场区位和特征等。目标市场和预测包括确认并简要解释行业和市场、主要客户群、产品或服务定位以及你计划如何接触到这些客户群并向他们提供服务。这里包括的信息有市场结构、你正在寻找的细分市场或机会市场的大小和成长率、你估计的销售数量和销售额、你预计的市场份额、客户的付款期以及你的定价战略（包括价格性能比、价格价值比、价格效益比等因素）。

要体现经济性、盈利性和收获潜力。概述企业经济性“宽仁和回报”的本质（如毛利和经营利润、期望盈利率和盈利持续的时间）；达到盈亏平衡点和正现金流的大致时间框架；关键财务预测；预期投资回报等。一定要简要讨论你的毛利分析以及营运和现金转换周期，尽可能用关键数字。

重要的是要有与新创企业的产品或服务相关的市场数据，即企业的微观市场和力所能及的市场，这些数据越详细越好。即使你没有这些数据，投资者自己也会去找的。如果你把投资者要做的工作先做好了，你就有可能提前拿到资金支持。

（四）市场策略

市场策略是企业经营中最富挑战性的环节，包括一个主要的营销计划，计划中应列出本企业打算开展广告、促销以及公关活动的地区，明确每一项活动的预算和收益。商业计划中还应简述企业的销售战略：企业是使用外面的销售代表还是内部职员？企业是使用转卖商、分销商还是特许商？企业将提供何种类型的销售培训？此外，商业计划还应特别关注销售中的细节问题。影响市场策略的主要因素有：

（1）消费者的特点。

（2）产品的特性。

（3）企业自身的状况。

（4）市场环境方面的因素，最终影响营销策略的则是营销成本和营销效益等因素。

在商业计划书中，市场策略应包括以下内容：

1）市场机构和营销渠道的选择。

2）营销队伍和管理。

3）促销计划和广告策略。

4）价格决策。

（五）介绍组织结构及重要成员

商业计划中还应明确管理目标以及组织机构图。应对公司结构进行简要介绍，表明公司是如何运转的，包括：组织机构图，有哪些部门及各部门的功能与责任，各部门的负责人及主要成员，他们是否分工明确，各就各位；公司的报酬体系；公司的股东名单，包括认股权、比例和特权；公司的董事会成员；各位董事的背景资料等。特别是要对创业团队的主要管理人员加以介绍，说明他们所具有的能力、他们在本企业中的职务和责任、他们过去的详细经历及背景等。

要创办成功的企业，其关键因素就是要有一支强有力的管理队伍。这支队伍的成员必须有较高的专业技术知识、管理才能和多年工作经验，要给投资者留下这支队伍很优秀的印象。在商业计划中，组织结构和团队成员介绍部分要清晰地回答以下问题：首先描述一下整个管理队伍及其职责，然后再分别介绍每位管理人员的职业背景、特殊才能、特点和造诣，细致描述每个管理者将对公司未来所做的贡献。

（六）竞争分析

几乎所有公司都会有竞争对手。你如果开发了一种新产品，投资者通常都会向同类产品的行业巨头打探，了解这些巨头为什么自己不研发同类的产品，再让巨头们谈对这类产品的看法和观点。其中的关键是你的产品要比竞争品牌的产品做得更好、更先进。

在商业计划书中，创业者应细致分析竞争对手的情况。主要的竞争对手都有谁？他们的产品是如何工作的？竞争对手的产品与本企业的产品相比，有哪些相同点和不同点？竞争对手所采用的营销策略是什么？最好能提供每个主要竞争者的销售额、毛利、收入以及市场份额，然后再讨论本企业相对于每个竞争者所具有的竞争优势。要表现出能在跟其他的新创企业的竞争中胜出的信心，还要说服投资者，顾客之所以偏爱本企业产品的原因是：本企业的产品质量好、送货迅速、定位适中、价格合适等。商业计划书要使读者确信：本企业不仅是行业中的有力竞争者，而且将来还会是确定行业标准的领先者等。

在商业计划书中，创业者还应阐明竞争者给本企业带来的风险以及本企业所采取的对策。在计划书中特别要讲清你的创新产品、服务和战略的明显竞争优势，供货周期的优势或市场进入者障碍，竞争者的缺点和薄弱环节，其他的行业条件等。

（七）行动计划

这部分要说清新创企业将如何有效地开拓市场，企业的行动计划应该是无懈可击的。不要去说需要数百万去做媒体广告，然后“烧钱”去建立品牌。与其这样，还不如说：“我们已经和某知名公司达成意向协议，通过它们的渠道进行全国推广。”

这部分的内容还应该明确下列问题：企业如何把产品推向市场？如何设计生产线，如何组装产品？企业生产需要哪些原料？企业拥有哪些生产资源，还需要什么生产资源？生产和设备的成本是多少？企业是买设备还是租设备？解释与产品组装，储存以及发送有关的固定成本和变动成本的情况。

以生产制造计划为例，应包括以下内容：产品制造和技术设备现状，新产品投产计划，技术提升和设备更新的要求，质量控制和质量改进计划等。

一般来说，生产制造计划应明确几个问题：企业生产制造所需的厂房、设备情况如何，怎样保证新产品在进入规模生产时的稳定性和可靠性，设备的引进和安装情况、谁是供应商，生产线的设计与产品组装是怎样的，供货者的前置期和资源的需求量，生产周期标准的制定以及生产作业计划的编制，物料需求计划及其保证措施，质量控制的方法是怎样的等。

这部分内容还需要写明项目的执行预期进度。因为投资者非常关心新创公司的产品或服务什么时候能够通过各种测试并推向市场？什么时候公司的账上开始有收入？什么时候公司能达到盈亏平衡？当然，投资者并不会满足于盈亏平衡，而是通过平衡建立了信心，就会投入更多的资金去扩大企业规模，求得更大的发展。

为了体现你的创业项目受到了市场认可，最好提供一些与客户签订的合同书、意向书或订单之类的资料。投资者不在乎你是否能成为亿万富翁，他们最关心的是你什么时候可以赚到第一笔钱。因此，最好要讲清楚第一笔钱是怎么来的，什么时候来的？

（八）财务规划

通常，投资者会要求创业者提供一个详细的财务计划，最好用 Excel 表格的形式，而且至少要做三年的财务计划，最好是五年的计划，把重点放在第一年。财务规划需要花费较多的精力来具体分析，其中包括现金流量表、资产负债表以及损益表的制备。流动资金是企业的生命线，因此企业在初创或扩张时，对流动资金需要有预先详细的计划和进行过程中的严格控制；损益表反映的是企业的盈利状况，它是企业在运作一段时间后的经营结果；资产负债表则反映在某一时刻的企业状况，投资者可以用资产负债表中的数据得到的比率指标来衡量企业的经营状况以及可能的投资回报率。

无论创建什么样的公司，账面收支平衡越早越好。一家公司开始有收入了，说明公司的产品或服务有市场价值。公司达到盈亏平衡，说明新创企业有盈利的潜力，只有具有盈利能力的企业，才是真正具有价值的企业，也才会有更多的投资者青睐，从而送来更多的资金支持。

这部分还需要写明现金流结构。现金的流入和流出是如何构成的，然后根据对现金流的分析，结合实际问题提出调整策略，从而改善现金流，增加稳定性、降低风险。

财务规划一般要包括以下内容：商业计划书的条件假设、预计的资产负债表、预计的损益表、现金收支分析、资金的来源和使用。

（九）融资策略

合理的融资决策必须在保证公司经营的现金流量匹配的基本前提下，尽可能地降低融资成本，以提高股东的市场价值。在实际中，不同性质的企业对融资方式和融资成本会有不同的考虑和侧重。对于高成长性公司，业务的扩张快，投资的预期回报率高，同时经营的现金流往往不稳定，财务风险较大，债务融资不能保证资本扩张和业务扩展的需要，一般采用股权融资方式。

股权融资的成本虽高，但如果公司经营成功，投资的回报率会远远超过股权的融资成本，有利于提升股东的价值。

需要什么样的资金？什么时候需要？目的是什么？长期或短期融资？对每一个融资问题都要进行合理的叙述。什么时候、为什么能上市？在融资之前应明确产权、股票期权、认股权证、其他承付款项等。

在这一部分创业者还应写出自己投入了多少钱。如果一分钱都没有投入，投资者可能会怀疑创业者本身对这个项目的信心和创业态度。

最关键的还是要给投资方带来巨大的收益。现在的投资方都在寻找10倍的投资回报。比如说，新创企业的估值为500万元，投资方占股25%价值125万元，那么就要拿出一份商业计划，证明企业能在5年之内把投资方的预期收益提高到1250万元。对于投资方来说，投资一家公司意味着要和这家公司一起走过3~5年甚至更长时间，还有B轮C轮等多次融资。投资不是一个短期行为，需要创业团队有着更广阔的视野，更多的耐心，需要投资方有更大的魄力、更强的前瞻性。

想好你需要多少钱？准备出让多少股份？不管你的心理价位是多少，你应该明确提出你的要价，将它作为讨价还价的谈判起点。

即使你有详细的财务预测，最好还是列出一张清单，把主要的资金用途罗列出来。

（十）总结

一般用一页纸，总结一下你的创业项目将给投资人带来的收益，重点论述相对其他项目而言，为什么这项投资是值得的。同时还要指明主要风险，简要说明如何将风险降到最低。

在商业计划书背后，最好附上支撑材料。如相关产品预估销售额的支持材料、核心成员的主要业绩和经历、市场分析数据、竞争对手及其产品系列表、独立的研究结果等。

见表 7-1 列出的商业计划书应该包含的主要内容。

表 7-1 商业计划书的主要内容

序号	内容	描述重点	撰写要求	运营计划内容
1	概述	一般包括以下内容：公司介绍；主要产品和业务范围；市场概况；营销策略；销售计划；生产管理计划；管理者及其组织；财务计划；资金需求状况等	必须要回答下列问题： （1）企业所处的行业，企业经营的性质和范围； （2）企业主要产品的内容； （3）企业的市场在哪里，谁是企业的顾客，他们有哪些需求； （4）价值内涵：核心能力、优势资源、差异化基础； （5）企业的合伙人、投资人是谁； （6）企业竞争对手是谁，竞争对手对企业的发展有何影响	不需要
2	背景介绍	产品原有情况介绍、商机描述、市场潜力介绍等	本部分很重要，需要 1~5 页说明	包括未来的整合
3	团队介绍	描述团队成员的素质，为什么能形成团队？提出组织的框架结构，明确负责人	本部分内容要方便阅读。一些投资人会首先阅读这页内容	岗位描述和组织架构都需要详细介绍
4	产品描述	什么样的产品？功能是什么？产品在哪方面优于竞争对手？其特有的功能是什么？产品族，客户利益	这部分是实质性内容。一定要认真写好这部分内容，如果可能的话，最好加上一些图示	包括此内容
5	产权界定	在融资之前明确产权。股票期权、认股权证、其他承付款项的描述	包括此内容	包括此内容，而且还有给员工的股票和期权的分配标准

续表 7-1

序号	内容	描述重点	撰写要求	运营计划内容
6	市场描述	目前市场的成长、价格趋势、对你产品的需求等材料，包括重要客户、营业代表、代理机构等的名称	用图表说明，包括业界领袖、有影响的咨询公司、行业协会和政府机构等的验证说明	还要包括支持性统计数据和市场细分情况的内容
7	市场策略	详细的市场销售渠道、每年的销售成本、销售人员。独特的促销活动，货物配送等，列出时间表和阶段性要求	要有对基本营销活动成本掌控的详细证据，并进行描述	包括预算和时间安排的全部详细内容
8	运营规划	如何形成学习曲线，如何使销售更经济，关键的卖方，制造和采购决策点，设备，详细的成本清单	投资人倾向假定你会做好一切事情	写出全部细节内容，详细的时间安排，单位成本，说明假定条件
9	研究与开发	目标、成本和进度安排	强调开发，投资人不愿意为研究提供资金支持	确保你的理由正当，包括细节内容
10	职工规模	雇用的时间表，所需要的技能，获得的可能性和用工成本	简要介绍，投资人通常乐于假定员工能被雇用	细节内容要合理，尽量做出图形表示组织两年后发展的预期
11	融资策略	需要什么样的资金？什么时候需要？目的是什么？长期还是短期融资？对每一项都要进行合理的叙述，什么时候、为什么要上市？租赁策略	对现金流的情况最为期待，还要提供最佳/最差情形模式的惯例描述，一定要经注册会计师审阅	详细内容，包括每个月的现金流（共6个月），需要图形格式和数字。
12	应变计划	列出应对两个或三个可能出现的危机的计划	详细写，但不是必需的	尽可能写出详细内容
13	总结	给投资人带来的收益，指明主要风险	用1页的内容说明：如何将风险降到最低？相对其他项目而言，为什么这项投资是值得的	最基本的有关风险方面的内容

续表 7-1

序号	内容	描述重点	撰写要求	运营计划内容
附录				
A	支持体系、市场分析数据、独立的研究等	如果可能的话，总结一下数据，重新做一下全面研究	包括全部支持的内容	
B	核心成员的主要介绍	保持言简意赅	不必	
C	核心成员发表过的文章	为了外部咨询人员的利益，如果可行，可加上这一内容	不必	
D	竞争对手及其产品系列表，相关产品的估计销售额	对建议的简要评价	包括所有细节，加上对计划和人物的情报报告	

四、撰写商业计划书的注意事项

当你还处于探索商业模式以及产品方向的阶段时，写商业计划书是没有任何必要的，对于你完成任务来说，此时写商业计划书是错误的工具，它还会让你面临更大的风险。在创业的早期阶段，你应该做的是将产品尽快推向市场进行测试，通过用户的反馈持续改进产品，而不是闭门造车，将自己的创意精雕细琢成商业计划书。否则，你可能会发现不断精练出来的产品创意其实根本没市场，只是在浪费时间。而经常在你意识到自己浪费时间时，已经太晚了。你的创意一开始只需要一个粗略的大纲（用一页纸阐述商业模式或者展示价值），之后就马上开始进行市场测试。在实践中逐步完善你的想法，并且不断精益求精。在你找到充分的证据去证明自己的想法可行之前，你应该使用更具灵活性的工作方式来替代写一份商业计划书。

商业计划书带来的最大风险就是它会导致过早地扩张。当你基于一个还未经过市场验证的商业计划就开始招人并且投入资金在关键资源上时，风险也就随之而来了。换句话说，你还没有完成对于正确商业模式和产品价值取向的探索，就早早地跨入了“执行模式”。

特别需要注意的是，尽量把商业计划书写得更吸引人一些。不要忘记，除了个别很挑剔的人之外，商业计划书的读者都是普通人。不要将商业计划书写得如同雾里看花，让读者不知所云。如描述产品和市场时，要避免使用言过其实的形容词。计划书不要弄得特别复杂，一定要言简意赅。如果需要用到图示、绘图和格式装饰，可以考虑花钱找专业人士来做。设计好漂亮的封面，产品照片最好用网版印刷纸，而不要用光面纸，以防止有的读者使用复印机拷贝照片。

在最后定稿和印刷之即，让一些文化水平较尚或有过投资经验的朋友将创业计划书预审一遍，征求他们对外观、内容和商业模式的建议和评价，由此确保商业计划书撰写规范。

参考文献

[1] 方伟. 高校创业教育的现状、问题及发展对策 [J]. 现代教育管理，2013 (7).
[2] 傅世侠. 创新、创造与原发创造性 [J]. 科学技术哲学研究，2002，19 (1).
[3] 高桂娟，苏洋. 大学生创业能力的构成：概念与实证 [J]. 高教发展与评估，2013，29 (3).
[4] 高桂娟，苏洋. 学校教育与大学生创业能力的关系研究 [J]. 复旦教育论坛，2014，12 (1).
[5] 高树琴，赵荣生. 我国本科院校创业教育：历程、问题与对策 [J]. 当代教育论坛，2017 (4).
[6] 葛剑平. 强化市场引领机制提升高校科技成果转化率 [EB/OL]. http：//cppcc. people，com. cn/n/2014/0305/c34955-24539096. html.
[7] 郝杰，吴爱华，侯永峰. 美国创新创业教育体系的建设与启示 [J]. 高等工程教育研究，2016 (2).
[8] 韩来平. 美国世界科技活动中心形成过程中的高教背景分析 [J]. 科学学研究，2000，18 (1).
[9] 贺腾飞，康苗苗. "创新与创业" 概念与关系之辩 [J]. 民族高等教育研究，2016，4 (4).
[10] 胡鞍钢. 国家生命周期与中国崛起 [J]. 教学与研究，2006 (1).
[11] 胡晓风，姚文忠，金成林. 创业教育简论 [J]. 四川师范大学学报 (社会科学版)，1989 (4).
[12] 胡冶岩. 行为管理学 [M]. 北京：经济科学出版社，2006.
[13] 黄亚生，张世伟. 充满创意的 "工厂" ——美国麻省理工学院创新创业模式揭秘 [J]. 中国科技奖励，2015 (7).
[14] 黄兆信，王志强，刘婵娟. 地方高校创业教育转型发展之维 [J]. 教育研究，2015 (2).
[15] 姜春林，周磊，唐悦. 科学活动中心转移现象的再测度和新解读——基于利萨·罗斯纳科学年表的数据 [J]. 科学学研究，2010，28 (4).
[16] 姜国钧. 论教育中心转移与科技中心转移的关系 [J]. 科学技术与辩证法，1999 (1).
[17] 姜鲁鸣，王伟海. 中国不做待宰的 "肥羊" [N]. 光明日报，2012-12-31 (11).
[18] 王贤芳，孟克. 论高校创新创业教育体系之重构 [J]. 教育教学论坛，2012

(2).
[19] 王晓文，王树恩．“三大中心”转移与“汤浅现象”的终结 [J]．科学管理研究，2007，25 (4).
[20] 王占仁．“广谱式”创新创业教育的体系架构与理论价值 [J]．教育研究，2015 (5).
[21] 王占仁．中国创业教育的演进历程与发展趋势研究 [J]．华东师范大学学报 (教育科学版)，2016 (2).
[22] 王占仁．中国创新创业教育史 [M]．北京：社会科学文献出版社，2016.
[23] 吴晓波，周浩军．创业研究视角及主要变量：综述与展望 [J]．重庆大学学报 (社会科学版)，2010，16 (4).
[24] 许玲丽，李雪松，周亚虹．中国高等教育扩招效应的实证分析——基于边际处理效应（MTE）的研究 [J]．数量经济技术经济研究，2012 (11).
[25] 许涛，严骊．国际高等教育领域创新创业教育的生态系统模型和要素研究——以美国麻省理工学院为例 [J]．远程教育杂志，2017 (4).
[26] 徐明．互联网+时代大学生创业团队创业力及培养开发研究 [J]．职业教育研究，2016 (1).
[27] 徐旭．高校评估不能总是“跟随” [N]．解放日报，2017-03-07 (9).
[28] 习近平．决胜全面建成小康社会，夺取新时代中国特色社会主义伟大胜利 [M]．北京：人民出版社，2017.
[29] 严蓉．三种创业教育项目的比较研究 [J]．常州信息职业技术学院学报，2016，15 (4).
[30] 阎学通．权力中心转移与国际体系转变 [J]．当代亚太，2012 (6).
[31] 袁江洋．科学中心转移规律再检视 [J]．科学文化评论，2005，2 (2).
[32] 约瑟夫·熊彼特．经济发展理论 [M]．上海：商务印书馆，1991.
[33] 曾尔雷，黄新敏．创业教育融入专业教育的发展模式及其策略研究 [J]．中国高教研究，2010 (12).
[34] 张皓．高校如何提高创业教育有效性的探索 [J]．科技展望，2017 (5).
[35] 张龙．论高校创业教育目的的实质、渊源及其实现 [J]．教育与职业，2010 (9).
[36] 张宁．项目团队组织共享障碍的克服 [J]．理论与现代化，2005 (7).
[37] 张涛．创业教育 [M]．北京：机械工业出版社，2007.
[38] 赵婀娜．创新创业教育，亟需“升级版” [N]．人民日报，2017-01-05.

[39] 赵红州．关于科学家社会年龄问题的研究［J］．自然辩证法通讯，1979（4）．
[40] 赵红州．科学和革命［M］．北京：中共中央党校出版社，1994．
[41] 赵金华，孙迎光．中国高校创业教育研究22年回顾与启示［J］．现代教育管理，2012（11）．
[42] 周稽裘．对今后进一步加强创业教育的几点意见［J］．职教通讯，2000（8）．
[43] 周亚虹，许玲丽，夏正青．从农村职业教育看人力资本对农村家庭的贡献［J］．经济研究，2010（8）．
[44] 卓泽林，赵中建．“概念证明中心”：美国研究型大学促进科研成果转化的新组织模式［J］．复旦教育论坛，2015（4）．
[45] 邹德威．要对学生进行创业意识、创业精神教育［J］．江苏教育，1993．
[46] 邹今友．民营企业创业团队冲突：原因及对绩效影响分析［D］．长沙：中南大学，2014．
[47] 邹瑞睿．新加坡大学生创新创业教育特色及其启示［J］．合作经济与科技，2017（9）．
[48] 李慧．公众对创新型企业家的人格特征的认知［J］．人才资源开发，2007（10）．
[49] 张焕勇，杨增雄．市场非均衡、知识与企业家过程［J］．中南财经政法大学学报，2008（4）．
[50] 马克·史库森．经济逻辑—微观经济学视角［M］．上海：上海财经大学出版社，2005．
[51] 威廉·鲍莫尔．资本主义的增长奇迹［M］．北京：中信出版社，2004．
[52] 李亚辉，苏中锋．创新型企业家激励方式的选择［J］．工业技术经济，2006（6）．
[53] 欧阳莹之．工程学：无尽的前沿．世纪人文系列丛书·开放人文［M］．李啸虎、吴新忠、闫宏秀，译．上海：上海科技教育出版社，2017．
[54] 李强．德国大学治理的特点及启示［J］．当代教育科学，2010（1）．
[55] 彭湃．德国大学教师聘任制改革及其启示——以初级教授职位的引人为例［J］．外国教育研究，2015（2）．
[56] 孙进．政府放权与高校自治——德国高等教育管理的新公共管理改革［J］．现代大学教育，2014（2）．
[57] 颜梦雅．洪堡理念对德国高等教育发展的影响［J］．博览群书·教育，2017（1）．

[58] 叶强．德国高校青年教授职位设置的争议解决及其启示［J］．中国高教研究，2018（1）．

[59] 张凌云．主动与渐进：德国高校教师聘任制度的特点与改革动向［J］．高等教育研究，2009（5）．

[60] 张娟娟．德国大学的历史回顾与未来展望［J］．大观周刊，2011（36）．

[61] 朱佳妮．追求大学科研卓越——德国“卓越计划”的实施效果与未来发展［J］．比较教育研究，2017，（2）．

[62] 吴海江，范庆瑜，李莉．新时期大学品牌形象建设探析［J］．湖北招生（考试理论版），2011，36．

[63] 吴海江．高校招生宣传定位的思考［J］．技术监督教育学刊，2005，12．

[64] 吴海江．新课改高考下高校招生工作影响探析［J］．教育界，2012，6．

[65] 吴海江．大学生实践与就业核心竞争力关系及对策研究［J］．第二届全国教育博士论坛学术论文集，2014．

[66] 张淑琴，孙彩霞，吴海江．基于大学科技园的创业教育实践模式探索—以中国计量学院国家大学科技园为例［J］．宁波教育学院学报，2015，3．

[67] 吴海江，孙彩霞．大学生实践经历与就业核心竞争力关系探析［J］．今日科技，2015，1．

[68] 吴海江．关于大学生就业能力国外文献研究探析［J］．新一代，2017，2．

[69] 吴海江．高等教育分流制度的现实困境与创新思考［J］．中国成人教育，2019（04）：14-16．

[70] 吴海江，李莉，高秋艳．主流媒体如何创新全国两会报道——以新华社为例［J］．传媒，2019（08）：60-62．

[71] 吴海江，梁丽，李莉．马克思世界历史观视阈下构建人类命运共同体的实现路径［J］．学校党建与思想教育，2019，06．

[72] Ahmed P.，Shepherd C. Innovation management：Context，strategies，systems and processes［M］. Financial Times Press，2010.

[73] Audretsch，David B. News from the 12th national meeting of the brain research association［N］. Inpharma Weekly，1995，987（1）：8.

[74] Bedi A S，Edwards J H Y. The impact of school quality on earnings and educational returns-evidence from a low-income country［J］. Journal of Development Economics，2002（68）.

[75] Weisbrod A，Karpoff P. Monetary returns to college education，students a bility，and

college quality [J]. Review of Economics and Statistics, 1968 (50).

[76] Barrett H , Balluon J L. Marketing mix factors as moderators of the corporate entrepreneurship-business performance relationship : A multistage, multivariate analysis [J]. Journal of Marketing Theory and Practice, 2000, 8 (2).

[77] Bradley S R, Hayter C S, Link A N. Proof of concept centers in the U- nited States : An exploratory look [J]. The Journal of Technology Transfer, 2013, 38 (4).

[78] Burg E V, Romme A G L, Gilsing V A, et al. Creating university spin-offs : A science-based design perspective [J]. Journal of Product Innovation Management, 2010, 25 (2).

[79] Silverman B W. Density estimation for satistics and data analysis [M]. Chapman & Hall, 1986.

[80] Chandler G N, Lyon D W. Issues of research design and construct measurements in entrepreneurship research : The past decade [J]. Entrepreneurship Theory and Practice, 2001, 25 (4).

[81] Knight F H . Risk, uncertainty and profit [J]. Social Science Electronic Publishing, 1921 (4).

[82] Lackeus M, Middleton K W. Venture creation programs : Bridging entrepreneurship education and technology transfer [J]. Education & Training, 2015, 57 (56).

[83] Lechner. Identification and estimation of causal effects of multiple treatments under the conditional independence assumption [R]. IZA Discussion Paper Series, No. 91, 1999.

[84] Rosenbaum P R, Rubin I B. The central role of the propensity score in observational studies for causal effects [J]. Biometrica, 1983 (70).

[85] Rauch A, Frese M. Let's put the person back into entrepreneurship research : A meta analysis on the relationship between business owners ' personality traits, business creation, and success [J]. European Journal of Work & Organizational Psychology, 2007, 16 (4).

[86] Betts R. Does school quality matter? Evidence from the national longitudinal durvey of youth [J]. Review of Economics and Statistics, 1995, 77 (2).

[87] Betts R. Do school resources matter only for older workers [J]. Review of Economics and Statistics, 1996, 78 (4).

[88] Reynolds P D, Bygrave S M, Autio W D, et al. Global entrepreneurship monitor, 2002 executive report [R]. Babson College, London Business School and Kauffman Foundation, 2002.

[89] Andrews R J, Li J, Lovenheim M F. quantile treatment effects of college quality on earnings :

Evidence from adminstrative date in texas [R]. NBER Working Paper No. 18068, 2012.

[90] Dale S B, Krueger A B. Estimating the payoff to attending a more selective college: An application of selection on observables and unobservables [J]. Quarterly Journal of Economics, 2002, 117 (4).

[91] Dale S, Krueger A. Estimating the return to college selectivity over the career using administrative earning data [R]. Discussion Paper Series // Forschun- gsinstitut zur Zukunft der Arbeit, No. 5533, 2011.